꿀벌의 우화

The Fable of the Bees
Or, Private Vices, Publick Benefits

BERNARD MANDEVILLE

The Fable of the Bees

꿀벌의 우화

개인의 악덕, 사회의 이익

버나드 맨더빌 지음 | 최윤재 옮김

문예출판사

일러두기

1. 이 책은 1924년 케이F. B. Kaye가 편집해 출판한《꿀벌의 우화: 개인의 악덕, 사회의 이익 The Fable of the Bees: Or, Private Vices, Publick Benefits》을 원전으로 삼았다.
2. 맨더빌이 펴낸《꿀벌의 우화》2권 가운데 이 책에 수록된 것은 1권의 절반가량으로, 풍자시〈투덜대는 벌집: 또는, 정직해진 악당들〉, 그에 따른〈머리말〉,〈주석 (L), (Q), (Y)〉,〈미덕은 어디서 왔는가〉와〈머리말〉,〈사회의 본질을 찾아서〉는 모두 옮겼고,〈자선과 자선학교〉는 중요한 부분만 골라 옮기면서 절을 건너뛴 곳은 따로 표시했다.
3. 해당 부분을 쉽게 찾도록, 원전에는 없지만, 시에는 행 번호를, 글에는 절 번호를 붙였다.
4. 해제나 각주에서 맨더빌의 글을 가리킬 때는 다음과 같은 약칭을 쓰기로 한다.
   〈벌집: 5〉- 풍자시〈투덜대는 벌집〉5행
   〈미덕: 6〉-〈미덕은 어디서 왔는가〉6절
   〈사회: 7〉-〈사회의 본질을 찾아서〉7절
   〈자선: 8〉-〈자선과 자선학교〉8절
   〈주석 (Q): 3〉-《꿀벌의 우화》I권〈주석 (Q)〉3절
   〈우화II. 4: 187〉-《꿀벌의 우화》II권 4대화록 187쪽
5. 해제나 각주에서 아담 스미스의《국부론》과《도덕감정론》을 인용할 때에는 참고문헌에서 소개한 판본을 기준으로 장과 절 번호를 붙여 각각 다음처럼 간단히 나타내기로 한다.〈국I.x.c.61〉〈도VII.ii.4〉
6. 번역문의 각주는 모두 옮긴이 주이다. 각주 이외에도 본문에서 부가 설명이 필요할 때는 중괄호 〔 〕를 사용했다.
7. 케이의 각주라고 한 것은, 따로 표시가 없는 경우, 모두 1924년판의 해당 부분에 있는 편집자 주를 가리킨다.
8. tatler(tattler), publick(public) 등과 같이 옛 철자를 그대로 쓴 경우가 가끔 있다.
9. 외래어 표기는 대체로 국립국어원 기준을 따랐으나, 아담 스미스, 케인즈 등은 예외로 하였다.
10. 단행본과 잡지는《 》, 논문과 기사는〈 〉로 나타냈다.
11. 참고문헌 가운데 원문을 인터넷에서 무료로 보거나 내려받을 수 있는 것은 인터넷 출처를 밝혀두었는데, 몇 가지는 책 일부만 볼 수 있는 것도 있다.

책을 내며

"도덕이 밥 먹여주나? 그런 거 찾다간 경제 망가져!"

장마철 후덥지근한 날씨처럼 온몸에 끈적끈적 달라붙어 좀처럼 떨쳐내기 어려운 이런 생각에도 원조가 있을까. 그 뿌리가 궁금하여 따라가다 보면 반드시 만나게 되는 사람이 있으니 바로 버나드 맨더빌이다. 지금으로부터 3백 년 전, 산업혁명이 일어나기까지는 아직 백 년쯤 남아 있던 무렵, 전 세계를 상대로 무역을 하며 큰돈을 벌면서 돈맛에 빠져들던 영국 상업사회에서 맨더빌은 낡은 도덕 타령이나 일삼고 있던 사람들을 정면으로 들이받은 《꿀벌의 우화》를 지어 큰 파문을 일으켰다. 너희들 말대로 낡은 도덕에 맞춰 살다가는 경제가 다 망한다는 것이다. 비판하다 못해 사람들이 그를 고발하고 그가 쓴 책을 불사르는 험악한 분위기 속에서 오히려 그의 생각은 빠르게 유럽 전체로 퍼져 나갔다. 그는 그저 도덕을 웃음거리로 만들려던 것이 아니었다. 중세 기독교식의 낡은 도덕으로는 새로 떠오르는 자본주의 사회의 도덕 기준이 될 수 없음을 제대로 짚어낸 것이다. 그가 남긴 충격에서 벗어나려고 고민하던 가운데 나온 것이 바로 스미스의 경제학과 칸트의 철학이라 하겠다.

"맨더빌은 처음 들어봐도 스미스나 칸트는 알지." 그렇게 말하는 사람들도 막상 스미스나 칸트는 이름만 알 뿐 그들이 왜 위대한지는 잘 모를 수 있다. 그러면서 그들의 생각이나 말을 잘 살펴보면 사실은 맨더빌에 훨씬 가깝다. 신자유주의라고 하는 오늘날 풍조는 그 결정판일 것이다. 종합하자면, 최첨단이 넘친다는 오늘날까지도 사람들 생각은 까마득히 3백 년 전에 머물고 있는 경우가 많다. 경제학과 철학이 그동안 무엇을 두고 머리를 싸매고 있었는지 알려고도 하지 않는다. 그래도 되는 것일까. 사람 나고 돈 났는가, 아니면 돈 나고 사람 났는가.

우리가 옛글을 돌아보는 것은 오늘을 새로 읽어낼 수 있기를 바라기 때문일 것이다. 이 맨더빌 번역서를 통해 스미스에서 비롯된 경제학이 오늘날 왜 새삼 중요한지 —또는 아직 무엇이 모자라는지— 생각해보는 데 도움이 되었으면 한다. (칸트 철학이 왜 중요한지는 최근 마이클 샌델이 쉽게 풀이해낸 책 《정의란 무엇인가》(김영사, 2010)를 보라. 칸트는 《실천이성비판》(1788) 1편 1권 1장 8절에서 기존의 윤리체계를 6가지로 나누었는데, 그 가운데 하나가 맨더빌 체계였다.) 맨더빌은 낡은 도덕체계를 깨부순 사람이며, 그로써 그 뒤 새로운 도덕체계가 나올 수 있게 했다는 점만 가지고서도 (그가 가진 다른 단점들을 덮고 남을 만큼) 그 공이 아주 크다. 그런데 그 뒤에 세운

새 체계는 모른 채 우리는 아직도 그 폐허 위에 머물러 있지는 않은지 이제 맨더빌을 읽으면서 고민해볼 필요가 있겠다.

공정한 사회? 맨더빌은 돈 벌 욕심을 아예 버리라는 낡은 도덕을 비판한 사람이다. 그런 맨더빌을 따라 돈 벌 욕심을 받아들이되, 나 돈 벌자고 남의 눈에 피눈물 흐르게 하는 짓을 보면 화가 치밀어 오르는 것이 스미스의 도덕감정이고 그런 짓이 없도록 하자는 것이 칸트의 도덕원칙이다. 공정한 사회는 그 위에 세워진다.

2010년 10월
최윤재

차례

책을 내며 　　　　　　　　　　　　　　　　　　　　　5

| 해제 **맨더빌의 삶과 생각** | **11** |

1. 시대 배경　　　　　　　　　　　　　　　15
2. 맨더빌의 삶　　　　　　　　　　　　　　18
3. 도덕 운동에 대한 공격　　　　　　　　　25
4. 맨더빌이 이룬 것　　　　　　　　　　　32
5. 맨더빌과 스미스는 어떻게 다른가　　　46
6. 차가운 머리와 따뜻한 마음　　　　　　80

꿀벌의 우화: 개인의 악덕, 사회의 이익　　**85**

머리말　　**87**

투덜대는 벌집: 또는, 정직해진 악당들　　**95**

들어가는 말　　**125**

미덕은 어디에서 왔는가　　**126**

주석 (L): 사치는 가난뱅이 백만에 일자리를 주었고　　**141**

주석 (Q): 검소하게 그들은 이제 녹봉에 맞춰 살았다　　**156**

주석 (Y): 세상의 편리함을 누리며　　**177**

자선과 자선학교　　**183**

사회의 본질을 찾아서　　**209**

더 읽을거리　　**269**

맥주의 우화 **271** • 잉어 **275** • 거룩한 목요일 **279**

〈투덜대는 벌집: 또는, 정직해진 악당들〉 원문 **283**

다른 이들이 본 맨더빌　　**304**

참고문헌　　**313**

옮긴이의 글　　**326**

찾아보기　　**333**

해 제

맨더빌의 삶과 생각

최윤재

"이런! 자네들 모두 스미스와 맨더빌을 혼동하고 있군."
― 조나단 B. 와이트, 《애덤 스미스 구하기》

우리 속담에 "개처럼 벌어 정승처럼 쓴다"는 말이 있다. 그런데 돈을 꼭 개처럼 벌어야 할까. 정승처럼 벌면 더 낫지 않을까. 과연 정승처럼 벌 수는 있을까. 그게 안 된다면 돈 욕심에 사로잡혀 개가 될 것이 아니라, 아예 욕심을 다 버리고 도덕군자가 되는 것이 참된 삶이 아닐까. "돈과 도덕" 또는 "자본주의 사회 윤리" 문제는 아마도 우리 모두에게 언제까지나 숙제일 것이다.

버나드 맨더빌Bernard Mandeville(1670~1733)은 1700년대 초에 바로 "돈과 도덕" 문제를 들고 나와 영국과 유럽을 떠들썩하게 했던 사람이다. 욕심이나 사치를 악덕이라고들 하는데, 그는 바로 이 악덕 때문에 나라가 잘살게 되는 것이고, 진짜로 이 악덕을 다 없애고 미덕만을 갖게 된다면 가난해진다고 했다. 또한 미덕이라고 하는 것이 죄다 이기심에 허울을 씌운 위선에 지나지 않는다고 했다. 세상은 악당들로 가득하기 마련인데, 그들 모두가 세상을 먹여 살리는 역할을 나름대로 하는 것이니 악당을 나무라는 것은 부질없는 일이라는 것이다. 그가 쓴 책《꿀벌의 우화 The Fable of the Bees》에 붙어 있는 부제 "개인의 악덕, 사회의 이익 private vices, publick benefits"은 그의 생각을 한마디로 잘 나타내주는 구절로 유명한데, 실제로는 그때뿐 아니라 오늘날까지도 가장 많이 오해되는 구절이기도 하다. 책이 나오자 비판자들은 맨더빌이 드러내놓고 악덕을 부추긴다고 분개하였으며, 《꿀벌의 우화》는 사회를 어지럽힌 혐의로 고발되기까지 했다. 맨더빌 Mandeville을 인간 악마 Man-Devil로 바꿔 부르는 사람도 있었다. 금욕과 절제에 바탕을 둔 중세 기독교 철학이 아직 지배하던 그 무렵, 돈 욕심과 같은 개인의 악덕은 개인뿐 아니라 사회에도 나쁠 것이므로 악덕을 억눌러야 한다고 다들 생각하였으니 그럴 만도 하였다. 동양과 서양이 크게 다르지도 않았다. 유교와 불교, 기독교는 하나같이 돈 욕심을 탓해왔으며, 고귀한 귀족에 비해 장사꾼은 늘 천하게 대했다. 이 생각이 바뀌던 길목에 맨더빌이 서 있다. 그가 남긴 파문은 매우 컸다. 1700년대 내내 유럽 지식인 사회에서 맨더빌은 ―좋게 또는 나쁘게― 아주 유명해졌으며, 혼자 그랬다는 것은 물론 아니지만, 조금 부풀린다면 그 뒤 근대 경제학을 탄생시켰고 철학의 흐름을 바꿔놓았다.

　300년이 지난 오늘날 우리는 아주 다른 세상에 살고 있다. 너도나도 "부자 되세요"가 덕담이 되는 세상, 돈 잘 벌게 해주겠다는 사람을 선뜻 대통령으로 뽑는 세상, 돈 잘 벌게 해달라고 하나님께 또는 부처님께 비는 세상, 기업은 그렇다 치더라도 교회나 절이나 학교나 병원이나 정부까지도 다들 돈 벌이에 나서면서 부끄러워하기는커녕 오히려 자랑으로 아는 세상, 한마디로 돈에 홀린 세상이라 해도 지나치지 않을 것이다. 악당이어도 좋다, 돈만 많이 벌게 해다오. 그러기에 아마도 우리는 오늘날 맨더빌을 정반대 방향에서도 볼 필요가 있을 것이다. 돈 욕심은 이제 다 미덕이 되어버렸는가. 우리는 다들 맨더빌이 되었는가. 아니, 3백 년이 지난 오늘날까지도 우리는 아직 맨더빌에서 벗어나지 못하고 있는가.

경제학을 얼마큼 아는 사람이라면 경제학이 이기심에 바탕을 두고 있으며, 이는 경제학의 아버지 아담 스미스Adam Smith(1723~1790)에서 비롯되었다고 생각할 것이다. 하지만 1776년 《국부론 The Wealth of Nations》을 쓰기에 한참 앞서서 스미스가 1759년에 쓴 《도덕감정론 The Theory of Moral Sentiments》은 그 첫머리가 "사람이 아무리 이기적이라고 생각되더라도"라는 말로 시작된다. 스미스는 사람이 이기적이라거나 나아가 이기심이 좋은 것이라고 새삼 가르치려 했던 것이 아니다. 사람이 하는 모든 일에 이기심이 깃들어 있고 그 이기심이 세상에 보탬이 된다고 떠든 사람은 스미스가 아니라 그보다 앞선 맨더빌이었다. 오히려 스미스는 맨더빌을 염두에 두고 《도덕감정론》을 써서, 사람이 이기심만으로는 설명되지 않음을 이야기하려 했고, 《국부론》에서는 이기심의 해악을 다스려 사회 이익에 도움이 되는 길을 만들려고 하였다.

아담 스미스를 부활시켜 현대인과 이야기하게 만든 경제소설

《애덤 스미스 구하기 Saving Adam Smith》에는 다음과 같은 이야기가 나온다.

> 나는 손을 들어 올려 스미스의 말을 막았다. 대부분의 교수들과 마찬가지로, 나 또한 경제학 원칙과 관련된 중요한 문구는 거의 다 외우고 있었다. "사업가는 자신의 이익을 극대화하기 위해 자본을 투입하는 것이라고 스미스는 분명히 말했어요. 그리고 공공의 이익은 자본가들이 증진시키려고 애쓸 때보다 '보이지 않는 손'에 의해 이끌릴 때 좀 더 효과적으로 증진될 수 있다고 했죠."…… 스미스는 머리를 가로저었다.…… "이런! 자네들 모두 스미스와 맨더빌을 혼동하고 있군. 맨더빌은 '개인의 부도덕이 공공의 선을 만든다'라고 했는데, 스미스는 평생 동안 그 의견에 반박했다는 걸 명심하라구." (와이트, 2003: 87)

오늘날 경제학자 가운데에는 스미스의 원전을 읽어본 적이 없는 사람들이 많다. 맨더빌은 이름조차 들어본 적이 없는 사람들도 꽤 있다. 그리고 맨더빌과 《꿀벌의 우화》를 들어본 적이 있는 사람이라도 대개 그저 아담 스미스에 앞서서 비슷한 이야기를 한 사람쯤으로 생각하기도 한다. 그리 궁금해하지도 않는다. 새로 쏟아져 나오는 논문들 찾아 읽기도 바쁜데 이삼백 년 전 책이라니. 문제는 적지 않은 사람들이 스미스와 맨더빌을 혼동한다는 것이다. 그러면서 경제학자라면, 또는 경제학자가 아니더라도, 오늘날 시장경제 체제에서는 "스미스가 그랬듯" 으레 이기심을 좋은 것이라고 추켜세워야 하는 것 아니냐고들 한다. 그리고 그렇게 생각하지 않는 남들을 딱하게 여기고 그저 가르치려고만 든다. 그러는 동안 이들은 저도 모르게 스미스보다는 맨더빌에 더 가까워진다. 그래도 되는 것일까. 케인즈가 말했듯 "세상 사람들은 어떤 정신적 영향도 받지 않았다고 스스로 믿더라도 대개는 어느 죽은 경제학자의 노예이다"(Keynes, 1936: Ch. 24). 오늘날 사람들이 하는 경제 이야기를 들을 때에는 그것이 정신적으로 맨더빌 후손인지 스미스 후손인지 가려들을 필요가 있다. 둘은 비슷한 것 같으면서도 다르며, 그 구분은 오늘날 더욱 중요하다. 그런 뜻에서 이 해제는 맨더빌을 살피되 스미스와 비교해 보는 데에 치중하였으며, 보기에 따라서는 맨더빌과 스미스에 대한 해제라고도 하겠다.

1. 시대 배경

맨더빌을 이해하려면 그 무렵, 특히 1688년 명예혁명을 중심으로, 영국과 네덜란드 사정을 얼마큼 알아두는 것이 도움이 될 것이다. 유럽 내륙을 흐르는 라인 강이 북해와 만나는 삼각주에 자리잡은 네덜란드는 1200년대부터 상업 중심지로 번성해오다가 1600년대에 이르러 세계 상업과 금융의 중심지로 떠오르는 이른바 황금시대를 맞았다. 영국은 일찍이 1588년 스페인 무적함대를 무너뜨린 뒤로 이제 강국으로 발돋움하며 네덜란드의 해상무역 패권에 도전하기 시작하였다. 1651년 크롬웰Oliver Cromwell(1599~1658)이 (외국배가 그

배의 소유국가에서 만들지 않은 물건을 싣고 들여오지 못하게 하는) 항해조례를 만들어 네덜란드 무역을 방해하기 시작했는데, 이때부터 1600년대에만 세 차례(1652~1654, 1665~1667, 1672~1674)에 걸쳐 영국-네덜란드 전쟁이 벌어졌다. 특히 3차 전쟁 때에는 영국과 프랑스가 주축이 된 연합군이 네덜란드를 점령하고 약탈하였다. 이 1672년은 네덜란드 역사에서 "재앙의 해Rampjaar"로 불리며, 이를 계기로 오렌지공 윌리엄(네덜란드 말로는 오라녜공 빌렘)이 공화파를 몰아내고 네덜란드 총독이 되었다.[1]

영국에서는 1642년에 내란이 시작된 뒤 1649년 크롬웰이 찰스 1세를 처형하고 공화국을 세웠다가, 1660년 찰스 1세의 아들 찰스 2세가 가톨릭교도로서 왕이 되면서 왕정이 복고되었다. 그러나 찰스 2세는 적자를 두지 못했다. 이에 가톨릭교도인 동생 제임스가 왕위

---

[1] 여기서 총독으로 옮긴 스타트하우더stadhouder는 집사steward라는 뜻의 네덜란드 말로서, 원래는 합스부르크 가문을 대신하여 다스리는 총독을 뜻했는데, 네덜란드가 독립한 뒤로 의회가 임명하면서 실질적으로는 네덜란드 최고 귀족 집안인 오라녜 집안에서 대를 이어 차지해왔다. 왕에 버금하는 권력을 갖는 이 직책은 1650년 공화파가 권력을 잡으면서 폐지되었다가, 3차 영국-네덜란드 전쟁 와중에서 패전 충격에 흥분한 군중들이 공화파 우두머리를 죽이고 빌렘 3세를 총독에 앉혔다. 이보다 앞서 1차 영국-네덜란드 전쟁 뒤에는 영국에서 공화국을 다스리던 크롬웰의 요구로, 찰스 1세의 외손자이기도 한 빌렘 3세를 총독직에서 배제시키기로 한 비밀조약을 맺었으며, 2차 전쟁은 왕정복고 뒤 찰스 2세가 영국 국익을 위해 자신의 조카인 빌렘 3세를 총독으로 만들려다 일어난 것이다. 가문의 이름인 오렌지는 과일 오렌지와는 원래 상관없는 말인데, 이름이 같아서 오늘날까지도 네덜란드는 오렌지색을 나라 상징 색으로 쓰고 있다. 3차 전쟁은 뉴욕의 운명을 바꿔놓기도 하였다. 네덜란드 사람들이 일궜던 뉴 암스테르담(오늘날 뉴욕)은 2차 전쟁 직전인 1664년 영국이 무력으로 빼앗아 뉴욕으로 이름을 바꾸었다가, 1673년 네덜란드가 다시 빼앗았는데, 3차 전쟁 결과 영국으로 넘어간 뒤 네덜란드의 손을 영원히 떠나게 되었다.

를 이을 경우 전제적 가톨릭 군주국으로 굳어질까봐 걱정한 사람들이 1679년 제임스를 왕위에 오르지 못하게 하는 〈배척 법안 Exclusion Bill〉을 청원하였다. 이들이 휘그Whigs 또는 청원자Petitioners로 불렸고, 이 법안을 싫어하고 반대한 사람들은 토리Tories 또는 혐오자Abhorrers로 불렸으니, 영국의 양당 정치는 여기에서 비롯되었다.

1685년 찰스 2세가 죽고 그 동생이 왕위에 올라 제임스 2세가 되었는데, 그는 가톨릭에 대한 차별을 없애고 종교적 관용을 베풀면서 이에 반대하는 사람들을 대거 쫓아내 권력 기반을 바꾸려 하였다. 이에 1688년 휘그뿐 아니라 토리파 국교도들조차도 등을 돌려 네덜란드에 있는 윌리엄과 메리를 불러들였다. 오렌지공 윌리엄은 어머니가 찰스 1세의 딸이었는데, 1677년 제임스의 딸이자 자신의 사촌인 메리와 결혼했었다. 윌리엄이 바다 건너 쳐들어왔을 때 장인이자 외삼촌인 제임스 2세는 돕는 세력이 거의 없음을 깨닫고 무력 충돌 없이 프랑스로 달아나버렸으니, 이것이 명예혁명이다. 윌리엄과 메리는 함께 왕위에 올랐는데, 윌리엄이 경쟁 상대국이던 영국과 네덜란드에서 각각 왕과 총독을 겸하게 됨에 따라, 두 나라는 빠르게 가까워졌고 영국의 상업과 금융은 번성하기 시작했다. 1694년 메리 2세가 죽은 뒤에는 윌리엄 3세 혼자 다스렸으며, 1702년 윌리엄 3세가 죽고 메리의 동생 앤이 왕위에 올랐다가 1714년 앤이 죽으면서 왕실 직계혈통이 끊겼다. 이에 앞으로 모든 가톨릭 왕족을 왕위에서 배제하기로 한 1701년 법에 따라 독일 하노버에 있던 먼 친척이자 영어도 잘 못하는 조지 1세를 왕으로 모셔왔으니 이것이 하노버 왕조의 시작이다.

2. 맨더빌의 삶

네덜란드 시절

맨더빌의 삶에 대해서는 알려진 것이 많지 않다.[2] 그는 네덜란드 로테르담 언저리에서 1670년에 태어났는데, 아버지, 할아버지, 증조할아버지가 모두 의사였다. 그는 로테르담에서 라틴어 학교인 에라스뮈스 학교에 다녔으며, 1685년 레이던 대학에 입학하여 1689년 철학박사 학위와 1691년 의학박사 학위를 받았다. 이 무렵 네덜란드가 앞섰던 것은 상업과 금융만이 아니었다. 종교와 사상의 탄압을 피해 유럽 전역에서 지식인들이 모여들 만큼 상대적으로 자유로운 곳이어서, 몇몇만 꼽더라도 철학자 데카르트René Descartes와 스피노자 Baruch de Spinoza, 물리학자 하위헌스Christiaan Huygens, 국제법의 아버지 호로티위스Hugo Grotius, 계몽주의 시대를 연 백과사전으로 유명한 베일Pierre Bayle 등이 연구하며 살았었다.

1690년에 일어난 "코스터만 폭동"은 맨더빌의 삶을 뒤바꿔놓게 된다. 코스터만이라는 시민이 사형을 당했는데, 다소 억울하다고 여겨졌을 뿐 아니라 사형을 요구했던 지방행정관 반 니벨트는 평소에

---

[2] 맨더빌이 네덜란드에서 살았던 자취에 대해서는 Dekker(1992) 참조. 볼테르를 비롯한 여러 사람들이 한때 맨더빌의 이름을 두고 프랑스계가 아닐까 짐작하기도 했으나 이를 뒷받침할 자료는 없고, 고조할아버지가 1580년에 네덜란드에서 살았다는 것이 가족 관련 자료로는 가장 오래된 것이다. 우리나라에서 맨더빌을 "망드빌"로 쓰는 사람도 있는데 이는 프랑스계라 생각하기 때문일 것이다. 맨더빌은 원래 이름이 Bernard de Mandeville이었는데, 초기 저작에서는 이름을 익명으로 하거나 또는 그저 B.M.으로 쓰다가 1714년부터 영국식으로 Bernard Mandeville이라고 고쳐 썼다.

도 부패한 인물로 알려져 시민들의 불만이 높았다. 이때 지방행정관을 격렬히 비난하는 대자보가 나붙으면서 이를 보고 흥분한 군중들이 폭동을 일으켜 지방행정관을 쫓아냈다. 나중에 조사에서 드러난 증언들에 따르면, 버나드 맨더빌과 그 아버지는 폭동에 여러 모로 관여하였으며, 그 대자보는 바로 버나드 맨더빌이 (혼자 또는 다른 사람들과 함께) 썼다는 것이다.[3] 이 대자보는 얼마 뒤 다른 몇 가지 대자보와 함께 폭동을 보도한 신문에 실려 온 나라로 퍼져나갔다. 그가 뒷날 즐겨 쓴 풍자시 형식으로 되어 있는 이 섬뜩한 대자보는 폭동이 왜 일어났는지에 대해서는 한마디도 없이 지방행정관 개인

---

[3] 영어로 번역된 대자보를 다시 옮기면 다음과 같다.

　　로테르담 지방행정관 야콥 반 저일런 반 니벨트 나리에게

　　경건한 체하는 무신론자여, 매춘부 살갗을 사랑하고
　　돈을 움켜쥐는 폭군이며 지옥의 새끼.
　　평화를 어지럽히고 공동체를 짓밟고
　　과부든 고아든 가리지 않고 뼈를 빨아서
　　몸이 마르도록 골수와 삶의 즙을 마시는구나.
　　그것이 너 악당 놈이 하려는 진짜 목표로구나.
　　너의 몰락이 다가왔음을 생각하라, 너는 반드시 벌 받을 것이다.
　　너의 모든 악행으로 너는 목매달아 마땅하다.
　　가장 높은 교수대에 모두가 볼 수 있게.
　　너는 가운데에, 이 악당아, 네 아들은 네 옆에.
　　이제 하늘의 법이 일깨워졌으니 얼마나 놀라운가.
　　네가 법을 강간하고 정의를 가로챘으니
　　네게 구원은 없을 것이다, 뉘우치지 않는다면.
　　그러니 이 악행을 멈추어라, 끌려 들어가
　　땅속 구덩이에서 영원히 불에 타기 전에.
　　모든 쓰레기는 반드시 그리로 가는 것이니라.
　　오, 시민의 어버이〔정부〕여, 이 악당을 넘어뜨려주오.
　　그러지 않으면 그 아이〔시민〕들이 나설 것이니.

을 나무란 것인데, 뒷날의 맨더빌과 비교해볼 때, 여기에서는 신앙심이나 사생활 등 개인적 악덕을 부패 등 사회적 악덕과 나란히 놓고 공격했음을 볼 수 있다. 개인의 악덕은 아직 사회 이익으로 여겨지지 않았던 것이다. 반 니벨트는 지방정부 차원의 조사에서 부패 혐의가 거의 마무리돼가고 있었는데, 1692년 네덜란드 총독(영국 왕을 겸하고 있던 윌리엄 3세)이 갑작스레 끼어드는 바람에 무죄로 풀려나면서 지방행정관 자리를 되찾았고, 곧바로 앙갚음을 시작했다. 폭동을 일으켰던 맨더빌 쪽은 원래 네덜란드 총독에 맞선 공화파였다. 폭동 때 지방행정관 쪽 사람들이 공직에서 물러나면서 그 빈자리를 폭동을 일으킨 쪽에서 채웠었는데 이들은 다시 다 쫓겨났다. 맨더빌의 아버지는 이때 로테르담을 떠났으며, 맨더빌은 그에 앞서 레이던 대학에 돌아가 1691년 의학박사 학위를 받고 나서 네덜란드를 벗어나 2년 동안 유럽 여행길에 올랐다가 런던에 이르러 눌러살게 되었다.

    이 사건은 맨더빌에게 복잡한 영향을 준 것으로 짐작된다. 그가 비난했던 악당은 멀쩡히 공직을 되찾았으며, 그 뒤 조사에 따르면 맨더빌과 같은 쪽에서 폭동을 일으킨 사람들에서도 줄줄이 부패 혐의가 밝혀졌으니, 말하자면 이 세상은 선과 악의 대결이 아니라 온통 다 악당으로 가득한 것이었고, 다들 한자리 차지하려고 제 이익을 위해 움직였던 것이다. 그는 이 사건을 계기로, 그 무렵 세계 경제 한복판에 있던 네덜란드를 떠나, 이제 막 새로운 경제대국으로 떠오르고 있던 영국에 자리잡고 남은 삶을 보내게 되었다. 1693년 맨더빌이 면허 없이 의사 영업을 했다고 소환됐던 것이 그가 영국에

살면서 처음으로 남긴 자취다. 그가 영국으로 건너간 것은 보다 넓게 본다면, 1688년 명예혁명 뒤 네덜란드에서 많은 전문직 사람들이 영국으로 건너간 큰 흐름의 한 가닥이기도 하다. 이주 무렵 그는 이미 모국어인 네덜란드어에다가 프랑스어와 라틴어를 잘하였으며 영어는 네 번째 말이었다. (맨더빌은 영국에 말 배우러 갔다가 눌러앉았다고 이야기한 적도 있다.) 또한 그는 그리스어도 잘 알았고, 의학뿐 아니라 철학 서적을 널리 꿰고 있었다.

학문이 잘게 나뉘지 않았던 그 무렵에 사상사에 이름을 남긴 의사들은 맨더빌 말고도 꽤 있다. 경제학 분야에서만 하더라도 윌리엄 페티William Petty(1623~1687)는 해부학자였고, 《경제표》를 쓴 프랑수와 케네Francois Quesnay(1694~1774)는 외과의사였다. 《시민정부론》을 쓴 존 로크John Locke(1632~1704)도 의사였다.

런던 정착

네덜란드에서 건너온 영국 왕 윌리엄 3세는 네덜란드 사람들을 가까이 쓰면서 그때까지 프랑스 쪽에 기울어 있던 영국 외교정책 틀을 네덜란드 쪽으로 바꾸었다. 윌리엄 3세가 1702년 죽고 나서 그의 정책을 두고 비난이 일자 맨더빌은 1703년 풍자시를 지어 윌리엄 3세를 감싸고 나섰는데, 이것이 그가 영국에서 영어로 쓴 첫 작품이다. 지난날 맨더빌 가문이 로테르담에서 쫓겨나게 된 것이 네덜란드 총독을 겸한 윌리엄 3세 때문이었음을 생각하면 맨더빌의 태도는 그가 네덜란드 사람이라고 해도 뜻밖이라 하겠다. 이 시에서 그는 토리당을 제임스당Jacobites[4]이라 몰아붙이며, 휘그당 쪽에 뚜렷이 서기 시작하였다.

같은 해에 그는 라퐁텐Jean de La Fontain(1621~1695)의 우화 27편을 처음으로 영어로 옮기면서 자신이 지은 우화 두 편을 곁들인 《라퐁텐 씨의 쉽고 낯익은 방법에 따른 우화들》을 펴냈다. 그 가운데 하나인 〈잉어 The Carp〉는 그가 지은 우화로서, 제 나라 사정도 모르면서 다른 나라만 기웃거리는 잉어의 허영을 비꼰 것이다. 마침 우리나라 사정에도 어울리는 것 같아 이 책 뒤에 함께 실었다(이 책 275쪽에 수록). 1704년에는 여기에 우화 10편을 더 붙여서 《손질한 이솝: 또는 낯익은 운문으로 쓴 우화 모음》을 냈다.

1705년 그는 드디어 그가 쓴 모든 저작 가운데 가장 유명한 풍자시 〈투덜대는 벌집: 또는, 정직해진 악당들〉을 냈다.[5] 여기에서 그는 악덕이 사라지면 잘살던 사회가 무너진다는 특유의 명제를 처음

---

4 제임스당은 명예혁명으로 쫓겨난 제임스 2세(1701년 사망) 및 스튜어트 왕가 후손들을 왕위로 복위시키려는 무리를 말한다.
5 사회를 이루고 사는 벌을 사람에 비유한 글은 오래전부터도 많았는데, 특히 다음과 같은 것들을 들 수 있겠다. 1569년 네덜란드에서 네덜란드어로 출판된 소책자 《로마가톨릭교회의 벌집》은 16세기에 11번, 17~18세기에 20번을 다시 찍어 냈을 만큼 널리 알려진 작품으로 맨더빌에게 영향을 주었을 가능성이 크다(Dekker, 1992; Beemon, 1992). 또한 셰익스피어가 1599년 무렵에 쓴 《헨리 5세》 1막 2장에서는 벌 사회에 임금, 신하, 상인, 군인 같은 갖가지 직업이 있다는 이야기가 나오며, 존 데이John Day가 1641년 또는 그 전에 쓴 풍자시 《꿀벌의 의회 The Parliament of Bees》도 잘 알려진 작품이다. 그런데 사실 맨더빌의 벌은 벌다운 구석이 거의 없다(Cook, 1974: 38). 우화라면 예컨대 사자는 용맹하고 여우는 약삭빠르고 하는 식으로 동물의 특징을 이야기 속에 얼마큼 살려내기 마련인데, 〈투덜대는 벌집〉에서는 맨 처음에 벌이라고만 했을 뿐 내내 사람인 것처럼 이야기하기 때문에 벌 모습이 거의 떠오르지 않는다. 그러다가 맨 끝(407행)에 가서 불쑥 "텅 빈 나무로 날아가서" 산다고 하니까 읽는 사람은, '아 참, 벌 이야기였지' 하고 깨닫게 된다. 그렇다고 해서 이야기 속에 벌 모습을 더 그려 넣었거나 아니면 아예 사람이라 하고 끌고 갔

으로 내놓았다. 이에 견주어, 바로 한 해 앞서 냈던 〈잉어〉와 같은 우화에서만 하더라도, 잉어의 허영은 고통만 가져다주었을 뿐 사회에 아무런 이득을 가져다주지 못했었다. 그러나 〈투덜대는 벌집〉에서도 악덕이 사회 이익에 도움이 된다는 명제는 아직 뚜렷이 드러나지 않은 채로 암시적으로만 들어 있었다. 이 풍자시는 처음 나왔을 때 해적판이 나올 만큼의 관심은 받았지만 그 이상의 영향력은 없었다.

이 풍자시는 그 무렵 정치 상황에 맞춰 좁게 풀이한다면, 프랑스와의 전쟁을 부추기는 휘그당에 토리당이 반대하는 것을 비판한 것으로 볼 수도 있다. 나라가 잘 돌아가는데 왜 투덜거리느냐는 것이다. 실제로 이 시가 나오고 나서 곧바로, 여기에 맞서 휘그를 공격한 소설 《자라Zarah 여왕》이 나왔다. 앤 여왕의 단짝 친구 사라Sarah를 빗댄 이 소설은 〈투덜대는 벌집〉 구절을 일부 들어가며, 명예혁명 뒤로 힘을 얻은 휘그당이 돈에 눈이 멀어 나라를 망치고 있다고 몰아붙였다(McKee, 1988; Goldsmith, 1999: 25~28). 그러나 오늘날 우리가 이 풍자시에 관심 갖는 더 큰 까닭은 시대를 뛰어넘는 생각이 들어 있다고 생각해서이다.

1714년 그는 풍자시 〈투덜대는 벌집〉에 주석 20개를 달고, 〈머리말〉과 〈미덕은 어디서 왔는가〉라는 글을 덧붙여 《꿀벌의 우화: 또는 개인의 악덕, 사회의 이익》이라는 제목으로 책을 펴냈다. 오늘날까지 맨더빌을 나타내는 가장 대표적인 구절로 남게 된 "개인의 악

으면 더 좋았겠다는 것도 딱히 아니다. 벌인지 사람인지 따지지 않고 읽히는 것이 보통일 것이다. 참고로, 맨더빌 시대까지만 해도 벌들의 우두머리가 수컷이라고 다들 생각하였다.

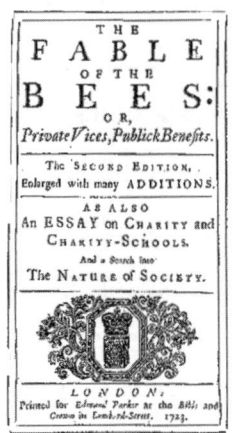

1705년에 낸 풍자시 《투덜대는 벌집》 표지와 1723년에 낸 《꿀벌의 우화》 표지

덕, 사회의 이익"이 여기 처음 나오는데, 이 구절은 그 무렵 한동안 대니얼 디포Daniel Defoe(1660~1731)를 비롯한 다른 사람들 글에서도 가끔 되풀이되기는 했지만, 책《꿀벌의 우화》자체는 그때까지도 세상의 눈길을 크게 끌지 못했다.

1723년 맨더빌은 주석을 두 개(1723년 판의 주석 (N) 및 (T)) 새로 넣고, 곳곳에 문장도 더 써넣고, 〈사회의 본질을 찾아서〉와 〈자선과 자선학교〉 등 두 편을 덧붙여《꿀벌의 우화》를 다시 펴냈다. 이때 비로소 그는 하루아침에 "악명"을 떨치게 되었다. 이 책은 곧바로 미들섹스(런던 시를 포함하는 넓은 행정구역) 대배심으로부터 "종교와 미덕을 깎아내려 사회와 나라에 해를 끼치고, 사치와 탐욕과 뽐내는 마음을 공공복지에 필요한 것이라고 부추긴 혐의"로 고발되었으며, 프랑스에서는 이 책을 불사르기도 했다. 여기저기서 공개 비난문이 쏟아졌는데, 이 비난들은 대개는 〈자선과 자선학교〉를 겨냥한 것이었다. 맨더빌은 이 비난문들과 그에 대한 자신의 반박문을 담아 1724년에 책을 다시 냈으며, 1729년에는 대화록 여섯 편을 담은 《꿀벌의 우화》 제2권을 펴냈다. 이처럼 《꿀벌의 우화》는 장장 24년에 걸쳐 마무리된 작품이다. 1732년 비판자들에 대한 변명을 담은 《디온에게 보내는 편지》를 마지막 작품으로 남기고 맨더빌은 1733년 63세 나이로 세상을 떠났다. 하이에크(1966) 말을 빌리자면, 맨더빌은 아무도 읽어서도 안 되고 물들어서도 안 되는 인물로 찍혔지만, 결국에는 거의 모든 사람이 읽고 그에 물들어갔다.

한 세기 동안 뜨겁게 달아올랐던 맨더빌에 대한 관심은 1800년대 들어서 맨더빌의 주제를 얼마큼 삭혀낸 계몽주의가 유럽에 뿌리내리면서 가라앉았다가 20세기 들어와 되살아났다. 계기가 된 것은 1924년 케이F. B. Kaye가 《꿀벌의 우화》 전체에 꼼꼼하게 각주를 달고 해제를 붙인 자신의 예일대 철학박사 학위 논문을 책으로 내면서였다. 그 뒤 맨더빌 연구는 거의 모두 케이의 편집본을 원전으로 삼게 되었으며, 이 번역서도 마찬가지다.

3. 도덕 운동에 대한 공격

1600년대 말과 1700년대 초에 영국에서는 도덕 운동이 크게 일었다. 직접적인 발단은 함께 왕위에 오른 윌리엄과 메리가 이를 부추겼기 때문이었다. 신분 사회에서 도덕이 갖는 가장 중요한 목적 가운데 하나는 지배층이 피지배층에게 분수, 곧 신분 질서를 지키라고 가르치려는 것이기 마련이다. (도덕이 이처럼 하늘이 내려준 것이 아니라 제 이익을 챙기는 실용적인 마음에서 비롯되었다고 보는 생각 자체가 맨더빌이 〈미덕〉에서 꺼내들어 세상을 시끄럽게 했던 것이다.) 이 점은 동양의 유교도 많이 다르지 않다. 예컨대 조선 시대 도덕규범인 향약에서는 아랫사람이 윗사람을 능멸하는 것, 천인이 귀인을 능멸하는 것, 하인이 상전 앞에서 불경스레 언성을 높이거나 밖에서 상전 욕을 하는 것 등이 다 "도덕"에 어긋나는 엄벌 대상이었다. 윌리엄과 메리는 또한 쫓겨난 왕 제임스 2세를 복위시키려는 제임스당의 움직임을 막기 위해서도 도덕 운동 분위기가 필요했다. 그러나 도덕 운동이 폭넓은 지지를 받으며 퍼져나간 데에는 무엇보다도 달라진 사회분위기를 못마땅해한 사람들이 특히 땅을 가진 귀족 가운데 많았기 때문이다.

중세 시대부터 영국 사회는 큰 영지를 가진 귀족들과 그보다 작은 땅을 가진 향신(젠트리)들이 중심이 되어 나라 행정과 국방을 떠맡으며 이끌어왔다. 헨리 8세가 1530년대 중반에 수도원을 해산하고 그 땅을 빼앗은 뒤 나중에 정부지출을 충당하느라고 땅을 팔게 되었는데, 이 땅을 사들인 자유토지보유자freeholder들이 늘어남에 따라 땅이 세력 기반인 귀족들은 상대적으로 그 세력이 점차 줄어들기 시작하였다(Hundert, 1994: 10~13).

1600년대 말에 이르러 영국은 상업혁명을 거치면서 상인들의 부와 정치적 영향력이 부쩍 커졌다. 또한 주식회사가 빠르게 늘어나고 세계 첫 중앙은행이라는 영국은행이 1694년에 생기며 공채시장

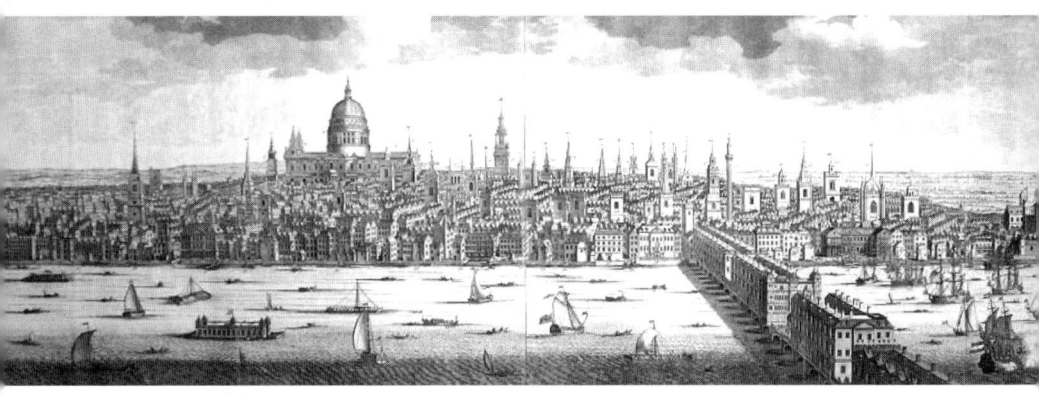

1700년대 초반의 런던 (Joseph Smith, 1724년 출판. 실제 그림은 그보다 앞서 제작됨)

이 커지는 등 금융혁명 또는 재정혁명을 겪게 된다. 공채시장이 커진 데에는 공채 이자를 갚는 데 쓸 세금을 따로 법으로 마련하여 공채 신용을 크게 높이면서 공채 이자를 높이 쳐준 것이 주효했다. 영국은 명예혁명 전에는 주로 프랑스와 손잡고 네덜란드와 전쟁을 벌이다가 명예혁명 뒤로 네덜란드와 손잡고 프랑스를 적으로 삼게 되었으며, 전쟁 규모도 훨씬 커졌는데, 영국이 9년 전쟁(1688~1697)과 에스파냐 왕위계승전쟁(1701~1714) 등 큰 전쟁을 척척 치러낸 것은 영국 정부가 그 무렵 다른 나라에서는 생각도 못할 만큼 큰돈을 공채시장에서 마련할 수 있었기 때문이었다. 또한 전쟁비용 때문에 세금이 높아졌는데 이 세금은 주로 땅을 가진 계층이 내야 했다. 그런데 대지주 귀족들은 규모의 경제가 있어서 그 짐이 덜했을 뿐 아니라 남는 돈은 새로 발달한 공채시장에 투자하여 이자소득을 올렸고, 나아가 공직을 이용하여 따로 돈을 벌 수 있었다. 그리고 앞서 땅으로 흘러 들어갔던 부르주아 계층의 돈도 역시 공채에 투자되었다.

이 모든 과정에서 소지주 향신계층(또는 시골 신사양반들)은 가만 앉은 채 세금 부담을 떠안으면서 가장 큰 피해를 보게 되었다(Horne, 1978: 51~55).

    소지주 향신계층이 보기에 명예혁명 뒤에 나타난 사회는 돈만 아는 타락한 사회였다. 로마 시대부터 귀족의 땅은 왕권 횡포에 맞설 경제적 자유를 주는 바탕으로, 그리고 귀족이 공공정신을 가지고 나라에 봉사하는 바탕으로 인식되어왔다. 그런데 이제 부동산이 아닌 동산, 곧 상업자본과 금융자본이 판을 치는 세상이 되어버린 것이다. 이에 그 무렵 지식인 계층이기도 한 향신들은 기독교 신앙뿐 아니라 그리스와 로마가 한창이던 시대에 나타났던 영웅들과 그들의 도덕심을 돌이켜보면서 도덕 운동에 크게 맞장구쳤다. 이들은 돈에 맛들인 사람은 돈이라면 공직도 사고팔고 나아가 나라까지도 팔아먹을 것이라고 의심했으며, 영국이 네덜란드와 손잡고 벌이는 전쟁도 돈벌이로 하는 것이라고 비판하였다. 만약 조선 시대 상인들이 양반을 넘볼 만큼 많은 돈을 벌었더라면 우리나라 딸깍발이 선비들도 아마 요순시대를 들먹이며 비슷한 반응을 보였을지 모른다. 동서양을 막론하고 귀족이나 지식인 눈에 장사꾼이 천박하게 돈만 아는 것으로 보이는 것은 크게 다를 바 없다.

    대표적인 도덕 운동으로는 주로 1690년에서 1738년 사이에 활동했던 "도덕개혁모임Society for Reformation of Manners"이 있었다. 맨더빌이 공격을 퍼부은 것도 주로 이 모임을 염두에 둔 것이다. 이때의 도덕 운동은 그저 계몽 차원에 그친 것이 아니었다. 개인이 당국으로부터 영장을 받아 부도덕하다고 생각되는 사람을 고소하면 치안

관은 이것만 가지고서도 처벌하였으며, 기소된 사람은 억울하다고 생각할 경우에도 먼저 벌금을 내거나 징역형을 마친 뒤에나 반론할 수 있었고, 재심에서 지면 비용을 세 배로 물어내야 했다. 특히 도덕 개혁모임 회원들에게는 백지 영장을 나눠주어, 이들은 거리나 시장에서 눈에 띄는 대로 술주정꾼, 욕지거리하는 사람, 일요일에 일하는 사람까지 이름과 죄목을 적어냈으며, 많은 경우 돈을 주고 정보원에게 이 일을 맡기기도 하였다. 1721년 자료에 따르면 부도덕한 일을 했다고 기소된 것이 최근 2년 동안 2천 건, 1691년부터는 7만 5,270건에 이른다고 했다. 적잖이 무리한 운용방법에 대해서는 그때에도 비판이 있기는 하였다. 대니얼 디포는 도덕 운동이 가난한 사람들만 잡아들이고 부자는 봐준다며 사회정의에 어긋난다고 분개하였고, 고교회High Church 쪽에서는 도덕 운동가들부터가 위선자들이라며 비난하였다. 그러나 찬성자나 비판자 모두 개인의 악덕이 사회에 해롭다는 생각만큼은 다들 공감하였다. 그런데 맨더빌이 꺼내든 것은 이들과는 차원이 다른 문제였다.

1709~1711년에 런던에서는 잡지 《태틀러 The Tatler》(수다쟁이)가 나오면서 큰 인기를 끌었다. 일주일에 세 차례씩 나온 이 잡지에는 리처드 스틸Richard Steele(1672~1729)이 가명으로 쓴 글들이 실렸는데, 주제는 대개 타락한 도덕을 개탄하며 도덕을 바로잡자는 것이었으며, 글 속에서 가상인물은 자신이 도덕개혁모임 회원이라 밝히기도 하였다. (이 리처드 스틸은 〈미덕: 16〉에서 맨더빌이 비꼰 인물이다.) 이 잡지가 성공을 거두자 이를 흉내 낸 잡지들이 여럿 쏟아져 나왔다. 그 가운데 하나가 1709~1710년에 나왔던 《피메일 태틀러

The Female Tatler》(수다쟁이 여자)였다. 맨더빌은 여기에 익명으로 글 32편을 써서 《태틀러》가 내세운 도덕주의를 공격하였다. 예컨대 《태틀러》는 도덕적으로 타락한 이야기를 실으면서 이렇게 살면 안 된다고 꾸지람을 하였지만, 《피메일 태틀러》는 비슷한 이야기를 실으면서, 아무리 겉으로는 도덕적으로 보이는 사람이라도 속은 그와 다르다는 것을 보여주려고, 또는 속으로 타락한 사람이 겉으로는 오히려 도덕을 내세운다는 것을 보여주려고 하였다. 또한 《태틀러》는 미덕을 갖춘 본받을 만한 영웅으로 알렉산더, 키케로, 카토 같은 인물들을 내세웠는데, 나중에 〈사회〉와 〈미덕〉 등에서 맨더빌은 이들의 미덕이라는 것이 사실은 모두 악덕에 바탕을 둔 위선이라고 하였다. 나아가 맨더빌은 《피메일 태틀러》에서 영국 엘리자베스 1세를 비롯하여 그리스와 로마 시대 여성 30여 명을 남성 영웅들을 대신하여 본받을 사례로 내세워, 오늘날 여성운동의 선구자로 연구되기도 한다(Goldsmith, 1999, 2001).

맨더빌은 1712년 시집 《대자Godson에게 바라는 소원》을 낸 뒤로는 운문을 쓰지 않았다. 풍자시와 《피메일 태틀러》에 실은 글들에서 드러나기 시작한 그의 생각은 이제 여러 산문과 주석을 통해 다듬어져갔다.

맨더빌과 그 시대 사람들이 말하는 악덕vice이란 살인이나 강도와 같은 범죄crime와는 다른 도덕적 차원에서의 죄악sin을 가리키는 것이다. 일반적으로는 종교적인 불신앙도 악덕에 들어갔지만, 이는 맨더빌이 거의 다루지 않았다. 맨더빌이 주로 문제 삼은 것은 방탕, 사치, 명예욕, 뽐내는 마음pride, 이기심, 탐욕, 쾌락과 같은 악덕이었으며, 그 무렵 사람들이 미덕virtue으로 꼽으며 칭송했던 것은 금욕self-denial, 겸손, 연민, 자선, 자기희생, 공공심과 같은 것들이었다.

맨더빌은 그저 악덕에도 좋은 점이 있다거나 또는 그 좋은 점이 나쁜 점보다 클 수도 있다는 식으로 변명을 하려던 것이 아니었다. 그가 문제 삼은 것은 사람들이 도덕에 대해 가지고 있던 다음 두 가지 생각이었다. 첫째는 욕심을 나쁜 것으로 쳐서 금욕하는 것이 미덕이라는 생각과, 둘째는 감정에 휘둘리지 않고 이성에 따라야 미덕을 지닐 수 있다는 생각이다. 그러나 맨더빌은 이 두 가지 기본 전제를 부인하지는 않았다. 오히려 끝끝내 고집했다. 그리고 나서 이러한 조건에 맞는 미덕은 이 세상에 없다는 것을 보여주었다. (맨더빌의 이러한 "엄격주의" 방식은 뒷날 칸트 철학으로 이어졌다.)[6] 나아가 정말로 글자 그대로 미덕만 남게 된다면 세상 경제는 돌아가지 않는다는 점을 보여주었다. 비판자들의 말과는 달리 그는 한 번도 악덕 그 자체를 드러내 추켜세운 적이 없다. 그 대신 악덕의 효용을 보여주며 이제 악덕을 어찌 생각해야 할 것인지 물음을 던진 것이다.

정신병을 주로 연구한 의사였던 맨더빌에게 사람은 이성적이기보다는 감정적이었으며, 이기심은 모든 사람에게 있는 자연스러운 감정이었다. 때문에 전통적인 도덕론을 따른다면 사람이 하는 일은 모두 "악덕"에 바탕을 두었다고밖에 할 수 없다. 풍자시 〈벌집〉을 비

---

[6] 케이(1924: li)의 말을 빌리면, "맨더빌보다 한참 뒤에, 예를 들면,《꿀벌의 우화》에서와 같은 엄격한 태도는 칸트로 이어졌는데, 그는 맨더빌과 마찬가지로 "도덕"이라는 이름을 개인 취향에 따르는 행동에는 붙이지 않고, 그 이름을 개인을 떠나 추상적인 원칙에 충실히 따르는 행동에만 썼다". 이로써 칸트는 맨더빌이 낡은 도덕을 무너뜨릴 때 썼던 그 엄격한 기준을 가지고 새로운 도덕 원칙을 세웠다.

롯한 여러 글에서 그는 이 세상에, 겉으로는 고귀하고 점잖아 보이는 사람들에서조차도, 악덕이 널리 퍼져 있다는 점을 누구 못지않게 따끔하게 보여주었는데, 얼핏 봐서는 악덕을 나무란 듯싶다. 그러나 그는 그 악덕들을 — 추켜세운 것은 아니더라도 — 나무랄 생각이 없었을뿐더러, 그토록 악덕이 가득 찬 세상이 멀쩡하게 돌아간다고 하였다. 그는 악덕이 있더라도 세상이 잘산다고 하지는 않았다. 오히려 바로 그 악덕 때문에 잘산다는 것이었다. 그렇기에 악덕을 없애려고 하는 도덕 운동은 세상을 나쁘게 만들 바보짓이었다.

> 그러니 불평을 말아라. 바보들은 오로지
> 위대한 벌집을 정직하게 만든다고 애를 쓴다만
> 세상의 편리함을 누리며
> 전쟁에서 이름 떨치면서도 넉넉하게 사는 것이
> 커다란 악덕 없이도 된다는 것은
> 머릿속에나 들어 있는 헛된 꿈나라 이야기일 뿐이다.
> 〈벌집: 409~414〉

4. 맨더빌이 이룬 것

옛 사상가를 읽을 때에는 두 가지 생각이 함께 따르기 마련이다. 앞선 시대나 같은 시대 사람들이 생각하지 못한 것을 내놓았다는 놀라움이 한 가지요, 그의 생각을 바탕으로 더 나은 것을 내놓은 뒷사람들에까지는 미치지 못했다는 안타까움이 다른 한 가지다. 맨더빌도 마찬가지다. 뛰어난 점부터 살피자. 그의 가장 큰 공헌은 사람과 사회를 있는 그대로 보려 했다는 것이다. 〈미덕〉 첫머리에 썼듯이

> 제 자신을 이해하는 사람이 적은 까닭은 글 쓰는 사람들 대부분이 사람이 어떠해야 한다는 것만 가르칠 뿐 사람이 참으로 어떤 것인지는 신경도 쓰지 않기 때문이다.

〈미덕〉에서 리처드 스틸을, 그리고 〈사회〉에서 섀프츠베리Anthony Ashley Cooper, 3rd Earl of Shaftesbury(1671~1713)를 각각 비판한 것은 그 때문이다. 한마디로 맨더빌은 사람에게서 위선을 벗겨내고 참모습을 보려 했다. 〈사회: 36~39〉의 옷감장수 이야기나 〈사회: 40~41〉의 뱃사공 이야기, 〈자선: 7~8〉의 동냥 이야기 등 곳곳에서 그는 겉과 속이 다른 사람 마음을 여느 심리학자나 소설가 못지않게 날카롭게 그려냈다. 나아가 그는 오늘날 역사학자들이 다 그러하듯 문명과 나라의 흥망성쇠를 도덕 수준의 높낮이로 설명하기를 거부했으며, 오늘날 정치학자들이 다 그러하듯 사회 움직임이 행동의 도덕성 여부에 달려 있다는 생각을 떨쳐냈고, 오늘날 경제학자들이 다 그러하듯 (예컨대 〈주석 (Q): 2, 12〉에서) 근검절약이 사람 마음보다는 경제 환경과 경제 정책에서 비롯된다고 설명했다. 그는 3백 년 앞서 이미 현대적인 사회과학자의 눈으로 세상을 볼 줄 알았다.

도덕을 비롯한 제도나 기술과 과학 등 지식이 조금씩 진화해 나간다는 그의 생각도 놀랍도록 현대적이다. (다음에 나오는 맨더빌 인

용문은 대부분 이 번역서에서는 옮기지 않은 저작에 나오는 것들이다.)
스펜서와 다윈의 진화론이 나오기 100여 년 전인 이 시대에 사람들
은—지식인들조차도— 대체로 신이 모든 것을 처음부터 만들어주
었다고 생각하던 수준이었다. 여기에 대고 맨더빌은, 마치 임금님이
벌거벗었다고 외치듯, 도덕은 사람이 만든 것이라 했다. 〈미덕: 7〉에
서는 도덕을 하루아침에 의도적으로 만들어낸 것처럼 쓰기는 했지
만, 여기에 대해서는 나중에, 명예를 비롯한 도덕이

> 많은 사람들의 합작품이며, 사람의 지혜는 시간의 자식이다. 그것
> 은 한 사람이 고안해낸 것도 아니며, 개념 하나를 굳히는 것은 몇
> 해로 될 일도 아니다.《명예의 기원: 첫째 대화록》

라고 설명을 덧붙였으며, 도덕 기준은 태초에 결정된 것이 아니라
시대와 문화에 따라 달라지는 것임을 여러 곳에서 보여주었다. 또한

> 우리 지식은 조금씩 발전하며, 기술과 과학은 얼마큼 완성되기까
> 지 수많은 세대의 경험을 거쳐야 한다. 〈우화II. 4: 187〉

라고 하면서, 정부 형태를 비롯한 제도도 마찬가지라 하였다.

맨더빌에서 가장 흥미로운 부분은 바로 제도에 대한 생각이
다.《우화》〈머리말〉맨 앞에서 "시민사회 정치체제에 법과 정부가
있으니, 이는 짐승의 살아 있는 몸에 넋과 목숨이 있는 것과 마찬가
지다"라고 했던 말을 달리 본다면, 맨더빌은 궁극적으로는 법과 정

부에 관심이 있었던 것이다. 참고로, 18세기 영국에서 도덕적moral 이라는 말은 윤리적ethical이라는 말보다는 오늘날의 사회적social이라는 말에 더 가깝게 쓰였다고 하는데(Patten, 1899: 144), 맨더빌이 말하는 "도덕" 문제는 좁은 의미의 윤리 문제보다는 넓은 의미의 사회 문제로 볼 필요가 있다. 현대 경제학, 그 가운데서도 제도 경제학은 욕심을 이용하여 인센티브를 잘 설계한 제도이어야 경제에 도움이 된다는 것을 중시하는데 맨더빌은 바로 그 점에 관심을 두었다.

아담 스미스는 핀 공장 분업을 이야기하며 분업의 이점을 강조한 것으로 유명한데, 그에 앞서 맨더빌도 비슷한 이야기를 하였으며, 배 만드는 일을 예로 들면서, 분업을 하면 단순노동만 가지고서도 복잡한 일을 해낼 수 있다고 하였다. 맨더빌은 이런 생각을 제도에 대해서도 적용하였다. 나라를 다스리는 것은 복잡한 일이지만, **사람 본성에 맞추어** 제도를 만들면, 마치 단순노동만으로도 분업을 통해 복잡한 일을 하듯, 나라를 잘 다스릴 수 있을 것이다. 그래서 맨더빌에게는 무엇보다도 먼저 사람 본성을 있는 그대로 보는 것이 중요하였다.

사람을 교화시켜서 나라를 만들려면, 사람의 모든 감정과 기호, 강점과 약점을 속속들이 알아서 그들의 약점을 공공이익으로 바꿀 줄 알아야 한다. 〈주석 (R)〉

사람 본성에 맞는 제도를 잘 만들면 나라는 잘 다스려질 것이다.

맨더빌의 원전에서

분업

- 한 사람은 활과 화살만 만들고, 다음 사람은 먹을 것만 장만하고, 셋째 사람은 오두막을 짓고, 넷째 사람은 옷을 짓고, 다섯째 사람은 그릇을 만든다면, 이들은 서로에게 쓸모 있을 뿐 아니라, 모든 일을 다섯 사람 각자가 뒤죽박죽 할 때보다 같은 시간에 더 많은 것을 얻게 될 것이다. 〈우화II. 6: 284〉
- 이러한 일은 작업을 서로 다른 갖가지 노동으로 나누고 또 나누어 하지 않았다면 할 수 없었을 것이다. 또한 분명한 것은 이 노동들이 모두 평범한 능력을 가진 노동자만 가지고서도 이루어진다는 것이다. 〈우화II. 3: 142〉

제도

- 나라가 잘되려면, 정부와 모든 행정 부서를 슬기롭게 꾸며서, 보통 수준의 능력과 평판을 가진 어떤 사람이라도 가장 높은 어느 자리에나 맞도록 해야 한다. 〈우화II. 6: 323〉
- 법을 만드는 모든 사람은 처음에 두 가지를 반드시 생각해야 한다. 첫째, 어떤 것이 그들이 맡고 있는 사회에 행복을 가져다줄 것인가, 둘째, 사람 본성에 어떤 감정과 성질이 있어서 이 행복을 높여주거나 가로막거나 하는가. 〈우화II. 6: 275〉
- 제대로 된 정치와 통치 기술은 모두 사람 본성에 대한 지식에 바탕을 두고 있다. 일반적으로 정치인이 해야 할 큰일은, 한편으로는, 할 수만 있다면, 착하고 쓸모 있는 모든 행동에 상을 내리면서, 다른 한편으로는 사회를 망치고 해치는 모든 행동을 벌하거나 적어도 막는 것이다. 〈우화II. 6: 320~321〉
- [정확한 시각에 음악이 흘러나오게 만든 시계를 예로 들면서] 여러 시대 동안 멈추지 않고 지속되어온 잘사는 도시의 정부는 이와 비슷하다. 정부 규제 전체를 본다면 아무리 자잘하고 작은 부분일지라도 시간뿐 아니라 많은 고통과 생각이 따르지 않은 부분이 없다. 이러한 도시의 역사와 그 유구함을 들여다보면, 정부가 다스리는 데 쓰는 법과 조례에 갖가지 수정, 폐지, 추가조항, 부칙

들이 얼마나 많이 덧붙였는지 알 수 있다. 그런데 이들이 사람의 솜씨와 슬기로 해낼 수 있을 만큼 완성단계에 이르게 되면, 그 기계 전체는 마치 시계에 태엽을 감는 만큼의 작은 솜씨만 가지고서도 혼자 움직이게 만들 수 있다. 그리하여 큰 도시의 정부는, 일단 질서가 잡힌 뒤 집행관이 곧바로 따라가기만 한다면, 슬기로운 사람이 정부에 없다고 하더라도 오랫동안 옳은 길로 나아갈 것이다. 〈우화II. 6: 322~323〉

일단 질서가 잡힌 뒤 집행관이 곧바로 따라가기만 한다면, 슬기로운 사람이 정부에 없다고 하더라도 오랫동안 옳은 길로 나아갈 것이다. 〈우화II. 6: 323〉

반면 사람 본성을 잘못 보고 도덕에 기댄다면 나라를 제대로 다스릴 수 없을 것이다.

나라 전체로서는 정직함에 기댈 것이 아니라 필연성에 기대야 한다. 잘살고 못사는 것을 공무원과 정치인의 미덕과 양심에 기댈 수밖에 없는 사람들은 불행하며 그들의 법질서는 언제까지나 불안할 것이다. 〈주석 (Q): 15〉

나는 앞서 2천 년 전의 한비자를 통해 제도 경제학을 다루었던 적이 있는데, 그때 찾아냈던 한비자의 문제의식은 맨더빌과 아주 비슷하다. 여기에 다 옮기지는 못하지만 두 사람 사이에는 서로 베끼지 않았나 싶을 만큼 비슷한 구절이 참 많다. 아래는 그 한 예이다.

무릇 성인이 나라를 다스림에 있어서는 사람들이 나를 위하여 착해줄 것을 바라지 않고, 잘못되지 않도록 수단을 쓴다. 나를 위하여 착해줄 사람을 바라더라도 그런 사람은 나라 안에 열 사람도 되지 못할 것이다. 잘못되지 않도록 수단을 쓰면 온 나라를 가지런히 다스릴 수 있다. 다스리는 사람은 다수를 상대로 하고 소수를 상대로 하지 않기 때문에 덕에 힘쓰지 않고 법에 힘쓴다.…… 그러므로 제대로 다스릴 줄 아는 임금은 우연한 선행을 바라지 않으며 필연적으로 되는 방법을 따른다.《한비자》〈현학〉

성선설에 바탕을 둔 유가의 덕치에 맞서 한비자를 비롯한 법가는 성악설에 바탕을 두고 법치를 주장했는데, 도덕 운동을 공격하며 사람 본성을 제대로 보자고 한 맨더빌도 비슷한 생각이었다. 유가가 법가를 사문난적斯文亂賊이라 부른 것과 도덕가들이 맨더빌을 악마라 부른 것도 닮은꼴이다. 물론 두 사람 다 나름대로 한계가 있다.

세상 사람들은 그때나 지금이나《꿀벌의 우화》에 붙은 부제 "개인의 악덕, 사회의 이익"을 두고 "개인의 악덕이 곧 사회의 이익이 된다"는 주장이라고 생각하는 경우가 많지만, 맨더빌 자신은 동의하지 않았다. 그는 마지막 작품인《디온에게 보내는 편지》에서 개인의 악덕과 사회의 이익 사이에는 어디까지나 쉼표만 있을 뿐 동사가 빠져 있음을 상기시키면서, 부제를 이렇게 쓴 이유가 역설을 부각시켜서 "사람들의 주의를 끌기 위해서"였다고 하였다. 다른 곳에서 맨더

빌은 늘 단서를 달았다. 일찍이 〈벌집: 423~426〉에서는

[포도덩굴이] 우리를 고귀한 열매로 축복해주는 것은
바로 덩굴이 묶이고 잘리고 나서이다.
악덕이 이롭게 되는 것도 마찬가지로
정의로 베어내고 동여맬 때이다.

라고 하였으며, 〈사회〉 맨 끝줄에서는 부제가 "개인의 악덕은, 솜씨 좋은 정치인이 잘 다룬다면(by the dextrous management of a skillful politician), 사회의 이득이 될 수 있다"는 뜻이라고 설명하면서, 이 점을 《꿀벌의 우화》 1724년 판에 써넣은 〈반박문〉 맨 끝에서 다시 강조한 바 있다. 정부 역할과 관련된 이 구절을 어떻게 보느냐에 따라 맨더빌에 대한 평가가 달라져왔다.

맨더빌에 대한 현대적인 관심을 새삼 일깨워주었던 케이(1924)는 위 구절을 간단히만 지적하고 넘어가면서, 대신 스미스와의 공통점에 집중하여 맨더빌을 자유방임주의자로 평가했으며, 그 뒤 많은 사람들이 이 평가를 비판 없이 그대로 받아들였다. 여기에 정반대 해석을 맨 처음 내놓은 사람은 바이너(Viner, 1953)였다. 그는 위 구절을 강조하면서 맨더빌이 정부 개입을 중시한 중상주의자라고 평가하였다. 그러나 이 해석에는 무리가 있다. 맨더빌이 생각한 정부 역할은 정부가 자원 배분에 일일이 간섭하는 얕은 개입보다는 정치와 경제와 사회 전체의 규칙을 만드는 깊은 개입에 더 가까우며, 스미스의 이른바 자유방임주의에서도 이러한 깊은 개입에 대한 관심

은 마찬가지로 찾아볼 수 있다.[7] 아무것도 안 하고 세상을 내버려두어도 좋은 결과가 저절로 나올 것이라는 생각은 맨더빌도 스미스도 하지 않았다. 두 사람의 공통된 생각은 이기심이라는 사람 본성에 맞추어 알맞은 제도를 만들어야 하며, 그 제도는 일일이 간섭하지 않고서도 (얼마큼) 스스로 돌아갈 수 있는 제도이어야 한다는 것이다. 그리고 그것은 오늘날 경제학의 핵심이기도 하다(예컨대 World Bank(2002) 참조). 다만 옛날에 생각하던 자유방임이 저절로 돌아간다는 쪽에 더 기울었다면 오늘날에는 그렇게 되도록 제도를 제대로 만들어야 한다는 쪽에 더 기울어 있는 것이 다를 뿐이다. 정작 중요한 차이는 다른 곳에 있다. 제도가 저절로 굴러가는 것은 좋은데 과연 어디로 굴러가야 하는가. 여기에서 맨더빌과 스미스는 아주 다르며 이 점은 나중에 따로 살피겠다.

경제 이론에 관한 한, 특히 스미스와 비교하면, 맨더빌에게는 체계화된 경제 이론이 없었을뿐더러 부분적으로만 보더라도 잘못 생각한 부분이 꽤 있다. 그렇더라도 뒷날 많은 경제학자들이 아담 스미스에서 비롯되었다고 하는 생각 가운데에는 이미 맨더빌이 이야기한 것들이 적지 않으며, 스미스가 책 속에서 출처를 밝히지 않은 채 맨더빌 글을 그대로 옮겨놓다시피 한 부분들도 종종 찾아볼 수 있다.[8] 실제로 스미스는 맨더빌 저작을 매우 꼼꼼하게 읽었다. 다음에 실린 맨더빌의 글(42쪽)은 돈을 매개로 한 시장거래가 왜 중요

---

[7] 이에 대해서는 Rosenberg(1960, 1963) 참조. 얕은 개입과 깊은 개입에 대해서는 Hoff and Stiglitz(2001: 402) 참조. Dixit(2003)은 이들을 각각 정책 수립 policy-making과 규칙 수립 rule-making이라 불렀다.

한지를 맨더빌이 이미 잘 이해했음을 보여주는 부분으로, 〈사회: 47〉과 아울러, 우리가 저녁밥을 먹는 것은 빵집 주인의 자비심 때문이 아니라 그의 돈 벌 욕심 때문이라는 스미스 이야기(국I.ii.2)를 떠올리게 한다.

물론 하늘 아래 새로운 것이 없다는 말처럼 맨더빌이 모든 것을 맨 먼저 이야기했다는 것은 아니다. 거의 모든 사상가들이 그러하듯, 맨더빌이 한 거의 모든 이야기에서는 그보다 앞서 비슷한 말을 한 다른 사람을 찾을 수 있다. 그러나 그 누구도 이를 한데 모아 일관된 이야기로 만든 사람은 없었으며, 무엇보다도 그만큼 눈길을 끌고 논쟁을 크게 불러일으킨 사람은 일찍이 없었다. 맨더빌은 가장 그럴듯한 예를 들어 점잖고 쉽게 풀어가는 대신, 자기 주장을 뒷받침할 때에는 가장 그럴듯하지 않은 예를 들되 같은 이야기라도 늘 도발적으로 하여 읽는 사람을 불편하게 만들곤 하였다(그의 도발적인 문체에 대해서는 Adolph(1975) 참조). 때문에 많은 사람을 적으로 만들긴 하였지만 논쟁을 일으키는 데에는 아주 효과적이었다. 그 시대 사람들에게는 맨더빌을 반박하거나 무시하거나 경멸하는 것이 처음에는 쉬워보였다. 그러나 곧 뚜렷해진 것은 진지하게 달려드는 사람일수록 맨더빌을 제대로 비판하기가 쉽지 않았다는 것이다. 그는 그저 말장난을 하며 세상을 비웃으려고 한 것이 아니었다. 그는 중세 기독교 철학과 상업 사회의 현실 사이에 커다란 틈이 있음을

---

8 Rashid(1998)는 스미스가 맨더빌을 비롯하여 많은 선배 사상가들의 공헌을 무시하거나 왜곡시킨 잘못을 저질렀으며 이로써 많은 것들을 자신의 독창적인 공헌으로 보이게 했다고 비판하였다.

맨더빌의 원전에서

거래

• 돈은 으레 모든 악의 뿌리라 불린다. 도덕가나 풍자가치고 돈을 비웃지 않은 사람이 없다. 그러나 돈을 얻기 위해 갖가지 고통과 위험을, 돈으로 좋은 일을 할 것처럼 꾸며가면서, 얼마나 감내하는가. 나로 말할 것 같으면, 나는 돈이, 부수적인 이유로서는, 다른 어느 것보다도 이 세상에 더 많은 해악을 끼쳤다고 참으로 믿는다. 그러나 시민사회의 질서와 경제와 존재 자체에 이처럼 절대적으로 필요한 다른 것을 댈 수가 없다. 시민사회는 우리 욕구의 다양성 위에 세워진 것이어서, 상부구조 전체는 사람들이 서로에게 해주는 상호 봉사로 이뤄져 있기 때문이다. 남들의 봉사가 필요할 때 이를 어떻게 얻느냐 하는 것은 모든 사람들 삶에서 거의 끊이지 않는 커다란 걱정거리다. 남들이 우리에게 공짜로 봉사해주기를 바라는 것은 터무니없다. 그러므로 사람들이 함께 할 수 있는 상업은 모두 끊임없이 하나를 다른 하나와 맞바꾸는 것이다. 파는 사람은 물건을 내주면서 마음속으로 제 이익을 생각하는 것이니, 이는 사는 사람이 물건을 사들이면서 생각하는 것과 마찬가지다. 어떤 것을 원하거나 좋아할 때, 그것을 가지고 있는 사람은, 그게 어떤 것이 됐든 또는 당신이 그것을 얼마나 간절히 원하든, 그가 당신에게 해줄 것보다 더 좋아하는 것을 그가 갖게 되리라 생각하지 않는다면 절대로 내놓지 않을 것이다. 내가 되갚아 해줄 봉사를 그가 좋아하지 않거나 상관하지 않는다면, 내게 봉사하라고 그를 어떻게 설득할 수 있을까. 평화로이 살면서 사회와 맞부딪치는 일이 없는 사람은 변호사에게 아무것도 해주지 않을 것이고, 의사는 가족 모두가 완전하게 건강한 사람에게서는 아무것도 얻을 수 없을 것이다. 돈은 사람들이 서로에게 해주는 모든 봉사에 적합한 보상이 되어줌으로써 이러한 어려움을 모두 없애준다. 〈우화II.6: 349〉

지적한 것이었다. 맨더빌이 드러내 보여준 틈은 그 뒤, 한쪽으로는 흄David Hume, 벤담Jeremy Bentham, 허치슨Francis Hutcheson, 스미스를 거치면서 공리주의utilitarianism로 메워져서[9], 사람이 자기 행복을 추구하는 것은 이제 더 이상 악덕으로 생각하지 않게 되었으며, 다른 쪽으로는 공리주의를 뛰어넘는 칸트 철학으로 메워졌다. 패튼의 말을 빌리자면, 맨더빌이 문제를 냈고, 이로써 흄은 경제를 공부하다가 철학자가 되었으며, 스미스는 철학을 공부하다가 경제학자가 되었다(Patten, 1899: 41). 프랑스에서는 루소와 볼테르가 맨더빌의 영향을 크게 받았다. 스미스(1755)는 일찍이 루소의 《인간 불평등 기원론》을 가리켜 맨더빌의 〈우화II〉에서 비롯된 것이라고 한 바 있다(맨더빌, 루소, 스미스 사이의 관계에 대해서는 Prieto(2004), 볼테르에 끼친 영향에 대해서는 Aldridge(1975) 참조).

맨더빌은 사람의 마음과 행동을 위선적으로 보아서는 안 된다고 했지만, 또한 위선이 필요하다고도 했다.

우리는 위선이 아니고서는 사회적 동물이 될 수가 없다.…… 제가 하는 속생각이 남에게도 고스란히 다 드러나게 되어 있다면, 말을 할 줄 아는 이상, 남에게 상처받고 가만히 있을 수는 없다. 〈사회:34〉

그래서 장례 치르는 사람은 남의 죽음으로 돈을 벌지만 남들이 더

---

[9] 스미스는 공리주의자로 보기 어려운 면도 적지 않다. 참고로, 동양철학에서 말하는 공리주의는 유가에 대비되는 묵가나 법가를 가리키는 것으로서 서양철학의 공리주의와 종종 비교되기도 한다.

많이 죽어줬으면 좋겠다는 말은 꺼내서는 안 되며, 남의 죽음 앞에서는 기쁘더라도 슬픈 시늉을 해야 한다. 그렇더라도 그것이 참된 속마음이라 믿고 도덕과 사회제도를 그런 믿음에 맞추어 만들어서는 안 된다는 것이다. 또한 남들 장례로 돈 벌게 되어 좋다고 생각하거나 남의 죽음이 진실로 슬프게 생각되지 않는다고 해서 그 사람을 나쁜 사람으로 비난할 것도 아니다. 그것은 그저 사람이 저를 먼저 생각하는 자연스러운 본성일 뿐이다. 달리 말하면, 위선 자체는 받아들일 수 있으나 위선에 대한 위선은 받아들일 수 없다는 것이다(맨더빌을 비롯한 정치사상을 위선을 중심으로 풀이한 것으로는 Runciman(2008) 참조). 그는 모든 것을 있는 그대로 보고자 했다.

자선을 베푸는 사람이 마음속으로는 뽐내는 마음과 허영에 사로잡혀 있다는 〈자선: 11〉에서와 같은 지적은 오늘날에는 ─ 아직도 거북하기는 하지만 ─ 새삼스러울 것이 없다. 기부한 사람에게 감사장을 주고 함께 사진을 찍는 것은 기본이고, 나아가 건물에 이름을 붙여주거나 병원의 경우라면 평생 무료진료를 약속하기도 한다. 이 모든 것이 기부금을 모으는 사람에게는 중요한 "경영 전략"인데, 기부자나 모금자 모두 이를 위선으로 감싸기 마련이다. 기부한 사람은 때로 감사장 받는 사진을 돌리며 정치나 사업에 이용하기도 하고, 기부한 돈은 세금을 덜 내는 데 도움이 되기도 한다. 오늘날 이야기되는 "기업의 사회적 책임"도 결국은 기업 홍보에 이용하여 장기적으로 돈을 더 많이 벌겠다는 전략이다. 베블런Thorstein Veblen이나 바타유Georges Bataille에 따르면 (콰키우틀 인디언의 포틀래치에서처럼) 기부는 자기가 잘난 사람임을 과시하며 지배력을 강화하는 수단이기도 하다. (코니프(2003) 5장 "이 선물 받게, 제기랄!"에는 이와 관련한 재미있는 이야기들이 여럿 실려 있다.)

사치를 오늘날 경제학에서 쓰는 중립적인 용어인 소비에 가깝게 이해한 것도 시대를 앞선 것이었다.[10] 그런 뜻에서 그는 사치를 막는다면 물건이 팔리지 않을 것이니 경제가 침체할 것이라는 주장을 폈는데, 뒷날 케인즈는 《일반이론》 23장에서 맨더빌을 길게 인용하면서 유효수요가 국민소득을 결정한다는 자신의 주장을 뒷받침하는 자료로 썼다(케인즈가 인용한 구절은 〈벌집: 321~332, 371~372, 333~346, 351~354, 430~433〉 및 〈주석 (Q): 1, 26~27〉 등이다). 나아가 부유층의 사치를 과시적 소비로 풀이한 베블런이 맨더빌에게서 직접적으로는 아니더라도 간접적으로는 영향을 받았을 것이라는 해석도 있다(Spengler, 1959).

반면 평생 케인즈와 맞섰던 하이에크(1966)는 케인즈의 생각과는 아주 다른, 자기 생각과 닮은 모습을 맨더빌에서 찾아내 다음과 같이 정리했다. 사회질서는 복잡한 것이어서 사람들 행동은 뜻한 것과는 다른 결과를 가져올 수 있으며, 각자 제 목적을 이기적으로든 또는 이타적으로든 이루려고 애쓰는 과정에서 제 뜻과는 관계없이 또는 알지도 못하는 사이에 남을 좋게 만들 수 있다. 데카르트와 같

---

10 반면 Rashid(1985)는 맨더빌이 〈주석 (L): 1〉에서 "사람 사는 데 당장 필요한 것이 아닌 것을 모두 사치라 한다면, (엄밀히 말하면 그래야 할 것인데) 사치가 아닌 것은 세상에서 찾기 어렵다"고 한 것은 그때 사회에서 논의되던 상류층 사치 문제의 본질을 왜곡시킨 것이라 지적하였다. 사치가 갖는 본래의 뜻을 현대 경제학에 되살려낸 것으로는 프랭크(2009) 참조.

은 합리주의자들은 사회질서를 이성으로 꾸며낼 수 있는 것처럼 이야기하지만, 사회질서는 누가 일부러 만든 것이 아니라 수많은 사람들이 살아가면서 제도와 관습과 규칙으로 나타나는 것이다. 또한 고대 그리스 사람들은 내버려두면 무질서가 나타날 것이라 걱정했지만, 아무도 뜻하지 않더라도 사회에는 자발적인 질서가 나타난다. 이러한 점들을 일찍이 깨달은 사람이 바로 맨더빌이라고 하이에크는 지적하였다. 또한 하이에크는 보수주의의 시조 에드먼드 버크 Edmund Burke(1729~1797)가 제도를 하루아침에 뒤엎은 프랑스대혁명을 비판하면서 제도의 점진적 발전을 중시하며 보수주의를 내세우게 된 데에도 맨더빌의 영향을 볼 수 있다고 하였다. 그러나 맨더빌이 "솜씨 좋은 정치인의 능란한 경영"을 강조한 것에 비추어 볼 때, 맨더빌은 제도의 점진적인 진화를 이야기했으되, 하이에크가 말한 의도하지 않은 제도 발전보다는 현대 제도 경제학이 강조하는 주의 깊은 제도 설계에 더 가까운 생각을 한 것으로 보인다.

5. 맨더빌과 스미스는 어떻게 다른가

맨더빌은 유럽의 중세적 사고방식에 충격을 주어 많은 사람들에게 새로운 생각을 하도록 만들었다는 점만 가지고서도 이미 충분히 중요하다. 무엇보다 아담 스미스에 미친 영향이 결코 적지 않다. 그러나 우리는 경제학의 아버지로 스미스를 꼽지 맨더빌을 꼽지 않는다. 물론 거기에는 맨더빌에게는 없었던 체계적인 경제 이론을 스미스가 만들어냈다는 이유가 가장 크다. 그 부분에 대해서는 더 말하지 않겠다. 그 대신 여기서 살펴보고 싶은 더 큰 문제는 경제를 바라보는 전체적인 시각의 차이다. 여기서 둘은 많이 다르다. 스미스와 비슷한 점을 찾아내며 맨더빌의 혜안에 놀라는 것 못지않게, 맨더빌과 다른 점을 찾아내며 우리는 스미스의 식견에 새삼 감탄하게 된다. (맨

아담 스미스의 옆얼굴

더빌은 다 그르고 스미스는 다 옳다는 뜻은 아니다.) 1980년 미국에서 로널드 레이건Ronald Reagan이 대통령에 당선되었을 때 공화당원들은 신자유주의를 통한 번영의 꿈에 부풀어 환호했는데, 각종 축하 모임에서 그들은 한결같이 아담 스미스의 옆모습을 그린 넥타이를 매고 있었다고 한다(부크홀츠, 1994: 31). 하지만 내막을 알았다면 그들은 스미스 대신 맨더빌을 그린 넥타이를 맸어야 했을지 모른다. 다만 애석하게도 오늘날 맨더빌의 얼굴 그림은 하나도 남아 있는 것이 없기는 하지만 말이다.

경제학자들에게는 아버지를 찾는 일이기도 하다. 호적상 (요즘 말로는 가족관계등록부상) 아버지는 아담 스미스다. 다들 그렇게 말하고 다들 그렇게 알고 있다. 그런데 혹시 유전자는 맨더빌에서 온 것이 아닐까. 자신이 사생아인지 경제학자라면 각자 한번쯤 고민해볼 필요가 있을 것이다.

이기심

스미스는 맨더빌에 대한 비판을 《도덕감정론》[11] 한 장(VII.ii.4)에 몰아넣었는데, 넓게 본다면 한 권 전체가 맨더빌이 제기한 문제에 대한 대답이라 할 수 있다. 모든 도덕체계는, 미덕과 악덕을 가르는 기준이 제각기 다르고 그 기준에 나름대로 문제가 있기는 하지만, 사회에 보탬이 되는 미덕을 추켜세우고 해악을 끼치는 악덕을 억누르는 역할을 하게 마련이다. 그런데 맨더빌 도덕체계는 미덕과 악덕의 구분을 아예 없애버렸으니, 스미스는 맨더빌 체계를 해로운 것이라 선언하였다. 이익이냐 손해냐, 또는 잘사느냐 못사느냐 하는 기준만 남긴 맨더빌을 버리고 스미스는 새로 도덕 기준을 마련하였다. 물론 그것은 더 이상 맨더빌이 공격하던 낡은 기준이 아니었다. 그리고 정의에 대해 이야기하였다. 이기심과 돈 벌 욕심만 남고 도덕과 정의가 사라지면 시민사회는 무너진다고 생각했기 때문이다. 그러나 스미스가 보기에도 맨더빌 주장은 매우 그럴듯하였다.

> 이 저자[맨더빌] 생각은 거의 모든 점에서 잘못되었지만, 어느 특정한 방식으로 본다면 사람 본성에는 얼핏 그의 생각이 맞는 것처럼 보이는 모습도 있다. 맨더빌 박사는 이 겉모습을 조잡하고 거칠긴 해도 생생하고 재미나는 말솜씨로 그려냄으로써 그의 주장을 그럴듯하게 보이게 했는데, 서툰 사람은 여기에 쉽게 빠져

---

[11] 《도덕감정론》이 읽기 어려운 낡고 두꺼운 책이라고 생각하는 경제학자는 최근에 (벌써 5년이 지났지만) 나온 짧은 논문으로 예컨대 에벤스키(Evensky, 2005)를 읽어보라고 권한다. 이 논문은 에벤스키가 같은 해에 낸 책을 요약한 것이다.

든다. 〈도VII.ii.4.6〉

스미스는 빠져들지 않았다. 예컨대 칭찬받을 일을 하고 나서 칭찬을 바라는 사람과 칭찬받을 일을 하지 않고 칭찬을 바라는 사람을 두고, 맨더빌은 둘 다 칭찬을 바라는 것이니 같은 것이 아니냐고 하겠지만, 스미스는 하나는 정당하고 다른 하나는 부당한 것인데 이 둘을 같이 보아서는 안 된다는 것이다. 이 둘을 구분하지 못한다면 사람들은 뻔뻔해질 뿐이고, 스미스는 그 뻔뻔함을 받아들일 수 없었다. 정당성은 스미스에게 매우 중요한 문제였다.

그러나 이〔맨더빌〕 체계가 아무리 해롭게 보이더라도, 이것이 어떤 점에서 진리에 가깝지 않았더라면, 그렇게 많은 사람들을 빠져들게 할 수도 없었을 것이고 더 나은 원칙을 가지고 있던 사람들 사이에 그렇게 폭넓은 경각심을 불러일으키지도 못했을 것이다.…… 적어도 어떤 부분은 맞을 것이고, 많이 부풀린 것들조차도 얼마쯤은 근거가 있을 것이다. 〈도VII.ii.4.14〉

그래서 스미스는 옛날 도덕체계와는 달리,

사람은 누구나, 의심할 바 없이, 본성에 따라 제 자신을 먼저 그리고 우선 돌보게 된다. 〈도II.ii.2.1〉

라고 하면서 자기사랑self-love을 긍정하였다.[12]

그러나 고삐 풀린 이기심만 있다면 사람들은 서로 싸우고 사회는 무너질 것이니, 여기에는 잘못된 행동을 막아 사람들을 안전하게 지켜줄 정의justice체계가 있어야 한다. 공권력은 질서를 지키는 힘이지만 그 힘이 곧 정의는 아니다. 다수결이 곧 정의라고 할 수도 없다. 자유로운 시민사회에서 정의는 어떻게 정해지는가. 그것은 절대 불변의 것이 아니라 시민들의 도덕감정[13]에 따르는 것이며, 도덕감정은 사람들 사이의 공감sympathy에서 나온다. 우리는 남의 자기사랑을 사람 본성으로 받아들이더라도 그것이 적절하다고 생각될 때에만 공감한다. 적절하지 않은 남의 감정이나 행동을 보면 싫고 화가 나는데, 싫고 화나는 감정은 반사회적인 감정이기는 하지만 이는 잘 다스린다면 사회정의를 이루는 바탕이 된다. 도덕감정이나 정의는 하루아침에 생겨나는 것이 아니다. 개인으로서나 사회로서나 그것은 배우고 익히고 발전시켜가는 것이다. 그리고 그 수준에 맞춰 개인행동 방식과 범위가 정해지고 법과 제도가 만들어진다. 스미스에게 도덕과 경제와 법과 정의는 별개가 아니라 서로 보완하며 함께 발전해가는 것이다.[14]

---

[12] 스미스는 사람 본성을 이야기할 때 이기심이나 자기 이익 추구보다는 자기사랑이라는 표현을 즐겨 썼다. 자기 이익self-interest이라는 표현은 그리 나쁜 뜻은 아니지만 《국부론》 전체를 통해 딱 한 번 나오는데, 그것도 종교 이야기를 하다 나온 것이며, 이기적selfish이라는 표현은 세 번 나오는데 모두 다 좋지 않은 뜻으로 쓰였다. 공감을 중시하는 스미스에게 이기심은 남을 해치면서까지 또는 남을 생각하지 않고 제 생각만 하는 마음처럼 들렸을 수도 있겠는데, 그렇다고 해서 따로 구분한 것은 아니다. 여기에서는 관례에 따라 자기사랑과 이기심을 같은 뜻으로 쓰겠다.

[13] 도덕감정에는 반드시 지켜야 하는 정의뿐 아니라 남에게 베푸는 자혜beneficence도 있다. 자혜는 하면 좋지만 안 한다고 강제할 수 없는 것이다.

오늘날 경제학자들이 경제활동 대부분을 이기심으로 충분히 설명할 수 있다고 생각하는 것은 크게 달라지지 않았지만, 도덕 문제가 현대 경제학에서 다 사라진 것은 아니다. 법과 제도뿐 아니라 사회의 도덕 수준이 경제에 중요하다는 것은 오늘날 새삼 주목받고 있다. 스미스와, 또는 칸트와 같은 철학자들과는 접근 방법이 다르긴 하지만, 제도 경제학에서는 공식적인 제도 말고도 도덕과 같은 비공식적인 제도를 진작부터 연구 대상으로 삼고 있으며, 예컨대 경제발전에 도움이 될 시장제도를 다룬 2002년 세계은행 보고서에서는 9개 주제 가운데 하나는 사법제도에, 다른 하나는 도덕을 비롯한 사회규범에 할애하였다. 이기심만으로 경제가 잘되는 것은 아니며, 정의롭지 못한 공권력 행사는 코앞의 질서에는 도움이 될지언정 경제에는 오히려 해가 된다.[15]

사람 행동을 이기심만으로 설명하려는 것을 비판한 스미스의 생각은 다른 쪽에서도 주목받고 있다. 행동경제학behavioral economics에 따르면 사람은 얼마간 제가 손해를 보더라도 남을 돕거나 혼내주

---

14 아담 스미스가 《도덕감정론》과 《국부론》에서 서로 모순되는 이야기를 한 것이 아니냐는 것은 일찍이 19세기에 독일 학자들이 꺼냈던 이른바 "아담 스미스 문제das Adam Smith problem"로 알려져 있다. 여기에는 길고 긴 논쟁이 있는데, 오늘날에는 둘이 (또는 미완성인 《법학강의》를 포함하여 법과 도덕과 경제 셋이) 모순되는 것이 아니라 서로 보완하는 것으로 보는 것이 일반적인 듯하다. 물론 아직도 반론은 남아 있다.
15 도덕과 정의가 그 자체로서보다는 경제발전과 같은 어떤 다른 것에 도움이 되기 때문에 중요하다고 생각하는 경제학자들의 이러한 관점은 여전히 공리주의 전통에 따른 것이다. 반면 칸트는 이러한 공리주의를 거부하면서, 도덕과 정의는 다른 무엇을 위해서가 아니라 그 자체로서 옳기 때문에 (정언명령에 따라) 지켜야 하는 것이라 하였다. 여기에 대해서는 최근 번역되어 나온 샌델(2010)이 쉽게 풀이하였다.

는 등 정의롭다고 생각하는 일을 하는 경향이 있다(여기에 대해서는 Ashraf et. al.(2005), Smith(2004), Fehr and Gächter(2000) 등 참조). 나아가 이기심보다는 이타심이 때로는 진화 경쟁에서 오히려 유리하다고 보기도 한다(Choi and Bowles, 2007).[16]

앞서 살펴보았듯 이기심이 사회 이익에 보탬이 되도록 하려면 그냥 내버려두어서는 안 되고 정부가 그에 맞는 제도를 갖추어야 한다고 생각한 것까지는 맨더빌에서도, 조금 희미하긴 하지만, 얼마큼 찾아볼 수 있다. 맨더빌과 스미스 사이의 더 중요한 차이는 다른 곳에서 보아야 할 것이다. 맨더빌은 사회 이익이 무엇인지 똑 부러지게 설명하지 않았지만, 그의 다른 이야기들을 두루 살펴보면 그가 생각하던 사회 이익은 오늘날의 경제 제일주의 또는 돈 잘 벌기에 가깝다고 하겠다. 이에 비해 불완전한 현실 세계에서 스미스가 생각한 사회정의가 무엇인지는 아래에서 살피듯《국부론》곳곳에서 드러난다.《도덕감정론》에서 이기심을 철학적으로 비판하며 도덕 수준과 정의를 강조한 데 이어, 스미스는《국부론》에서는 ― 비록 이기심을 기본 행동원리로 삼았지만 ― 현실 세계에 비뚤어지게 나타나는 이기심을 비판하면서 이를 막을 방도를 연구하였다.

---

[16] 그런데 엄밀히 말한다면 이 연구들만으로 맨더빌의 원래 주장이 쉽게 무력화되는 것은 아니다. 맨더빌은 사람이 물질적인 손해를 보면서 남을 위할 수 있음을 부인한 것이 아니었다. 그는 다만 남을 위하는 데에서 더 큰 기쁨을 얻는다면 이를 폭넓은 의미로 이기심이라 부른 것이다. 이기심을 좁은 의미의 물질적 이득으로만 보는 현대 경제학은 그런 뜻에서 아직 맨더빌의 틀을 크게 벗어나지 못하고 있다고 볼 수 있으며, 스미스의 맨더빌 비판과는 다소 거리가 있다.

기업가의 돈 욕심

맨더빌 시대 사람들은 과연 이기심을 억누르고 살았던가. 맨더빌의 공헌은 사람들이 태초부터 이기심에 따라 살아왔다는 것을 드러내 밝힌 점이지, 이기심을 모르고 살던 사람들에게 이기심이 좋은 것이니 이제부터 가져보라고 권한 점이 아니다. 중상주의는 대체로 1500년에서 1700년까지 또는 보기에 따라서는 1800년까지 유럽 사람들이 가졌던 경제사상을 가리킨다. 그런데 이때는 근대적인 학문체계가 잡히지도 않았고, 특별히 일관된 사상을 다듬어내려는 생각도 따로 없었기 때문에, 중상주의의 구체적인 내용은 시대와 나라에 따라, 그리고 사람에 따라 제각각이다. 그렇지만 오늘날 연구자들이 대체로 동의하는 것은 중상주의의 주된 목적이 부국강병에 있었다는 점이다. 부국과 강병 가운데 어느 것이 먼저였느냐는 논란이 있기는 하지만, 둘은 따로 떼어놓고 보기 어렵다. 부국의 지름길은 무역으로 돈을 버는 것이었으며 돈을 벌어 강병을 키워냈고, 강병은 다시 무역 시장과 무역로를 지켜내고 넓혀가는 힘이 되어주었다. 그런 뜻에서 중상주의는 원래 상인들이 (그리고 그 뒤에 있는 통치계급이) 돈 벌 욕심을 마음껏 채우던 체제였으며, 특히 정부가 발 벗고 나서서 이들이 돈을 잘 벌 수 있도록 돕는 체제였다.[17] 다만 그 속내

---

17 자기 이익, 이기심, 교환의 이익, 기업 활동의 자유와 같은 생각이 이미 중상주의 시대에 널리 퍼져 있었다는 점에 대해서는 Grampp(1952), Heckscher(1936) 참조. 부국강병에서 강병 쪽으로 더 기울게 될 때 중상주의는 파시즘 모습을 띠기도 한다. 시대와 나라와 겉모습이 많이 다르지만, 중상주의와 파시즘 사이에는 서로 통하는 점도 적지 않다. 이에 대해서는 Welch(1998) 참조.

를 다들 위선으로 덮고 있었는데 맨더빌이 나서서 속내를 (지나칠 만큼) 솔직하게 들춰냈던 것이다. 맨더빌은 중상주의 체제 자체는 문제 삼지 않았다. 오히려 낡은 도덕이 부국강병이라는 중상주의의 목적에 걸림돌이 됨을 지적하였다.

반면 스미스는 중상주의가 못마땅한 나머지 정부는 손을 떼라고 자유방임을 역설하였다.[18] 오늘날 적지 않은 사람들이 생각하는 바에 따르면, 중상주의에서는 무능하고 부패하고 정보가 불충분한 정부가 경제에 제멋대로 개입하여 경제 효율을 떨어뜨리기 일쑤이니, 자유방임주의를 따라 작은 정부를 실현하여 경제의 발목을 잡는 규제를 없애고 기업이 마음껏 돈을 벌 수 있도록 해줘야 한다고 스미스가 주장했다는 것이다. 그리고 그것이 오늘날에도 본받아야 할 교훈이라는 것이다. 이른바 신자유주의식 해석이다. 스미스도 상인들의 돈 벌 욕심을 칭찬하며 도와주고 싶었던 것일까. 오늘날 말로 하자면, 스미스는 친기업('비즈니스 프렌들리') 성향인가. 맨더빌과 다른 점은 무엇인가. 《국부론》을 보자.

이 모든 중상주의 체제를 누가 꾸며냈는지 결론짓는 것은 그리 어

---

[18] 경제학자들이 일반적으로 관심을 두는 스미스의 중상주의 비판은 통화량(금 보유량)을 국부로 착각한다든가 무역수지 흑자를 목표로 수입을 제한한다든가 하는 점들인데, Nauze(1937)가 지적하였듯 스미스는 그 무렵에 떠돌던 그릇된 상식을 비판한 것이었지 '이론'을 비판한 것은 아니었다. (Rashid(1998)는 스미스가 앞선 사상가들을 이처럼 적극적으로 왜곡한 덕분에 후세에 경제학의 창시자로 남게 되었다고 비판하였다.) 스미스와 같은 생각을 가진 이론가는 이미 그 무렵에도 꽤 있었다. 여기에 대해서는 따로 다루지 않기로 한다.

럽지 않다. 그것이 소비자일 수는 없으니, 그들의 이익은 내내 철저히 무시되었기 때문이다. 그것은 생산자인데, 그들의 이익은 아주 꼼꼼히 지켜진다. 그 가운데서도 상인과 제조업자가 가장 중요한 설계자다. 〈국IV.viii.54〉

스미스는 요즘 말로는 기업가라고 할 상인과 제조업자가 제 이익만 챙겨 나라에 해가 된다는 점을 가장 걱정했다. 이들의 속셈에 대한 스미스 생각은, 읽기 편하도록 조금 의역하여, 뒤쪽에 인용해 놓았다(이 책 56쪽). 《국부론》에서는 친기업은커녕 (우리나라 보수파 눈에는) "반기업 정서"가 넘치는 글을 곳곳에서 많이 찾아볼 수 있다. 스미스는 정부를 믿지 않았다. 정부가 기업 발목을 잡아서? 아니다. 오히려 너무 **기업 편만 들어주기 때문**이다. 중상주의는 말 그대로 하자면 장사꾼 세상이다. 정부를 장악한 기업이 **정부 규제를 이용**하여 돈을 벌고, 정부는 — 국익을 제쳐놓고 — 기업 돈벌이를 발 벗고 나서서 도와준다. 중상주의를 대표하는 인물로 꼽히는 프랑스 재상 콜베르Jean-Baptiste Colbert(1619~1683)는 "자유는 상업의 생명이다la liberté est l'âme du commerce"라는 말을 수백 번 되풀이하였다(Heckscher, 1936: 53). 독점 대기업에게는 천국인 중상주의 세상에서 독점 기업의 "자유로운 활동"을 가로막는 것은 용납되지 않는다.

정치는 이미 기업가에게 점령되었기에, 기업가를 편드는 정치인은 출세하지만, 편들어주지 않는 정치인은 위험에 빠진다.[19] 독점 기업은 소비자에게만 피해를 주는 것이 아니다. 요즘 말로 하자면 하도급 기업 또는 중소기업에까지도 피해를 준다. 그러면서 자기들

스미스의 원전에서

기업가의 속셈 (의역)

- 이윤을 가져가는 기업가는 상인과 제조업자들인데, 돈이 가장 많고 그 때문에 공공 문제 논의에서 주목을 가장 많이 받는다. 평생 셈을 따지며 살아온 사람들인지라 시골 신사들보다 머리가 잘 돌아간다. 그러나 사회 이익보다는 제 사업 이익을 따져온 사람들이라서 아주 솔직하게 (늘 그런 것은 아니지만) 나올 때라도 그들 말은 사회 이익보다는 사업 이익을 따질 때에 더 믿을 만하다. 그들이 시골 신사보다 앞서는 점은 사회 이익에 대해 더 잘 안다는 것이 아니라, 제 이익 챙기기를 시골 신사보다 더 잘 한다는 것이다. 이들의 꾐에 빠지면 시골 신사는 제 이익이 아닌 기업가 이익이 곧 사회 이익이라고 순진하게 믿으면서 제 이익과 사회 이익을 너그럽게 포기하게 된다. 그러나 어떤 사업 분야에서건 기업가 이익은 사회 이익과 어딘가 다르기 마련이고 때로는 반대되기도 한다. 시장을 넓히고 경쟁을 줄이는 것이 언제나 기업가들의 속셈이다. 시장을 넓히는 것은 사회 이익과 맞아떨어질 때가 많다. 그러나 경쟁을 줄이는 것은 언제나 사회 이익에 반하는 것이니, 이윤을 정상 수준보다 높여 동료 시민들에게 터무니없는 세금을 매길 힘을 기업가에게 줄 뿐이다. 이들이 새로운 법이나 규정을 제안할 때는, 언제나 아주 조심해서 들어야 하며, 빈틈없이, 그리고 최대한 의심을 품고 오랫동안 검토한 뒤가 아니라면 절대로 채택해서는 안 된다. 그런 제안을 한 사람들은 이익을 대중과 똑같이 하는 법이 없는 사람들이고, 대중을 속이고, 나아가 억누를 생각까지도 하는 사람들이며, 그런 까닭에 이제까지도 자주 속이고 억눌렀던 사람들이다. 〈국I.xi.p.10〉

법은 기업가 편

- 의회가 기업가와 노동자 사이의 차이를 규제하려 할 때 자문을 주는 것은 언제나 기업가 쪽이다. 그러므로 규제가 노동자에게 유리한 것이라면 그것은 언제나 올바르고 공평하다. 그러나 기업가에게 유리할 때에는 종종 그렇지 못하다. 〈국I.x.c.61〉

독점 기업에 맞서는 정치인은 위험

- 독점을 강화하는 모든 제안에 찬성하는 의원은 경제를 이해한다는 평판을 들을 뿐 아니라 사람 수로 보나 가진 재산으로 보나 중요한 지위에 있는 사람들에게 인기와 영향력을 틀림없이 얻게 된다. 그러나 반대하는 의원은 이에 실망하여 화가 난 독점자들이 도를 넘게 휘둘러대는 개인적 모욕과 때로는 실질적인 위험에 부닥칠 것이며, 게다가 제안을 좌절시킬 권한까지 갖고 있는 의원이라면 더욱 그러할 것이니, 아무리 정직하고 아무리 지위가 높고 아무리 훌륭한 공직을 거쳤더라도 여기에서 벗어나지 못한다.〈국IV.ii.43〉

만이 나라를 먹여 살린다고 다들 믿게 만든다. 스미스 시절에는 모직 제조업자들이 그랬다.

> 영국의 모직 제조업자들은 나라의 번영이 그들 산업의 성공과 확장에 달려 있다고 의회를 설득함에 있어서 다른 어느 산업보다 성공하였다. 그들은 다른 나라에서 모직물을 절대로 들여오지 못하게 하여 소비자를 독점하였을 뿐 아니라 살아 있는 양과 양털을 다른 나라에 팔지 못하도록 하여 양 치는 농부와 양털업자들까지 독점하였다.〈국IV.viii.17〉

---

19 보수적인 영국 경제시사지 《이코노미스트》에서조차도 심심찮게 우리나라 재벌 체제에 대한 비판 기사가 실리곤 하는데, 그 비슷한 이야기를 우리나라에서 꺼내면 온 나라를 먹여 살리는 일등공신을 헐뜯는 "무식한 역적"(또는 좌파?) 정도로 취급하며 재벌을 감싸고도는 사람이 뜻밖에 많다. 우리나라 언론에서는 재벌 체제 비판을 거의 찾아볼 수 없다. 그러나 기업지배구조를 비롯한 재벌 문제는 골수 시장주의자일수록 분개해야 할 가장 자본주의적인 문제이며 자본주의의 본거지인 미국이나 영국에서라면 용납되지 않을 문제이다.

아담 스미스는 자유무역을 지지하였고 정부는 손을 떼라고 하였다. 왜? 소수 대기업이 제 이익을 챙기느라고 나라 이익은 뒷전으로 밀려나건만, 정부와 의회는 이미 소수 대기업 손아귀에 들어가 있어 이를 해결할 능력이 없을뿐더러 기업 편만 들기 때문이다. 이런 정부에게서 스미스는 기대할 것이 없었다. 그래서 그는 차라리 소수 대기업의 독점을 없애는 시장경쟁의 힘을 강조한 것이다. 소수 대기업이 돈을 버는 원천이 그때로서는 바로 무역 독점이었는데 이를 경쟁구조로 바꾸어놓으면 그 원천을 없앨 수 있다. 비록 기업가가 돈 욕심에 빠져 나라 이익을 돌보지 않더라도 독점을 깨고 경쟁을 시키기만 하면 독점 기업이 돈을 벌지 못하게 **막을 수 있으며**, 오히려 그 **욕심을 이용**하여 나라 이익에 도움이 되도록 한 것이다. 여기에 스미스의 위대함이 있다. 그러나 그는 낙관적이지는 않았다. "영국에 자유무역이 완전히 자리를 잡을 것으로 기대하는 것은 영국에 〔이상향〕이 들어설 것으로 기대하는 것만큼이나 터무니없다"(국 IV.ii.43). 나중에 다시 살피겠지만, 장기적으로 스미스는 온 국민에게 교육을 실시하여 정부 능력을 높여야 한다고 생각했으며, 제대로 된 정부라면 더 부탁하고 싶은 것도 꽤 있었다.

대기업이 중소기업이나 구멍가게와 "무한경쟁"으로 맞붙어 약한 자는 죽어나가고 강한 자만 살아남는 것이 곧 완전경쟁시장이라고 생각하는 사람들이 뜻밖에 많다. 아니다. 대기업만 살아남는 것을 바로 **독점**이라 부르며, 그 과정에서 경쟁은 강화되는 것이 아니라 오히려 없어져간다. 그렇게 되는 것을 스미스는 가장 걱정했다. 스미스가 생각한 "자유방임"은 어디까지나 제대로 경쟁할 수 있는 상대가 많이 있는 가운데 맞붙여놓고 내버려두라는 것이었으며, 강자가 약자를 다 잡아먹고 홀로 남도록 내버려두라는 것이 아니었다.

산업혁명 초기였던 스미스 시절과 달리 오늘날 독점은 더 이상 정부의 진입규제에만 기대지는 않는다. 대량 생산은 규모의 경제를 가져오고 여기에서 자연독점이 생겨난다. 자연독점은 정부 도움 없이도 내버려두기만 한다면 제힘으로 시장 전체를 집어삼킨다. 그런데 그것도 모자라 정부를 움직여 더 큰 자유와 더 큰 이익을 찾아 나선다. 이들에게 중소기업에 대한 보호막은 이제 "규제 철폐"라는 구호 아래 치워버려야 할 걸림돌일 뿐이다. 그러나 독점의 폐해는 독점이 정부의 진입규제에 따른 것이건 자연독점에 따른 것이건 거의 마찬가지로 나타난다. 여기에서 경쟁 구조를 지켜내려면, 또는 독점을 놔둔 채 독점의 폐해를 막아내려면, 이제는 보이지 않는 손 대신에 정부의 섬섬옥수, 또는 "솜씨 좋은 정치인의 능숙한 손놀림"이 필요하다. 이는 시민이 정부를 감시하는 민주 정치가 뿌리내리지 않고서는 되지 않을 일이며, 또한 시민들이 제대로 배워 세상을 볼 줄 알지 않고서는 되지 않을 일이다.

가난한 노동자

중상주의의 또 다른 특징은 사람을 목적이 아닌 돈벌이 수단으로 보았다는 점이다. 중상주의는 부국을 목적으로 했지만 국민 모두가 잘살자는 것은 아니었다. "그들"이 잘살자는 것이며, 노동자는 그저 수단일 뿐이었다. 맨더빌은 이 점을 매우 노골적으로 드러냈으며, 바로 그 때문에 마르크스는 《자본론》(1권 25장 1절)에서 맨더빌을 "정직하고 머리 좋은 사람"이라 추켜(?)세우면서 〈주석 (Q): 22, 23〉, 〈자선: 51〉을 길게 인용하였다. 가난한 노동자는 "가난하지 않으면 일하지 않기 때문에, 가난을 덜어주는 것은 속 깊은 일이지만 가난을 없애주는 것은 바보짓이다"라거나 "나쁜 환경에서 사회가 행복해지고 사람들이 편안해지려면, 반드시 그들 가운데 많은 사람들이 무식할 뿐 아니라 가난해야 한다"라는 맨더빌의 말은 읽는 사람을 불편하게 만든다. 그러나 이는 맨더빌 혼자 생각이 아니라 그 시대에 널리 퍼져 있던 생각이었으며, 노동자의 가난이 나라에 도움이 된다는 이른바 "가난 효용론doctrine of the utility of poverty"의 한 부분이다 (Furniss, 1920; Rimlinger, 1976). 스미스와 비교해볼 때 맨더빌의 한계는 그 시대의 이러한 "상식"에서 벗어나지 못했다는 것이다.

맨더빌을 비롯한 중상주의자들은 노동자를 생산요소로만 보았기에 저임금이 경제에 꼭 필요하다고 생각했다. 임금이 낮아야 국제경쟁에서 살아남을 수 있다. 임금이 높아지면 노동자는 게을러질 뿐이다. 그리고 임금을 많이 주고 나면 돈 많은 사람들이 사치를 제대로 누릴 수 없다고도 불평했다. 노동자들에게는 돈이 필요 없다. 간신히 먹고살 만큼만 주면 된다. 이 속셈은 공공연한 비밀이지만 솔직한 맨더빌은 서슴없이 이를 다 털어놓는다.

나는 이 비밀을 까발리는 것을 좋아할 사람이 거의 없음을 안다. 이 진실이 불쾌하게 느껴지는 것은 가난한 이들에 대한 작은 존경심을 별생각 없이 갖는 기분 때문이다. 〈자선: 92〉

맨더빌의 원전에서

임금이 낮아야 국제 경쟁에서 이긴다
* 노동을 싸게 만들면, 틀림없이 다른 나라보다 싸게 팔 수 있으며, 우리 인구를 늘릴 수 있다. 이것이 무역에서 상대에 맞서는 멋지고 당당한 길이며, 다른 나라 시장에서 우리가 실력으로 이기는 길이다. 〈자선: 100〉 (또는 〈자선: 94〉 참조)

임금이 높으면 노동자가 게을러진다
* 하루하루 일해서 먹고사는 사람들은 자존심이나 탐욕에 크게 좌우되는 일이 거의 없다. 그래서 이들은 가난하지 않으면 일하게 되지 않기 때문에, 가난을 덜어주는 것은 속 깊은 일이지만 가난을 없애주는 것은 바보짓이다. 노동자를 부지런하게 만들려면 오로지 돈이 적당히 있어야 한다. 너무 적으면 사람에 따라 기가 죽거나 절망하게 될 것이고, 너무 많으면 거들먹거리고 게을러질 것이다. 〈주석 (Q): 23〉
* 먹을 것과 마실 것이, 그리고 추운 날씨에 옷과 집이, 절대적으로 모자라게 되면, 사람들은 참을 수 있는 것이라면 어떤 것이라도 감수하게 된다. 아무도 모자란 것이 없다면 아무도 일하려 들지 않을 것이다. 그러나 가장 큰 어려움이라도, 그것이 사람을 굶주리지 않게 해준다면, 확실한 즐거움으로 여겨질 수 있다. 〈자선: 50〉

임금이 높으면 "우리"가 사치를 못 누린다
* 쓸 돈이 있는 사람은 편안함과 즐거움에 돈을 엄청 쓸 수도 있으며, 비싼 고급품을 마음껏 사서 누리면서도 모든 것에 대해 분별을 지킬 수 있다. 그런데 그에게 봉사해줄 사람들을 [가르쳐놓으면 고임금이 아니고서는 일하지 않겠다고 버틸 것이므로] 봉사하지 못하도록 애써 만들어버린다면 그런 사치를 누릴 수 없다. 돈이 너무 많고 임금이 너무 높고 팁이 엄청나다는 것이 영국 하인들을 망쳐놓고 있다. 〈자선: 80〉

노동자는 게으르고 불평만 많은 상전이다

- 옷 짓는 일꾼은 고용주를 끌고 들어가 법에 호소하며 잘못된 말을 고집하는데, 그런데도 그들을 연민해줘야 한다. 그리고 옷감 짜는 일꾼이 투덜대면 쉰 가지 웃기는 짓으로 기분을 풀어주며 달래야 하는데, 그들은 그 가난한 처지에 잘사는 사람들을 모욕하고, 일하거나 맨 정신이기보다는 놀거나 술 퍼마시는 데 늘 더 기울어져 있는 것으로 보인다. 〈자선: 92〉
- 가까스로 살아가면서도, 쉰 가지 난처한 일에 제 발로 뛰어들고, 일 시키는 사람 말은 듣지 않고, 밥을 굶더라도 빚을 내서라도 놀러 가고 싶어 하는 온갖 종류의 노동자가 수천 명은 된다. 〈주석 (Q): 21〉

그래서 맨더빌은 "작은 존경심"을 버리고, 가난한 노동자에 대해 느끼는 거북한 마음을 있는 그대로 드러냈으며, 나아가 〈자선: 7~8〉에서는 구걸하는 사람의 불쌍한 표정에 속지 않겠다고 이를 희화화하기도 하였다.

스미스의 《국부론》은 책 제목부터가 부국富國이 책을 쓴 목적임을 나타낸다. 그러나 그가 생각한 부국은 맨더빌을 포함한 중상주의자들이 생각한 부국과는 달랐다. 생산자 이익보다는 소비자 이익이 앞서는 것이며, 나라의 큰 부분을 차지하는 노동자가 잘살아야 진짜 부국이 된다. 나라가 잘살면 임금이 올라가는 것은 마땅한 결과이며, 임금이 올라가면 노동자는 신이 나서 더 열심히 일한다. 돈이 많아 게을러지는 사람이 있다면 그것은 노동자가 아니라 쉽게 돈을 버는 지주들 이야기다. 물건 값이 올라 국제 경쟁에서 뒤진다면 그것은 높은 임금 때문이 아니라 높은 이윤 때문이다. 스미스는 헤프게 쓰는 것은 잘사는 사람들이나 하는 것이지, 가난한 사람들은 헤프게 쓰고 싶어도 그럴 형편이 못 된다고 하였다. 노동자들은 이 사회에서 아무리 떠들어도 귀 기울여주지 않는 약자이며, 배운 것이 없다 보니 무엇이 어떻게 돌아가는지도 모르고 늘 이용만 당할 뿐이다. 이러한 문제를 해결하려면 교육이 필요하다고 한 스미스의 생각은 나중에 따로 살핀다.

돈을 더 벌면 일을 더 하느냐 덜 하느냐 하는 문제는, 경제 용어를 쓰자면, 노동공급 곡선이 뒤로 꺾이는 이른바 '후방굴절효과'가 어디에서 나오느냐에 대한 논쟁일 텐데, 맨더빌은 저임금 수준을 조금 지나면서 곧바로 나타난다고 한 셈이고, 스미스는 부자 수준에 이르러 나타난다고 한 셈이다. 어느 경제 이론을 보더라도 이 효과는 만약 있다면 높은 소득 수준에서 나타날 것이다. 그런데 현실에서는 이와 정반대되는 황당한 이야기가 돌아다니는 경우가 흔하다. 예컨대 고소득층에게 세금을 매기면 근로의욕을 꺾으니 세금을 낮춰야 하고, 저소득층에게 복지 혜택을 주거나 임금을 올리면 근로의욕이 떨어지니 복지를 줄이고 임금을 낮춰야 한다고 동시에 주장하는 식이다. 복지를 줄이고 부자 감세로 낙수효과trickledown effect를 바라자는 것은, 갤브레이스의 말을 빌리자면, 부유층은 소득이 적어 일을 하지 않고 빈곤층은 소득이 많아 일을 하지 않으므로 빈곤층에서 빼앗아 부유층에 주자는 해괴한 논리다(Galbraith, 2004). 전자가 맞는다면 고임금이 저소득층의 근로의욕을 높일 확률은 더욱 커지고, 후자가 맞는다면 고소득층 중과세가 근로의욕을 높일 확률은 더욱 커질 것이다.

복지를 줄이고 부자 감세로 경제를 활성화 시킬 수 있다는 낙수효과를 풍자한 그림.
(http://filipspagnoli.wordpress.com에서 인용)

　올슨에 따르면, 임금을 낮춰 노동을 가혹하게 시키는 데 가장 성공한 고용주는 바로 스탈린이었는데, 여기에는 비법이 있다(Olson, 2000: 116). 스탈린은 정규 노동에 대해서는 먹고살지 못할 만큼 임금을 낮추고(또는 보기에 따라서는 임금에 매우 높은 세금을 매기고), 그 뒤에 하는 노동에 대해서는 손대지 않았을 뿐 아니라, 노동영웅을 특별 대접하는 등 매우 누진적인 임금 체계를 적용하여, 노동력을 최대한으로 짜내는 데 성공하였다. 올슨은 이를 두고 세금이 일할 의욕을 높이는 사례라 하였다. 저임금으로 노동의욕을 높이려는 기업인이 있다면 그는 스탈린을 흉내 내는 "빨갱이"가 될지 모르겠다. 만약 같은 이야기를 지주나 기업가에게 적용한다면, 처음 얼마큼 버는 부분에 대해 높은 세금을 매겨 빼앗고 나면 모자라는 소득을 채우기 위해 지주나 기업가는 지금보다 더욱 열심히 뛰어다닐 것이라는 이야기가 될 것이다. 불로소득으로 놀러 다니던 사람은 아마

스미스의 원전에서

기업가가 아니라 소비자와 노동자가 잘살아야 진짜 부국

- 소비는 모든 생산의 유일한 종착지이며 목적이다. 생산자 이익은 그것이 소비자 이익을 높이는 데 도움이 될 때에만 돌봐줘야 한다. 〈국IV.viii.49〉
- 하인과 노동자와 여러 종류 일꾼들은 어느 나라 사회에서고 가장 큰 부분을 이룬다. 큰 부분이 잘살게 되어서 전체에게 부담을 준다고 볼 수는 없다. 큰 부분이 가난하고 비참한 채로 사회가 번영하며 행복할 수는 없다. 또한, 세상 사람들을 먹이고 입히고 재워주는 일을 하는 사람들이 자신들도 얼마큼 잘 먹고 입고 잘 만큼 자기 몫을 가져야 한다는 것은 형평의 문제이기도 하다. 〈국I.viii.36〉
- 노동에 대한 넉넉한 보수는…… 국부가 늘어난다는 자연스러운 증상이다. 반면에 가난한 노동자들이 간신히 먹고산다는 것은 제자리라는 자연스러운 증상이며, 굶주린다는 것은 뒷걸음질한다는 증상이다. 〈국I.viii.27〉 (또한 〈국I.xi.p.9〉 참조)

높은 임금보다 높은 이윤이 문제

- 실제로는 높은 임금보다는 높은 이윤이 물건 값을 더 올리는 경향이 있다.…… 상인과 제조업자들은 임금이 높아서 물건 값이 오르고, 그 결과 나라 안과 밖에서 모두 물건이 적게 팔린다며, 높은 임금이 나쁜 영향을 준다고 투덜댄다. 그들은 높은 이윤이 마찬가지로 나쁜 영향을 주는 데 대해서는 한마디도 하지 않는다. 자기들의 이익이 끼치는 해로운 효과에는 입을 닫고, 그들은 오로지 다른 사람의 경우에 대해서만 투덜댄다. 〈국I.ix.24〉 (또한 〈국IV.vii.c.29〉 참조)

높은 임금은 노동자를 부지런하게 만든다

- 우리 조상들이 게을렀던 것은 부지런한 대가를 제대로 받지 못해서였다. 속담에 따르면 받는 것 없이 일하기보다는 받는 것 없이 노는 게 낫다고 하였다. 〈국II.iii.12〉

- 노동에 대한 넉넉한 보수는 인구를 늘릴 뿐 아니라 보통 사람들을 부지런하게 만든다. 사람의 다른 모든 품성과 마찬가지로 부지런함은 이를 장려해주는 대가에 비례하여 나아지는 것이어서, 노동 임금은 부지런함을 장려해준다. 〈국I.viii.44〉

쉽게 돈 버는 지주는 게으르다
- 대지주가 땅을 기름지게 하는 일은 거의 없다. …… 남는 돈으로 땅을 기름지게 하려면, 다른 모든 사업이 그렇듯이, 한 푼이라도 아끼고 한 푼이라도 더 벌려고 꼼꼼히 보아야 하는데, 막대한 재산을 물려받으며 태어난 사람은 비록 천성이 절약하는 쪽이라 하더라도 이런 일에 서툴다. 〈국III.ii.7〉
- [지주가 버는 돈은] 일해서 나온 것도 신경 써서 나온 것도 아니고, 자기가 어떤 계획이나 설계를 세운 것과는 관계없이, 말하자면 저절로 굴러들어온다. 형편이 좋고 탄탄하다 보니 자연스럽게 게을러져서, 이들은 무식할 뿐 아니라 머리를 쓸 줄 모를 때가 너무 많다. 〈국I.xi.p.8〉

가난한 사람이 헤프다고?
- [낭비는] 보통 사람에게는 언제든지 파멸적인 것이어서 한 주일만 정신 안 차리고 낭비해도 가난한 노동자는 영원히 망가질 수 있고 절망한 끝에 끔찍한 범죄로 내몰릴 수 있다. 그러므로 이들 가운데 슬기롭고 나은 사람들은 낭비가 그들 형편에서 순식간에 치명적일 수 있음을 알기 때문에 낭비를 언제나 가장 끔찍해하고 싫어한다. 〈국V.i.g.10〉

노동자는 약자다
- 노동수요가 계속 올라가거나 고용량이 해마다 크게 늘어날 때, 노동 임금은 그만큼 올라가는 적이 없다. [경기가] 제자리걸음을 하면 임금은 곧 가족이 겨우 먹고살 만큼으로 떨어지고…… [경기가] 내려가면 임금은 그 아래로까지 떨어진다. …… 경기 하락에 이만큼 가혹하게 고생하는 계층은 없다. …… [노동자는] 필요한 정보를 얻을 시간이 없는 형편이고, 정보를 다 얻는다 해도 그들의 교육이나 습관으로는 올바로 판단하지도 못한다. 그러므로 공청회가 열려도 그들 목소리는 잘 들리지도 않고 들어주지도 않으며, 예외가 있다면 고용주가 노동자보다는 저를 위할 목적으로 그들에게 떠들라고 시키고 부추기

고 도와줄 때뿐이다. 〈국I.xi.p.9〉

노동자 단체행동의 현실

- 우리는 노동자 단체에 대해서는 많이 듣지만 고용주 단체에 대해서는 거의 듣지 못한다. 그러나 이를 보고 고용주가 거의 단체행동을 하지 않는다고 생각하는 사람이 있다면 세상을 너무 모르는 것이다. 고용주들은 말은 안 해도 임금을 올리지 말자고 일상적이고 일사불란한 단체행동을 언제나 어디서나 하는 셈이다. 이를 어기면 어디서나 가장 평판이 나빠지며 한 동네의 다른 고용주를 모욕하는 것으로 받아들여진다. 이 단체에 대해 듣지 못하는 것은 그것이 늘 있는 일이고 아무도 들어본 적 없는 자연스러운 상태이기 때문이다. 고용주들은 때로 임금을 낮추자고 특별히 단체행동을 하기도 한다. 이 또한 조용하고 비밀스럽게 이루어지는데, 단행이 되고 나서 노동자들이, 가혹하게 느끼면서도 가끔 그러듯, 저항 없이 굴복할 때에는 다른 사람들이 이에 대해 듣지 못한다. 그러나 종종 노동자들은 방어적인 단체행동으로 맞서기도 한다. 이들은 때로 아무런 도발 행동 없이 임금을 올려달라는 조건으로 뭉친다. 이들이 근거로 대는 것은 때로는 식비가 올랐다는 것이고 때로는 그들의 노동 덕에 고용주가 이윤을 많이 벌었다는 것이다. 그러나 이들의 단체행동이 공격적인 것이건 방어적인 것이건 우리는 늘 이에 대해 많이 듣게 된다. 주장을 빨리 관철시키려고 그들은 늘 크게 떠들며 가끔은 충격적인 폭력과 불법 행동을 저지른다. 이들은 필사적이며, 당장 요구를 들어주도록 고용주를 몰아세우지 않으면 굶어 죽어야 하는 필사적인 사람으로서 멍청하고 터무니없는 짓을 한다. 이렇게 되면 고용주들도 반대쪽에서 마찬가지로 크게 떠드는데, 이들은 정부에게 도와달라며, 하인과 노동자와 일용직의 단체행동을 엄격히 막은 법을 엄정하게 집행해달라고 쉬지 않고 큰소리로 외쳐댄다. 결국 노동자들은 이 떠들썩하고 격렬한 단체행동에서 얻는 것이 거의 없으니, 정부가 개입한 때문이기도 하고, 고용주가 우위를 확실히 지켰기 때문이기도 하고, 대부분의 노동자들이 당장 먹고살기 위해 항복하지 않을 수 없었기 때문이기도 하여, 대개는 주동자를 처벌하거나 파멸시키는 결과만 남기고 허망하게 끝나고 만다. 〈국I.viii.13〉 (또한 〈국I.x.c.61〉 참조)

근로의욕을 되찾아 일자리를 찾아 나설 것이다.

힘들고 더럽고 위험한 일을 다들 안 하려고 할 때, 맨더빌과 중상주의자들은—달래거나 을러서라도—저임금에 순응시키려 애쓰겠지만, 스미스나 경제학 교과서가 제시하는 시장경제 해법은 아주 간단하다(국I.x.b.2). 그런 일은 무엇보다 먼저 임금을 더 올려주어야 한다는 것이다. 그리고 위험한 작업환경에 대해 안전기준 등을 노동자가 약자라서 스스로 마련하지 못한다면, 정부가 작업환경 안전기준 등을 마련해주어야 한다.

사치

맨더빌은 사치가 경제에 좋다고 하였다.

> 사치는 가난뱅이 백만에 일자리를 주었고
> 얄미운 오만은 또 다른 백만을 먹여 살렸다.
> 시샘과 헛바람은
> 산업의 역군이니
> 그들이 즐기는 멍청한 짓거리인
> 먹고 쓰고 입는 것에 부리는 변덕은
> 괴상하고 우스꽝스러운 악덕이지만
> 시장을 돌아가게 하는 바로 그 바퀴였다.
> 〈벌집: 181~188〉

오늘날 말로 하자면 부자가 돈을 써야 가난한 사람이 일할 수 있다는 이른바 낙수효과를 이야기한 것이다. (케인즈 경제학을 싸잡아 비판하는 신자유주의가 꼭 이 대목에만 오면 생뚱맞게 케인즈 경제학을 끌어다 대니, 알다가도 모를 일이다.) 그러나 부자들에게 마음껏 허용한 그 사치를 가난한 사람에게는 허용하지 않았다.

> 이 모든 것에서 분명한 것은 나는 사치가 나라 모든 곳에서 일반화되어야 한다고 생각한 적이 없다는 것이다.…… 최고의 사치는 인구가 아주 많은 나라에서나, 그것도 위쪽 계층에서만, 볼 수 있는 것이며, 위쪽 계층의 힘이 셀수록 아래쪽 계층, 곧 전체를 먹여 살리는 밑바탕인 많은 가난한 노동자들이 차지하는 비율은 더 커진다. 〈주석 (Y): 2〉

앞서 보았듯 밑바닥에 있는 그들은 가난해야 하며 그래야 (꼭대기) 경제에 보탬이 된다고 하였다.

이에 비해 스미스는 부자의 사치가 경제에 해롭다고 보았다. 산업이 잘되려면 자본이 늘어나야 하고, 자본축적은 절약을 통한 저축으로 이루어진다(국II.iii.13~16). 그런데 부자가 사치하면 나라 전체에 본보기가 되어 사치를 조장함으로써[20] 결국 자본축적을 방해하고 장기 경제성장을 해친다.

---

20 잘사는 사람의 소비를 못사는 사람이 흉내 내면서 나타나는 "지출 경쟁"이 경제에 나쁜 영향을 준다는 점을 현대 경제학으로 풀이한 것으로는 프랭크(2009) 참조.

높은 이윤은 절약을 망치는데, 절약은 상인의 성품에 자연스러운 것이다. 이윤이 높으면 이 맑은 미덕은 필요하지 않게 되고 값비싼 사치가 잘사는 처지에 더 어울려 보이게 된다. 그러나 큰 규모의 상업 자본을 가진 사람은 어느 나라에서나 산업의 지도자요, 지휘자가 될 수밖에 없는 것이어서, 다른 어떤 사람들보다도 이들의 본보기는 일하는 사람 전체의 행동에 커다란 영향을 미친다.
〈국IV.vii.c.61〉

스미스는 소비가 소비재 생산을 가져오듯 자본축적으로 연결되는 저축은 자본재 생산을 가져온다고 보았기 때문에(국II.iii.18) 절약이 경제를 위축시킨다는 데 동의하지 않았으며 오히려 경제성장에 도움이 된다고 보았다. 물론 여기에 대해서는 나중에 케인즈가 《일반이론》에서 저축이 곧 투자로 연결되느냐는 물음을 제기하게 되는데, 그렇더라도 투자 수요가 많을 때 저축을 제대로 하지 않으면 투자를 제대로 하지 못하거나 나라 빚이 늘어나기 마련이다. 나중에 빚을 갚으려면 그때 가서 소비를 줄이고 절약을 할 수밖에 없다. 절약은 그저 안 쓴다는 것에 그치는 것이 아니라 지금 안 쓰는 대신 나중에 쓰겠다는 것이며 투자로 잘 연결된다면 나중에 더 쓸 수 있게 만들어주는 것이다.

교육
맨더빌은 교육에 대해 이렇게 말하기도 했다.

사람들을 풍족하고 지식 있고 예의 바르게 만들려면, 다른 나라와 장사하는 법을 가르쳐라. 그리고 되도록이면 바다로 나가야 하는데, 어떤 수고도 어떤 산업도 아껴서는 안 되며 어떤 어려움이 있더라도 그만두어서는 안 된다. 항해를 일으키고 상인을 소중히 여겨 모든 분야에서 장사를 장려하라. 이렇게 하면 부가 굴러들어올 것이며 그 뒤로 예술과 과학이 따라올 것이다. 내가 여태 말한 것들을 지키면서 정치인들이 잘 다스린다면, 사람들은 능력을 갖춰, 이름을 떨치며 부유하게 살 것이다.〈주석 (Q): 4〉

"젊은이들이여, 세계로 눈을 돌려라"라고 하는 오늘날 이야기와 크게 다르지 않다. 그러나 이러한 교육은 어디까지나 소수만을 위한 것이었다. 맨더빌은 나머지 가난한 아이들에게는 교육이 오히려 해롭다고 하였다. 악명 높은 글〈자선〉은 오늘날 읽기에 많이 거북하다. "가난한 아이들을 가르쳐놓으면 건방져져서 일은 안 하고 돈만 더 달라고 할 것이다. 어차피 커서 힘든 일을 해야 할 텐데 학교에서 편히 지내며 자라다 보면 커서 힘든 일을 안 하려 할 것이다. 쓸데없는 공부를 하는 시간에 차라리 일하는 게 낫다, 공부를 하면 꾀가 생겨서 나쁜 짓이나 저지를 것이다, 많이 알게 되면 불평만 많아질 것이다" 등등.

일하는 가난뱅이들의 지식은 그들이 하는 일 언저리에 한정되어야 하며, (눈에 보이는 것에 있어서) 그 직업에 관한 것을 넘어서도록 해서는 안 된다. 양치기나 밭 가는 농부나 다른 어느 농사꾼이 제

노동이나 일자리와는 관계없는 다른 것들과 세상일에 대해 더 많이 알면 알수록, 제 일의 피곤함과 어려움을 즐겁고 기쁘게 견뎌내기가 더 힘들어지게 된다. 〈자선: 52〉

맨더빌을 비롯한 중상주의자들 눈에는 가난한 이들은 사람이기에 앞서 그저 생산수단일 뿐이었다. 이들을 쉽게 그리고 싸게 부리려면 이들을 바보로 만드는 것이 좋다.

그런데 〈자선〉이 그 시절에도 악명 높은 글이기는 했어도 그 까닭은 오늘날과 크게 달랐다. 도덕 운동을 하던 사람들은 어른들을 상대로 한 교화에는 한계가 있음을 깨닫고 아이들부터 바로잡아야 한다고 생각하여 자선학교로 관심을 옮겼는데,[21] 처음부터 그것은 낮은 계급 아이들에게 보다 나은 미래를 주고자 했다기보다는 순종을 일찍부터 가르쳐 사회불안 요소가 되지 않도록 하려 함이었다. 그러고는 그 위에 자선이라는 허울을 씌웠다. 맨더빌은 그 속마음에 들어 있는 위선을 솔직하게 드러낸 것이었고(자선: 37, 38), 위선을 들춰냈다는 것이 그 시대 사람들을 격분하게 만든 주된 이유였을 것이다. 맨더빌이 지적한 위선은 그 뒤 영국 최고 낭만시인 윌리엄 블레이크William Blake(1757~1827)가 쓴 시 〈거룩한 목요일〉(이 책의 '더 읽을거리'에 수록)에도 잘 나타난다. (블레이크가 맨더빌에서 영향을 받았을 가능성은 Gleckner(1956) 및 Hopkins(1975) 등이 논의했다.)

---

[21] 자선학교를 주도한 것은 영국 국교회를 중심으로 한 "기독교 지식 장려 모임Society for Promoting Christian Knowledge"이었다.

그 시절에 맨더빌의 〈자선〉을 비판하며 자선학교를 옹호한 많은 글들은 실제로는 여러모로 맨더빌과 비슷한 생각을 하고 있음을 드러냈다. 힘든 일을 할 아이들에게 지식 교육은 필요 없을 뿐 아니라 지식이 늘어나면 힘든 일을 안 하려 할 것이라는 맨더빌의 지적에 맞서, 비판자들은 자선학교에서는 지식이 아니라 순종을 가르치기 때문에 오히려 힘든 일을 견디며 더 잘하게 될 것이라고 주장하였고, 차라리 아무것도 모르는 사람이 더 순진하여 말을 잘 듣는다는 맨더빌의 지적에 맞서, 글을 가르쳐 (다른 것은 말고) 성경을 읽도록 하는 편이 더 낫다고 하였다(Goldsmith, 2001: 144). 가난한 아이들이 나중에 중산층 일자리를 빼앗을 것이라는 지적(자선: 71~73)에 대해서도, 그럴 일이 없을 것이라 하였다. 물론 그때에도 보다 현대적인 시각에서 자선학교를 비판한 사람들이 있기는 했다. 그러나 전체적으로는 자선학교 목적에 대해 비판자들도 맨더빌과 생각이 비슷했으며, 다만 그 효과에 대한 생각이 달랐을 뿐이다.

맨더빌의 도발적인 글이 거북하기는 해도 곰곰이 생각해보면 오늘날에도 주위에서 심심찮게 들을 수 있는 이야기들이다. "대졸자가 쏟아져 나와 이제는 힘들고 더럽고 위험한 일을 하지 않으려 한다, 고생을 몰라서 삶을 너무 쉽게만 살려고 한다, 눈높이를 낮춰라, 일은 안 하고 돈만 더 달라고 한다, 대학은 사회에서 당장 써먹을 수 있는 실용적인 것이나 가르쳐라, 쓸데없이 역사나 철학, 정치학 따위를 가르쳐봐야 사회에 불평만 늘어놓는다" 등등.

맨더빌은 가난한 이들의 교육뿐 아니라 일반적으로 지식 자체가 덕성에 도움이 되지 않는다고 하였고, 오히려 배운 사람들이 더 나쁜 짓을 한다고도 하였다(자선: 30, 33). 나쁜 짓을 없애는 데에는 강력한 처벌만큼 효과적인 것이 없다(자선: 25).[22]

이런 점에서 스미스가 교육에 대해 가진 생각은, 모든 것을 혼자 맨 먼저 생각해냈다는 것은 물론 아니지만, 맨더빌이 대표하는 생각과는 크게 달랐다. 스미스에게는 모든 사람을 교육시켜 깨우치는 것이 시민사회로 가기 위한 필요조건이었다. 정부 정책이 상업 이익을 대변하는 것으로 변질되어 경제 효율성을 떨어뜨리고 나라 이익을 찾지 못하는 중요한 까닭으로 스미스는 사회 전체의 무지를 들었고 그 근본 해결책을 교육에서 찾았다(Freeman, 1969).

차라리 원시시대에는 모든 사람들이 각자 여러 가지 일을 하며 전체 일을 다 판단할 수 있었다. 그러나 복잡한 상업 사회가 되면서 각자 제 할 일 하기에 바쁘고, 전체를 다 보려면 아주 능력이 뛰어나야 한다. 그런데

> 그런 소수가 아주 특별한 자리에 앉지 않고서는, 그들이 뛰어난 능력을 가졌다고 하더라도 좋은 정부나 사회 행복에 기여할 길이 거의 없다. 〈국V.i.f.51〉

---

[22] 맨더빌이 처벌에만 기댄 것은 아니다. 뽐내는 마음과 부끄러워하는 마음에 맞추어 어르고 달래는 도덕 또는 사회규범도 중요하게 이야기하였다. 그러나 이는 중상류층에나 해당된다. "하루하루 일해서 먹고사는 사람들은 자존심이나 탐욕에 크게 좌우되는 일이 거의 없다"(주석 (Q):23). 가난하고 못 배운 이들은 그저 약간의 돈으로 달래고, 그래도 말을 안 들으면 따끔하게 혼내는 것이 최고다.

따라서 시장경제와 시민사회는 모두가 자기 이익을 대변하면서 저절로 전체가 균형을 잡아가도록 짜져야 한다.

그런데 여기에서 가장 뒤처지는 것이 나라의 가장 큰 부분을 차지하는 가난한 노동자들이다. 가난한 부모는 아이가 어릴 때에도 교육을 시키지 못하며 조금 크면 곧바로 일터로 보낸다(국V.i.f.53). 일터에는 단순노동이 있을 뿐이다. 스미스는 노동 분업이 생산성을 높이는 데 중요함을 깨달았지만, 분업은 사람을 멍청하게 만든다고 하였다.

> 몇 가지 단순 작업만 하며 평생을 보내는 사람은…… [이해하려고] 노력하는 습관을 자연스럽게 잃어버리고, 사람으로서 가능한 최대한으로 멍청하고 무식하게 되기 쉽다. 〈국V.i.f.50〉

그러다 보니

> 노동자 이익은 사회 이익과 직결되는 것이지만, 그는 사회 이익이 무엇인지 또는 그것이 제 이익과 어떻게 연결되는지 깨달을 능력이 없다. 필요한 정보를 얻을 시간이 없는 형편이고, 정보를 다 얻는다 해도 그들의 교육이나 습관으로는 올바로 판단하지도 못한다. 〈국I.xi.p.9〉

교육을 제대로 받아야 이들은, 첫째, 제 이익이 무엇인지 깨닫고, 둘째, 제 주장을 제대로 펼 수 있고, 셋째, 정부도 이들에게 귀

기울일 것이다. 그래야 사회 전체의 이해관계에 균형을 맞추어 경제 효율성을 높일 수 있다. 그렇기에

> 문명 상업 사회는 신분과 재산을 가진 사람들의 교육보다 보통 사람들의 교육에 아마도 더 큰 신경을 써야 할 것이다. 〈국V.i.f.52〉

그나마 가진 사람들은 스스로도 얼마큼 교육 문제를 해결할 수 있기 때문이다.

    스미스는 또한 상류층 교육도 문제라고 하였다. 그 무렵 영국은 돈 있는 귀족들이 지도층이 되기 마련인데, 이들이 다니던 영국 대학들은 엉망이라고 비판하였다. 그는 대학의 여러 가지 잘못된 제도 때문에 교수나 학생이나 다들 그저 편히 지내는 것이 "저속한 이익"이 되고 말았다고 하였다. (〈국V.i.f.7〉. 제도가 잘못되어 이기심이 잘못된 결과를 가져오는 또 다른 예이다.) 또한 상류층이 자식을 해외로 유람을 보내는 풍조를 꼬집어, 그들이 돌아오면 "젠체하고 버릇없고 방탕하고, 공부든 일이든 제대로 할 줄 아는 게 없게 된다"(국V.i.f.36)라고 하였다(맨더빌이 〈잉어〉에서 보인 것과 비슷한 걱정이다). 문제는 이들이 나중에 정부 요직을 맡게 되는데, 교육을 제대로 받지 못한 탓에 무엇이 나라의 이익인지 모른 채 상인과 제조업자들이 해달라는 대로 해주면서 그것이 나라 전체에 도움이 된다고 착각한다는 점이다. 바이너(Viner, 1927: 221)에 따르면, 그 무렵 정부가 중상주의 정책을 따른 것은 뚜렷한 확신이 있어서라기보다는 달리 어찌해야 할지 몰랐기 때문이다.

지주는 게으르고 무식해서 나라의 정책을 이해하지 못한다(국 I.xi.p.8). 오로지 상인과 제조업자들이 자기 이익을 잘 찾아간다.

상인들은 어떻게 하면 돈을 벌지 아주 잘 안다. 이를 아는 것이 바로 그들의 일이다. 그러나 어떻게 하면 나라가 부유해지는지 아는 것은 그들 일이 아니다.〈국IV.i.10〉

그러나 그들 이익은

어떤 사업 분야에서건 사회 이익과 어딘가 다르기 마련이고 때로는 반대되기도 한다.〈국I.xi.p.10〉

여기에 휘둘리지 않아야 경제 효율을 찾을 수 있으며, 그래서 교육은, 특히 교육비 부담 능력이 떨어지는 계층에 대한 교육은, 정부가 맡아야 하는 중요한 기능이다.

자유방임을 주장했다고 하는 스미스가 꼭 필요한 정부 기능으로 꼽은 것은 세 가지였다.

첫째, 다른 독립국의 폭력과 침범으로부터 사회를 보호할 의무, 둘째, 사회 내 모든 사람을 사회 내 다른 사람의 불의나 압제로부터 가능한 한 보호할 의무, 또는 정의를 엄중히 집행할 의무, 셋째, 혼자 또는 몇 사람으로는 이익이 되지 않는 공공사업과 공공기관을 만들고 유지할 의무.〈국IV.ix.51〉

돌이켜 보면 아담 스미스가 말한 정부의 둘째 기능을 고등학교 시절에 나는 "치안"이라 배웠고 이를 바탕으로 스미스가 "야경국가"를 주장했다고 배웠다. 그때 내 머리에 떠오른 것은 밤에 딱딱이를 치면서 골목길을 돌아다니며 좀도둑을 막는 야경꾼 모습이었다. 이 황당한 왜곡은 아마도 많은 사람들 머릿속에 그대로 남아 있을 것이고 어쩌면 오늘도 학생들에게 계속되고 있는지 모른다. 사실 이 둘째 기능은 좀도둑질 말고도 독재와 독점 이윤으로부터 국민을 지켜줄 의무가 정부에 있다고 말하는 것이다. 스미스는 교육이 이 세 가지 기능 모두에 도움이 된다고 생각했다.

    국민이 무식하면 미신과 착각에 사로잡혀 오히려 혼란에 빠지기 쉽다. 이들이 많이 배우게 되면 지배층이 더 정중히 대해줄 것이고, 이들도 지배층과 정부를 더 정중히 대할 것이다. 또한 파벌 이해에 따른 불평과 선동을 잘 살펴볼 마음이 들고 그 속을 꿰뚫어 볼 능력이 생기기 때문에, 정당한 정부 정책에 터무니없이 불필요하게 반대하는 움직임에 휩쓸리지 않게 될 것이다(국V.i.f.61). 이로써 법과 질서가 더 잘 지켜질 것이다. 맨더빌이 〈자선: 25〉에서 범법자는 목을 매달면 된다는 식으로 법과 질서를 바로잡으려 한 데 비해, 스미스는 교육으로 법과 질서의 중요성을 먼저 깨닫게 하여 스스로 법과 질서를 지키게 하는 것이 중요하다고 생각한 것이다―물론 정의로운 법과 질서를 말하는 것이다.

    스미스는 국방에 시민군보다는 전문적인 상비군이 낫다고 하였다. 그러나 전쟁 기술도 중요하지만 궁극적으로

모든 사회의 안전은 언제나 국민 대부분의 호국정신에 크건 작건 달려 있다. 〈국V.i.f.59〉

제 나라를 지켜내겠다는 마음은 지켜낼 만큼 좋은 나라에 산다는 생각을 온 국민 각자가 갖게 되면 저절로 나올 것이다. 이 역시 교육으로 하층 계급의 지위가 전체적으로 올라갈 때 가능해진다. 반면 맨더빌은 국방에 대해 〈주석 (L): 13〉에서 이렇게 말하였다.

전쟁이 났을 때 의원들과 재산 있는 사람들이 할 일이라는 것이 세금 내는 것 말고 무엇이 있겠는가? 전쟁의 고생과 피로를 몸으로 견뎌내는 일은 앞장설 사람들 몫인데, 이들은 나라에서 가장 천하고 가난한, 죽어라고 일만 하는 사람들이다.…… 그 가운데에는 흐트러지고 게으르고 돈이나 축내는 친구들이 군대를 채울 만큼 늘 있는 법이다.

스미스는 자유방임주의자로 널리 알려져 있지만, 그가 정부 역할을 제한하려 한 것은 어디까지나 그 무렵 영국 정부의 능력이 모자라다고 생각했기 때문이다. 그의 궁극적인 관심은 자유방임이라는 원칙이 아니라 경제 전체의 효율성과 국민 전체의 행복이었다. 정부 능력이 따라주기만 한다면 그는 정부에게 얼마든지 더 많은 것을 부탁할 준비가 되어 있었고, 장기적으로는 국민 모두의 교육으로 정부 능력을 높여 그렇게 하고 싶어 했다. 그렇다고 해서 시장경쟁을 정부 능력이 모자라는 동안에만 적용할 임시방편으로 생각한 것은 아니었다. 독점을 막고 경쟁 구조를 제대로 지켜 그 이익을 나라 전체가 제대로 얻어내려면, 제대로 된 정부로서 할 일이 많다는 것이다.[23]

끝으로 교육 문제는 아니지만 이야기가 나온 김에, 스미스가 주장했다고는 요즘 사람들이 잘 믿지 않을 것 같은 정책 몇 가지를 덧붙이자면 다음과 같다. (모두《국부론》에서 가져왔다.) 그는 부자들의 마차에 통행세를 더 걷어 화물 수송을 값싸게 해야 한다고 생각했으며(V.i.d.5), 토지세를 좋은 세금으로 추천했고(V.ii.c.9), 부자에게 더 높은 세율을 적용하는 누진세를 권했고(V.ii.e.6), 독점 이윤에 매기는 세금은 아주 좋다고 하였다(V.ii.k.54). 그가 추천한 규제로는 품질 규제(I.x.c.13), 계약 이행에 대한 규제(I.ix.16), 임금을 현금 대신 물건으로 주지 못하게 하는 규제(I.x.c.61), 독점 가격 규제(I.x.c.62), 노예를 함부로 다루지 못하게 하는 규제(IV.vii.b.54) 등이 있다. 반면 그가 없애거나 완화하려고 생각한 규제는 주로 독점 이윤을 누리는 시장의 진입 제한 규제나, 노동자 발목을 잡는 규제(I.x.c.41~45) 같은 것들이었다.

6. 차가운 머리와 따뜻한 마음

맨더빌과 스미스를 비교해보면 이처럼 공통점 못지않게 차이점도

---

[23] 스미스의 이러한 생각이《국부론》곳곳에 퍼져 있는데도 똑 부러지게 한군데 모아 놓은 적이 없는 것을 두고, 바이너는 스미스가 그럴 생각이 없어서라기보다는 아마도 스미스의 고질적인 건망증 때문일 것이라 보았다(Viner, 1927: 228).

많다는 것을 알 수 있다. 둘을 비교하는 것은 맨더빌 개인을 깎아내리고 싶어서가 아니다. 3백 년 전에 맨더빌이 이기심의 순기능을 꺼내 든 것은 그것만으로도 획기적인 일이다. 나아가 엄밀히 말하면 그는 이기심이 그저 사회에 도움이 된다고 하지도 않았다. 거기에는 적절한 제도와 정부 정책이 필요하다고 하였다. 그러나 그는 그 내용이 무엇인지까지는 다 대답하지 못했으며, 아무리 천재라도 한 사람에게서 그 모든 것을 다 바랄 수도 없는 노릇이다. 그 해답은 스미스를 비롯하여 지난 2백여 년간 경제학이 찾고 있는 중이다. 이 뒷부분을 무시하고 오늘날 이기심 또는 돈 벌 욕심만 내세우는 것은 위험하다. 맨더빌의 글 곳곳에서도 이미 드러나고 있는 그 위험한 생각들은 건전한 시장경제를 위협한다.

    신자유주의는 원래 주류 경제학이 아니라 정치인들과 재산가들이 만들어낸 풍조라 할 것인데, 이는 중상주의를 타파하자던 스미스보다는 오히려 맨더빌의 중상주의에 놀랍도록 가까운 모습을 하고 있다. 19세기 말 강도귀족robber baron들이 설쳐대던 약육강식의 자본주의에서도 비슷한 구석이 적지 않다. 물론 오늘날에는 신자유주의자라도 아무도 맨더빌과 같은 노골적인 표현을 솔직하게 내뱉지 않는다. 매력적인 구호들로 화려하게 꾸미고 있다. 그러나 그 속셈은 많이 닮아 있지 않은가. 스미스는 "서툰 사람은 〔맨더빌에게〕 쉽게 빠져든다"고 경고했다. 욕심을 겉으로나마 낮춰보던 3백 년 전에 비한다면 오늘날 사람들은 아마 더 쉽게 빠져들지 모르겠다. 그러나 부자의 사치가 좋은 것이라고 하면서 노동자에게는 입는 것은 조잡한 것이라도 기쁘게 받아들일 것이고, 먹는 것은 위장이 먹으라고 보챌 때 몸을 먹여 살리는 것 말고는 다른 목적을 두지 말고, 입맛이나 밥맛에는 신경 끄고 배고플 때 삼킬 수 있는 영양가 있는 것이면 마다하지 않을 것이며, 마시는 것은 목을 축이는 것 말고는 달라고 하지 말 것이다. 〈자선: 48〉

라는 말을 던지는 데 이르러서는, 웬만한 사람이라면 당황하게 되고 나아가 분노를 느끼기도 할 것이다.

 맨더빌은 모든 것을 있는 그대로 보려고 했다. 그럴듯한 겉꾸밈에 속지 않을 만큼 그에게는 차가운 머리가 있었다. 그러나 따뜻한 마음을 찾기는 쉽지 않다. 그는 남의 속마음을 냉정하게 바라볼 수는 있었지만, 남의 어려운 처지에는 좀처럼 공감하지 않았다. 반면 스미스는 있는 그대로 보는 데 그치지 않고 그것이 — 제 일이든 남의 일이든 — 적절한지를 물었다. 그리고 그 적절성을 많은 사람들이 공감하는지 물었다. 적절하지 않다고 많은 사람들이 공감하면 함께 화를 내는 것이고 이것이 정의를 세우는 바탕이 된다. 스미스가 말한 "공정한 관찰자 impartial spectator"는 있는 그대로 보되 적절성을 판단하는 관찰자다.

 1등만 살아남는 사회, 뒤처진 사람을 돌보지 않고 저만 살겠다는 '경쟁', 그것은 경쟁이 아니라 독점으로 가는 길이다. 그것이 적절한가. 그것이 정의인가. 이를 판단하는 것은 결국 이 사회 시민들의 도덕감정의 몫이다. 경제학에서 완전 경쟁이 좋다고 하는 것은 사실은 그 결과가 지극히 **평등**하기 때문이다! 다 같은 조건에서 출발

하여 완전 경쟁을 하면 아무도 남보다 돈을 더 벌지 못하며, 이를 두고 경제학에서는 **장기 이윤이 0**이 된다고 한다. (믿을 수 없다면 아무 경제학원론 책이든 꺼내 들고 보라.) 그런데 그것이 사회 전체에게는 가장 좋은 것이다. 맨더빌을 살피면서 스미스와 비교하지 않을 수 없었던 것은 바로 그 때문이다. 맨더빌은 이기심의 효용을 알려준 사람이지만 그를 통해 우리는 또한 이기심의 한계도 살펴볼 수 있다.

오늘날 경제학자의 진짜 아버지는 과연 누구인가. 이제 와서 아버지를 마음대로 고를 수 있다면 누구를 아버지로 삼겠는가.

THE FABLE OF THE BEES

꿀벌의 우화

개인의 악덕, 사회의 이익

BERNARD MANDEVILLE

머리말

시민사회의 정치체제에 법과 정부가 있으니, 이는 짐승의 살아 있는 몸에 넋과 목숨이 있는 것과 마찬가지다. 죽은 시체를 갈라 보며 배운 사람이라면 알겠지만, 우리 몸뚱이를 움직이는 데 필요한 주요 기관과 원천은 단단한 뼈나 튼튼한 힘살이나 신경도 아니며 몸을 아름답게 감싼 매끄럽고 흰 살갗도 아니고, 오히려 눈에 잘 띄지 않거나 보통 눈에는 시시하게만 보이는 작고 하찮은 막과 가느다란 관들이다. 마찬가지로 예술이나 교육을 떠나서 사람 본성을 살피는 사람이라면, 우리를 사회적 동물로 만들어주는 것이 어울리기 좋아하고 착하고 불쌍히 여기고 사랑하는 것과 같이 겉으로 아름답게 드러나는 품성이 아님을 알 것이다. 행복하게 잘사는 사회라고들 하는 큰 사회를 우리가 이루어 살아가는 것은 가장 야비하고 밉살스러운 품성 때문이다. 1

  이런 뜻을 되는 대로 써 내려간 아래 우화는 8년 전〔1705년〕에 《투덜대는 벌집: 또는, 정직해진 악당들》이라는 6페니짜리 작은 책으로 냈던 것인데, 곧이어 해적판이 나오면서 거리에서 반 페니짜리 2

종이로 돌아다녔다. 책이 처음 나온 뒤로 어떤 사람들은, 일부러 또는 몰라서 원뜻을 달리 받아들이고는, 그 책을 미덕과 도덕에 대한 풍자시로 보면서 악덕을 부추기려고 쓴 것이라 하는데, 그런 사람들을 여럿 만났다. 그래서 나는 책을 다시 내게 될 때는 어떻게 해서든 독자에게 이 시시한 시를 쓴 진짜 뜻을 알려야겠다고 마음먹게 되었다. 운을 겨우 맞췄다고 해서[1] 이 엉성한 몇 줄을 가지고 감히 시라고 하면 독자는 정말로 시를 기대할 테니 그렇게는 하지 않겠는데, 달리 뭐라 불러야 할지는 정말 모르겠다. 영웅시도 전원시도 아니고 풍자시, 광시, 영웅해학시도 아니니 말이다. 설화가 되기에는 그럴듯한 구석이 모자라고, 우화라 하기에는 전체적으로 너무 길다. 내가 말할 수 있는 것은, 이것은 시를 서툴게 흉내 낸 이야기로서 재치를 내세울 뜻은 조금도 없이 그저 내가 할 수 있는 대로 쉽고 낯익은 방법으로 하려고 애썼다는 것이 전부다. 독자는 이것을 내키는 대로 뭐라 불러도 좋다. 몽테뉴 Michel Eyquem de Montaigne(1533~1592)를 두고, 사람 결점은 잘 나타냈지만 사람 본성이 뛰어남은 알지 못했다고들 하는데, 내가 이보다 더 심한 말을 듣지 않는다면 대접을 잘 받은 것으로 생각하겠다.

여기에 그린 벌집이 세상천지 어느 나라를 나타내든지 간에,[2] 그 나라가 가진 법질서와 그 주민이 가진 영광과 부와 힘과 산업을 볼 때, 이 나라가 크고 잘살고 전쟁을 좋아하며 군주의 제한적 통치

---

[1] 형식으로 본다면 이 풍자시는 한 행에 8음절씩 들어간 8음보 형식이며, 두 줄씩 각운을 맞추었다.
[2] 여러모로 벌집이 그 무렵 영국 사회를 나타냈다는 것은 의심할 바 없다.

를 받아들이는 행복한 나라라는 것은 분명하다. 그러므로 아래 줄에서 여러 가지 직업과 지위와 신분을 풍자한 것은, 어느 특정인을 가리켜 상처 주려는 것이 아니라, 그저 여러 요소들이 각각으로는 야비하더라도 한데 모여 뒤섞이면 질서 잡힌 사회를 만들어낸다는 것을 보여주려는 것이다. 이를 통해, 슬기로운 정치는 비열한 조각들을 모아 멋있는 조직으로 승화시키는 놀라운 힘을 가지고 있다고 칭찬하고자 한다. ('배울 점' [벌집: 409~433]에서 짤막하게 설명한 것과 같이) 우화의 전체적인 뼈대는, 황금시대에 있을 법한 미덕과 순수함으로는, 부지런하고 부유하고 힘센 나라에서 누릴 편하고 훌륭한 삶을 얻을 수 있으리라고 바랄 수 없다는 것이다. 이로부터 드러내려고 하는 것은, 세상이 생겨난 첫날에서 오늘날에 이르기까지, 튼튼하고 부유하고 예의바른 모든 왕국과 나라에는 늘 악덕과 불편함이 있기 마련인데, 잘사는 나라가 되어 그에 걸맞은 모든 혜택을 갖고 싶어 하는 사람들이 악덕과 불편함을 큰 소리로 나무라며 투덜댄다는 것은 이치에 맞지 않는 바보짓이라는 것이다.

 이를 위해 나는 먼저, 여러 전문직과 생업이 어떤 잘못과 부패로 손가락질 받는지 살짝 드러내 보여줄 것이다. 그러고 나서 나는, 각 사람의 악덕을 솜씨 있게 다룬다면 전체가 위대해져서 세속적인 행복을 누릴 수 있음을 보일 것이다. 마지막으로 나는, 온 백성이 정직과 미덕, 절제, 순수함과 만족을 갖게 되면 어떤 결과가 반드시 따르는지 알려줄 것이다. 사람이 원래부터 가지고 있는 단점들을 고치게 되면, 태초 뒤로 번성했던 몇몇 위대한 연방과 왕국에서와 같은 힘 있고 예의 바른 큰 사회는 더 이상 나타날 수 없다.

4

누구 좋으라고 내가 이런 일을 하느냐고, 이런 생각들이 어떤 좋은 결과를 낳게 되느냐고 나에게 묻는다면, 독자를 기분전환 시키는 것 말고는 아무것도 없다고 나는 진실로 믿는다. 그러나 이런 생각들에서 자연스럽게 따르게 되는 것이 무엇이냐고 나에게 묻는다면 내 답은 이렇다. 첫째, 끊임없이 남을 헐뜯는 사람들이 이것을 읽게 되면 스스로를 돌아보게 될 것이고, 제 마음을 살펴보면서 이래저래 저도 저지르기 마련인 잘못을 두고 끊임없이 욕을 퍼붓는 스스로가 부끄러워질 것이다. 다음으로는, 넉넉하고 편안한 것을 찾으면서 잘사는 큰 나라가 가져다주는 이점을 누리는 사람들은 이 세상 어떤 정부도 고칠 수 없는 불편함을 이제 더욱 참을성 있게 받아들이는 법을 배우게 될 것이니, 뒤의 것 없이 앞의 것을 누릴 수 없음을 알게 되기 때문이다.

이것이 이런 생각들을 책으로 펴내게 되면 자연스럽게 따르게 될 것이라고 내가 말하는 것이다. 다만 사람들이 저에 대해 이야기해주는 것을 듣고 좀 나아지게 될 때 그렇다는 것이다. 그러나 사람을 고쳐보려고 가르치는 자세한 글들이 그토록 많건만 그 많은 시대를 거치면서 사람은 아직도 그대로이니, 이처럼 하잘것없는 글 몇 줄 가지고 더 잘해낼 것으로 믿을 만큼 자만하고 있지는 않다.

내 멋대로 펼쳐보는 이 생각이 가져다줄 작은 이득을 이야기했으니, 이제는 이것이 그 누구도 해코지하려는 것이 아님을 보여주어야겠다. 책으로 내놓는 것이 보탬이 되지는 않는다 하더라도 적어도 해를 끼쳐서는 안 되기 때문이다. 그래서 나는 풀어쓴 글들을 덧붙였으니, 그르다고 생각할 만한 구절에서 독자는 이들을 찾아보면 될

5

6

7

것이다.

《투덜대는 벌집》을 본 적 없는 까다로운 사람은, 이 책에서 십분의 일도 차지하지 않는 우화를 두고 내가 어떤 이야기를 하든, 우화는 그저 주석을 이끌어내려고 꾸며낸 것이라 할지 모르겠다. 주석은 미덥지 않거나 흐릿한 곳을 뚜렷이 해주는 것이 아니라 내가 더 말하고 싶은 것을 부러 고른 것이 아니냐고 할 수도 있겠다. 그래서 앞서 저지른 잘못을 줄이려 애쓰기는커녕 나쁜 것을 더 나쁘게 만들고, 종잡을 수 없는 잡담을 늘어놓아 내가 악덕을 우화에서보다 더 뻔뻔하게 옹호하는 것이라 할지 모르겠다.

이러한 비난에 답하느라 시간을 쓰지는 않겠다. 편견을 가진 사람은 아무리 해명해줘도 듣지 않는다. 악덕이 필요하다는 주장은 어떤 경우라도 죄악이라고 생각하는 사람들은 어떤 부분도 받아들이지 못할 것이다. 그러나 속속들이 살펴본다면, 그들이 언짢게 느낄 것들은 모두 책에서 내 뜻과 달리 잘못 이끌어낸 생각 때문임을 알게 될 것이다. 악덕이 힘 있는 큰 사회와 뗄 수 없는 사이이며 악덕 없이 부와 위대함을 가질 수 없다고 내가 주장할 때, 나는 잘못을 저지른 어느 특정한 사람을 나무라서는 안 된다고 하는 것도 아니고, 그 잘못이 범죄로 이어질 때 처벌해서는 안 된다고 하는 것도 아니다.

런던을 언제라도 걸어 다녀야 할 사람치고 거리가 훨씬 더 깨끗했으면 하고 바라지 않는 사람이 거의 없을 것으로 나는 믿는다. 그들은 제 옷과 제 편리함만 생각한다. 하지만 그들을 언짢게 하는 것이 그 대단한 도시가 잘살기 때문에 오가는 사람이 많아서임에 생각이 미친다면, 좋은 삶을 걱정하는 사람으로서 거리가 덜 지저분하기를 바라는 일은 거의 없을 것이다.[3] 수많은 상거래와 수공업이 끊임없이 굴러가려면 온갖 물건을 대줘야 한다. 나날이 소비하는 먹을 것, 마실 것, 땔감도 엄청나며, 여기서 쓰레기와 남는 것들이 나오기 마련이다. 말과 다른 가축들이 언제나 거리를 더럽히고, 손수레, 마차, 그리고 훨씬 더 무거운 짐수레가 언제까지고 포장길을 닳게 하고 부서지게 한다. 게다가 끝없이 많은 사람들이 줄곧 그 사이사이로 끼어들어 돌아다닌다. 이 모든 것을 떠올린다면, 순간마다 더러운 것이 새로 생겨난다는 것을 알 수 있다. 중심거리가 강가에서 얼마나 먼지, 그리고 지저분한 것들을 생기기가 무섭게 치우는 데 얼마나 많은 돈과 수고가 드는지 생각해본다면, 런던이 덜 번성하지 않고서는 더 깨끗해질 수가 없음을 알게 된다. 이런 것들을 다 생각하는 멀쩡한 시민이라면, 더러운 거리가 런던의 행복과는 떨어질 수 없는 필요악이라고 말하면서도, 또한 신을 닦고 거리를 치우는 것에는 조금도 반대하지 않는다고, 그래서 구두닦이나 넝마주이를 나쁘게 보는 것은 아니라고, 그렇게 말하지 않을까, 나는 묻겠다.

 그러나 도시의 이익이나 행복과는 상관없이, 어디서 걷는 것이 가장 즐겁겠느냐고 내게 묻는다면, 내가 냄새나는 런던 거리보다는 향기로운 꽃밭이나 그늘진 시골 숲이 좋다고 말하리라는 것을 의심할 사람은 아무도 없을 것이다. 마찬가지로, 모든 세속적인 위대함과 헛된 영광을 떼어놓고 나서, 사람들이 참된 행복을 어디서 누릴

11

---

3 오늘날 경제학자로서 이와 비슷한 시각에서 쓴 글로는 랜즈버그(1997)의 〈왜 나는 환경주의자가 아닌가?: 경제학이란 과학과 환경주의란 종교〉를 들 수 있다.

것 같으냐고 내게 묻는다면, 나는, 이웃이 샘내지도 높이 봐주지도 않는 가운데, 그곳 자연에서 나는 것으로 만족하면서 살, 평화로운 작은 사회를 들겠다. 나라 밖으로는 다른 나라를 무기로 정복하고 나라 안으로는 외국산 사치품으로 타락에 빠지는, 부와 힘이 넘치는 많은 사람이 모여 사는 곳은 아니다. 〔1714년 판 서문은 여기서 끝난다. 아래는 1724년 판부터 넣은 것이다.〕

여기까지가 내가 초판에서 독자에게 한 말이다. 2판[4] 서문에도 덧붙인 것은 없다. 그러나 그 뒤, 착한 뜻을 가졌으리라 기대하기를 내가 포기한 사람들의 정의, 지혜, 자비, 공정함에 대해 내가 늘 가졌던 생각에 꼭 알맞게, 이 책에 대해 격렬한 반대 목소리가 터져 나왔다. 이 책을 〔1723년에〕 대배심이 고발했고, 책을 한 글자도 읽지 않은 몇천의 사람들이 규탄에 나섰다. 〔런던〕 시장에게는 반대 설교가 전해졌고, 어느 거룩한 성직자로부터는 철저한 반박이 나올 것으로 나날이 기대되는 바, 그는 광고에서 나를 욕하면서 두 달 안에 나에 대한 답을 내놓겠다고 다섯 달이 넘도록 벼르고 있다.[5] 내가 하고 싶은 말은 이 책 맨 뒤에 있는 내 해명 글에서 볼 수 있겠다. 그 안에 〈대배심의 고발문〉과 〈존경하는 C경에게 드리는 편지〉를 실었는데,

12

---

4 1714년에 초판이 나온 뒤 같은 해에 2판이 나왔는데, 1723년에 나온 확장판도 2판으로 되어 있다. 서문의 이 아래 부분은 1723년 판을 대배심이 고발한 뒤에 맨더빌이 1724년 판에서부터 넣고 조금씩 고쳐나간 것인데, 여기서는 가장 마지막에 나온 1732년 판 서문을 옮긴 것이다.
5 이 성직자는 맨더빌에 대한 반박을 두 달 안에 책으로 내겠다고 1723년 8월에서 9월 사이에 여러 차례 광고를 냈는데, 그 책은 맨더빌의 이 서문을 담은 3판이 1724년 1월에 나오고도 한참 뒤인 1724년 8월에나 나왔다.

이 편지는 주장이나 문맥은 없이 말만 가득하다.[6] 그 편지를 쓴 사람이 보여준 것은 그가 악담하는 좋은 재주를 가졌으며 남들이 찾아내지 못하는 곳에서 무신론을 찾아내는 대단한 총명함을 지녔다는 것이다. 그는 사악한 책들을 시샘하고 《꿀벌의 우화》를 지목하여 그 글쓴이에게 몹시 화를 냈다. 그는 글쓴이가 지은 죄에 대해 네 가지 강한 수식어를 붙여주었으며, 이런 글 쓰는 사람들을 살게 내버려둘 때 닥쳐올 위험이라든가 하늘이 온 나라에 내릴 복수라든가 하는 품위 있는 빈정거림을 대중에게 퍼트리면서 글쓴이를 손봐달라고 자비롭게도 추천해주었다.

이 편지의 길이로 볼 때, 그리고 그것이 나만을 겨냥한 것이 아니기 때문에, 나는 처음에는 편지에서 나와 관련된 일부만을 골라낼 생각이었다. 그러나 더 찬찬히 들여다보고 나서, 나와 관련된 것과 그렇지 않은 것이 뒤섞여 엉켜 있음을 깨닫고, 독자에게 전체를 보여주어야겠다고 마음먹었으니, 그 편지가 지루하기는 하지만, 편지가 꾸짖은 논문을 소름 끼치는 마음으로 읽은 사람들에게는 그 터무니없는 편지가 재미있지 않을까 하는 생각도 없지 않았기 때문이다.

---

6 1723년 4월에 맨더빌의 2판이 나오고 나서, 같은 해 7월 11일에 〈대배심의 고발문〉이 발표되었으며 〈존경하는 C경에게 드리는 편지〉는 7월 27일 신문에 실렸다.

투덜대는 벌집 :
또는,
정직해진 악당들

널따란 벌집에 벌들이 가득하여
사치 부리며 넉넉하게 살고 있었는데
법과 국방이 튼튼할뿐더러
부지런한 벌떼를 많이 길러 소문났고
과학과 산업을 키워내는   5
훌륭한 요람으로 손꼽혔다.
어떤 벌떼보다도 훌륭한 정부를 두었으나
그들은 변덕스럽기 그지없고 불만이 가득했다.
폭군 아래서 종노릇한 것도 아니고
제멋대로 대중정치에 휘둘린 것도 아니고   10
임금이 다스렸으되 법으로 권력을 제한하여
함부로 할 수가 없는 나라였다.

영국 사회를 벌집으로 나타낸 〈벌집 영국 British Beehive〉
(George Cruikshank, 1840)

   이 벌들은 사람처럼 살면서

우리가 하는 것은 무엇이든 조그맣게 하고 있었다.

마을에서 하는 일들도 그렇거니와   15

칼 들거나 글 배우는 모습도 영락없었다.

다만 그 교묘한 일들을 가느다란 팔다리로

잽싸게 했기에 사람 눈에 띄지 않았을 뿐이었다.

우리에게 있는 기계와 일꾼,

배, 성, 무기, 기술자,   20

공예, 과학, 가게, 연장,

그런 것들이라면 그들도 다 가지고 있었는데

그들 말을 모르니

우리가 쓰는 이름으로 부를 수밖에 없겠다.

그들은 무엇보다 주사위 노름을   25

권리로 인정받고 싶어 했는데, 임금이 있었고

임금은 호위병을 두었으니, 미루어 짐작건대

호위병들은 노름을 좀 했을 것이다.

병사들이 노름을 하지 않는 부대가

나타난다면 또 모를까.   30

    엄청난 무리가 이 풍요로운 벌집으로 몰려들었는데

엄청나게 몰려와서 오히려 잘살게 되었다.

몇백만이 애를 써서

서로 욕망과 허영을 채워주었고.

또 다른 몇백만은 일자리를 얻어   35

부서져 없어질 물건들을 만들어댔다.[7]

---

[7] 맨더빌은 낭비, 또는 소비가 나쁜 것이 아니라 오히려 생산을 촉진하는 좋은 역할을 한다고 말하는 것이다. 만든 것은 써버리기 마련이다. 만든 것을 써버린다고 잘못된 것도 아니며, 써버릴 물건을 만드는 것이 헛된 것도 아니다.

온 세상 절반에 물건을 대는 데도
아직도 일꾼보다 일자리가 많았다.
어떤 놈들은 주식을 많이 가져 힘들이지 않고
큰 돈 버는 사업에 뛰어들었고 40
또 어떤 놈들은 낫과 삽을 들고
모든 힘든 일을 떠맡는 팔자가 되었는데
이 딱한 놈들은 힘든 일도 마다 않고 하루하루 땀 흘리며
먹고사느라 힘도 팔다리도 지쳐갔다.
다른 놈들은 누가 붙들고 가르쳐주지도 않는 45
그런 일거리에 뛰어들었는데
주식은 필요 없고 대신 가짜를 가지고
땡전 한 푼 없이 손댈 수 있었으니
사기꾼, 아첨꾼, 뚜쟁이, 노름꾼,
소매치기, 돈 위조꾼, 돌팔이, 점쟁이, 50
그 밖에도 서로 잡아먹겠다고
뻔뻔하게 달려들어 교활하게
착하고 순진한 이웃이 벌어들인 것을
제 것으로 가로채는 모든 일들이었다.
이들을 악당이라 불렀지만, 그렇게 부를 것은 없으니 55
점잖고 부지런한 놈들이라고 다를 바 없었다.
어떤 일이든 어떤 곳이든 다 속이기 마련이니
속임수 없는 일자리는 하나도 없었다.

변호사는 그 재주의 밑바탕이

싸움을 붙이고 편을 가르는 것이어서　　　　　　　　60

기록된 것은 죄다 잘못된 것이라 몰아붙이며

저당 잡힌 부동산에 속임수를 보탰으니

누구 것인지 소송 안 해봐도 안다고 해본들

법이 알아주지 않았다.[8]

제멋대로 말문을 막고 나서서　　　　　　　　　　　65

짭짤한 수수료를 챙기는가 하면

못된 주장을 고집하느라고

법을 살피고 뒤져 보는데

마치 도둑이 가게와 집을 살피며

어디로 뚫고 들어가야 좋은지 알아내는 꼴이었다.　　70

　의사는 명예와 돈을

힘없는 환자 건강이나

제 재주보다 값지게 여겼으니

하나같이 궁리하는 것이라고는 의술의 도리는 미뤄두고

걱정과 생각에 잠긴 표정이며 굼뜬 몸짓을 연구하여　　75

약방에 환심을 사고

산파와 성직자, 그리고 모든

---

[8] 문서 없이 전통적으로 공유해오던 땅에 배타적 소유권을 주장하기 시작한 인클로저 운동을 염두에 둔 듯하다.

낳고 죽는 일에 얽힌 사람들에게서 좋은 소리를 듣고
끊임없이 수다 떠는 족속을 참아가며⁹
집안 마님의 친척 아주머니 처방 이야기까지 들어주고   80
지어낸 미소와 친절한 인사로
손님의 가족 모두에게 아양 부리는 것이었는데
여기서 가장 고약한 일이 있다면
뻔뻔한 간호원을 견뎌내는 것이었다.

   주피터를 섬기는 많은 성직자들이   85
위로부터 축복을 얻어주는 일을 맡고 있었는데
많이 배우고 말 잘하는 놈은 어쩌다 있고
대부분은 엉터리에다 무식하건만
그들 모두 검열을 통과하여
게으름과 관능과 탐욕과 오만을 숨기고 있었으니   90
그 재주 소문나기는 옷감 숨기는 재단사나
독한 술 숨기는 뱃사람에 뒤지지 않았다.
야윈 얼굴에 초라하게 차려입은 놈들은
빵을 달라고 신비롭게 기도했는데
속셈인즉 잔뜩 쌓아둘 만큼 달라는 것이었지만   95
글자 그대로 더 많이는 받지 못했다.
이 거룩한 일꾼들이 굶주리는 동안

---

9 프랑스어 번역(1740, 1998)은 수다 떠는 족속을 여성으로 보았다.

그들이 모시는 게으른 놈들은
넉넉함에 빠져 지냈으니, 그 얼굴에는
은총이 내려준 건강과 풍요가 남김없이 드러났다. 100

   싸움에 내몰린 병사들은
살아남는 것이 그들이 받을 명예였다.[10]
피투성이 싸움을 피한 어떤 놈들은
달아나다 화살 맞고 팔다리를 잃기도 하고
적과 맞서 싸우는 용감한 장군이 있는가 하면 105
뇌물 받고 적을 풀어주는 장군도 있었다.
어떤 놈들은 격전지만 겁도 없이 찾아다니다
이번엔 다리를, 다음엔 팔을 잃는데
이들은 월급을 반만 받고 살다가
끝내 불구가 되어서는 버림을 받았으며 110
다른 놈들은 나타나지도 않고
집에서 뒹굴며 월급을 곱절로 받았다.

   임금을 섬기는 신하들이 있었건만
그 악당들은 임금을 속였다.
많은 놈들은 임금을 받들어 종노릇을 자청하면서 115
제가 아껴준 바로 그 임금에게서 훔쳐 갔다.

---

10 살아남는 것 말고는 달리 명예를 받지 못했다. 죽으면 그만이었다.

녹봉은 적을지언정 사는 것은 남부럽지 않고
그러면서도 저는 정직하다고 떠벌리고 다녔다.
제 권리를 남용할 때면
그 교활한 재주를 부수입이라 불렀는데   120
평범한 놈들이 그 암호를 알아차리면
정당한 보수라고 둘러댔다.
돈 챙길 일이라면 어느 하나도
짧게도 쉽게도 하지 않았다.
벌 가운데 더 갖지 않으려는 놈이 없었으니   125
가져야 할 것보다 더 갖는다는 뜻이 아니라 돈 내는 놈에게
얼마나 갖는지 대놓고 알려주는 것보다 더 갖는다는 것이다.
노름꾼은 깨끗한 노름판에서조차도
얼마나 땄는지를 잃은 쪽에게
절대로 털어놓지 않으니 같은 노릇이다.   130

 저들의 사기 행각을 그 누가 빠짐없이 옮기랴.
땅을 기름지게 하는 흙이라고 하며
길거리에서 파는 바로 그것은
사 가지고 와보면 대개가
아무짝에도 쓸모없는 돌과 반죽으로   135
범벅을 해놓은 것이니
누가 남에게 소금을 버터로 속여 팔았느냐고[11]
도리깨가 투덜거릴 일은 아니지 않는가.[12]

공정한 판결로 이름난 재판관은

눈이 멀었다고 감각마저 잃은 것은 아니어서   140

저울을 잡고 있어야 할 왼손은

황금에 매수되어 종종 저울을 놓쳤다.

겉으로는 치우침이 없는 듯하지만

체형 선고가 마땅한

살인을 비롯한 모든 폭력 범죄에   145

평범한 선고로 슬쩍 넘어갔다.

반면 남을 속였다고 처음 붙들려온 어떤 놈들은

제가 두드려 만든 바로 그 밧줄에 목이 매달렸다.[13]

재판관이 차고 있는 그 칼은

쪼들리는 가난뱅이들만 혼내주는 것으로 여겨졌으니   150

그런 놈들은 다만 가난에 내몰린 나머지

망할 놈의 나무에 매이게 되었는데

---

11 소금과 버터를 구분 못해 속는 일은 없을 것이다. 당시 영국에서는 물과 소금을 많이 넣어 양을 불린 저질 버터가 나돌아 골치였는데, 속으로 cocks라 부르던 이 함량 미달 버터는 과장하자면 소금 덩어리였을 것이다(Donnelly, 1971). 요즘에는 소금 없는 버터를 따로 만들기도 하지만, 상하기 쉬운 버터에 방부제로 소금이 들어간 뒤로는, 버터에 당기는 입맛이 사실은 소금을 찾기 때문이라 할 만큼 소금과 버터는 원래 관계가 깊다.

12 도리깨는 낟알 떠는 데 썼을 뿐 아니라, 중세까지는 전쟁 무기나 처벌 도구로도 썼다. 맨더빌이 염두에 두었는지는 모르겠지만, 이집트 파라오는 도리깨와 굽은 지팡이flail and crook를 통치의 상징물로 삼았다. 프랑스어 번역(1998)에서는 도리깨를 아예 사기꾼carotteur으로 바꿔서 옮겼는데, 영어에서 crook은 사기꾼으로 쓰이지만 flail을 그런 뜻으로 쓴 다른 사례는 찾아내지 못했다.

13 당시 영국 감옥에서는 104쪽 그림에서처럼 죄수들에게 삼hemp을 두드려 밧줄로 만드는 강제노동을 시켜 항해용 밧줄 수요를 충당했다.

18세기 영국 사회상을 그린 호가트William Hogarth의 1732년 작 〈매춘부의 길 A Harlot's Progress〉 6부작 가운데 하나. 6부작은 순진한 시골 처녀가 돈 벌러 도시로 갔다가 망가지는 과정을 보여주는데, 이 그림에서는 매춘부로 일하다가 감옥에 붙들려가 삼을 두드리며 밧줄을 만들고 있다.

그 죄는 그런 운명까지 갈 것은 아니었고
다만 돈 많고 높은 분들을 지키기 위함이었다.

　　이리하여 모든 구석이 다 악으로 가득한데　　　　　155
그래도 전체를 보면 낙원이었다.
다른 나라에서는 그들을 존경하여
평화로울 땐 아첨하고 전쟁을 하면 두려워하니
돈과 삶이 풍족한 그곳은
모든 벌집의 으뜸이었다.　　　　　　　　　　　　　　160

이것이 이 나라의 축복이니
저들의 죄악이 저들을 위대하게 만든 것이었다.
그리고 미덕은 정치로부터
천 가지 꼼수를 배워서
그 덕택에 즐거이   165
악덕과 친구가 되었고, 그 뒤로 줄곧
무리 가운데 가장 못된 놈까지도
전체의 이익에 도움을 주었다.

　이것이 곧 나라의 재간이니
하나하나 불평하는 놈들을 모아 전체를 이루었다.   170
음악에서도 화음은
소음이 모여 전체가 어우러지는 것이다.
정반대에 있는 것들은
미워하면서도 서로 도우니
술 안 마신 맨정신이   175
고주망태를 돌보는 것이다.[14]

　악의 뿌리가 되는 탐욕은
비뚤어지고 해로운 몹쓸 악덕으로서
방탕이라고 하는 고상한 죄악에

---

14 직역하자면, 맨정신으로 절제하는 쪽이 많이 취하고 많이 먹은 쪽을 돌본다는 뜻이다.

종노릇을 하게 되었으니   180
사치는 가난뱅이 백만에 일자리를 주었고
얄미운 오만은 또 다른 백만을 먹여 살렸다.
시샘과 헛바람은
산업의 역군이니
그들이 즐기는 멍청한 짓거리인   185
먹고 쓰고 입는 것에 부리는 변덕은
괴상하고 우스꽝스러운 악덕이지만
시장을 돌아가게 하는 바로 그 바퀴였다.
법은 옷과 마찬가지로
변덕스러운 것이어서   190
한동안 괜찮던 일이
반년 사이에 범죄가 되곤 했다.
법을 바꿀 때마다
결점을 찾아 바로잡는다는데
잘못을 고치는 것이 제멋대로이니   195
아무리 조심해도 미리 알 길이 없었다.

    이렇게 악덕은 교묘하게 재주 부려
시간과 일이 더해지면서
삶을 편리하게 만들어놓았다.
이것이 참된 기쁨이요 즐거움이요 넉넉함이어서   200
그 높이로 치자면 아주 못사는 놈조차도

예전에 잘살던 놈보다 더 잘살게 되었으니
여기에 더 보탤 것은 없을 것이다.

    어차피 죽을 팔자에 행복은 참으로 헛되도다!
기쁨의 한계를 진작 알았어야 하건만.   205
여기 아래에 이런 완벽함이 있음은
신들이 내려줄 수 있는 것을 넘어선 것이거늘.
투덜대는 벌레들은 그때까지만 해도
정부와 대신들을 기꺼워했다.
그러나 그들은 잘 나가던 일이 꼬일 때마다   210
구제할 길 없는 놈들이 늘 그렇듯
정치인과 군대와 선단에 욕설을 퍼부었다.
모두가 소리 높여 속임수를 저주했으니
제 허물을 잘 아는 놈들이
남의 허물은 끔찍이도 참아주지 못했다.   215

    주인과 임금과 가난뱅이를 속여
돈을 있는 대로 긁어모은 놈이
감히 목청 높여 외쳤다.
속임수로 가득한 이 땅은 가라앉아야 하리라.
그런데 설교하는 저 놈은 도대체 누구를 꾸짖는다는 것이냐,   220
양 가죽을 염소 가죽이라며 팔았던 장갑장수가 아니더냐.[15]

작은 것까지도 잘못됨이 없었고
사회 이익에 어긋나지 않았는데
못된 놈들 모두가 뻔뻔하게 외쳐댔다.
신이여, 우리에게 다만 정직함을 내리소서!　　　　225
머큐리는 그 뻔뻔함에 미소 짓고[16]
다른 신들은 저희가 사랑하는 것에 욕을 해대는 꼴을 두고
정신 나간 짓이라 하였다.
그러나 주피터는 분개하여 움직였으니
드디어 화가 나서 다짐하기를 시끄러운 저 벌집에서　　　230
속임수를 없애리라, 그러고는 그리했다.
그러자마자 속임수는 사라지고
정직이 모두의 마음에 들어찼다.
교훈의 나무처럼 거기에는[17]
그들이 보기를 부끄러워하는 죄상들이 드러났다.　　　　235
이제 그들은 그 추악함에 낯을 붉혀

---

15 원문은 양을 염소라며 팔았다는데, 양과 염소를 구분 못해 속는 일은 없을 것이다. 염소 가죽 장갑kid glove은 양 가죽 장갑lambskin glove보다 훨씬 고급이다. 프랑스어 번역(1740, 1998)에서도 가죽을 파는 것으로 풀어 옮겼다.
16 머큐리는 상인, 도둑, 웅변의 신이다.
17 교훈의 나무는 〈요한복음 15:1~10〉에 있는 "나는 포도나무요, 너희는 가지다. 누구든지 나에게서 떠나지 않고 내가 그와 함께 있으면 그는 많은 열매를 맺는다"는 이야기를 바탕으로 로버트 보일Robert Boyle이 1665년 지어낸 우화에 나오는 것으로, 사람은 각자 교훈의 나무를 가지고 있는데, 반성을 잘/안 한 사람은 가을이 되면 자기 나무에 열매가 잘/안 열린 것을 보게 될 것이라 하였다. 뒤에 조너선 스위프트Jonathan Swift는 보일의 우화를 뒤집어 1702년에 빗자루의 우화를 쓰기도 하였다(Moore, 1986).

말없이 죄를 자백하였으니
잘못을 감추려 하면서
스스로 낯빛으로 생각을 털어놓는 아이들처럼
남이 들여다보면 저희가 무슨 짓을 했는지 240
다 알게 될 것을 떠올린 것이었다.

 그러나, 오 하느님 맙소사, 그 변화가
어찌나 놀랍고 대단하고 갑작스러웠던지!
반 시간 만에 온 나라에 걸쳐
고기 값은 파운드에 1페니씩 떨어졌고[18] 245
높으신 정치인에서 어릿광대에 이르기까지
위선의 탈이 벗겨졌으며
빌려 온 얼굴로는 낯익던 놈들이
제 얼굴을 찾고 나니 낯설어 보였다.
재판정은 그날부터 조용해졌으니 250
이제 빚진 놈은 기꺼이 빚을 갚되
빚쟁이가 잊은 것까지 갚았고
못 갚는 놈들의 빚은 빚쟁이가 없애주었다.
잘못을 저지른 쪽은 군말 없이
날조된 억지 소송을 취소했으니 255

---

[18] 이 무렵 쇠고기 값은 1파운드에 3페니 정도였다. 가격 자료는 Global Price and Income History Group에서 만든 "English prices and wages, 1209~1914" 참조(http://gpih.ucdavis.edu/files/England_1209~1914_(Clark).xls).

그 뒤로 정직한 벌집의 변호사보다
더 어렵게 사는 놈은 없게 되었고
충분히 벌어놓지 않은 놈들은 죄다
먹통을 옆에 차고 우르르 떠나갔다.

　　재판관은 몇몇을 목매달고 나머지는 풀어주었는데　　260
감옥을 비우고 나니
더 이상 있을 필요가 없게 되어
무리를 이끌고 물러나갔다.
앞서 가는 것은 대장장이인데
자물쇠와 쇠창살, 차꼬와 쇠 표찰 붙은 문짝을 들었고　　265
그 뒤를 잇는 것은 옥리, 옥졸, 그리고 졸개들이었다.
여신을 저만큼 앞서서[19]
으뜸가는 충복으로
법을 마무리 짓는 망나니가[20]
꾸며낸 칼 대신　　270
제 도구인 도끼와 밧줄을 들었고[21]
구름 위로는 눈을 가린 여인의 모습으로

---

19 여신은 재판관, 곧 정의의 여신을 가리킨다.
20 망나니는 목 베는 사람이다. 영국에서는 망나니를 흔히 잭 케치Jack Ketch로 불렀는데, 맨더빌은 에스콰이어 케치Esquire Catch로 높여 불렀다. 잭 케치(1686년 사망)는 찰스 2세 때 일하던 망나니로서, 특히 다음 쪽(111쪽) 그림 속의 몬머스 공작Duke of Monmouth 처형 때에는 한 번에 내리쳐 고통을 끝내지 못하고 도끼를 여러 차례 내리쳐 사형수에게 고통을 준 것으로 악명이 높았다.

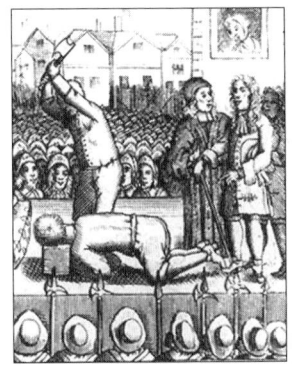 

도끼로 몬머스 공작을 처형하는 잭 케치(왼쪽)와 특별히 칼로 처형되는 왕비 앤(오른쪽)

재판관이 바람에 밀리고 있었다.
여신의 마차 주변과 뒤로는
포졸과 갖가지 집행관 275
순라, 그리고 모든 사령들이 있었으니
남의 눈물을 쥐어짜며 살아온 놈들이었다.

의사가 살고 있긴 했지만 아픈 놈들이 생기면

---

21 칼이 더 멋져 보여서 그동안 칼로 상징되던 망나니가 이제 상징을 버리고 실제로 쓰는 도끼와 밧줄을 들었다는 뜻. 사형을 집행할 때 영국에서는 귀족은 도끼로 목을 베고 평민은 밧줄로 목을 매달았으며, 프랑스에서는 귀족에게 도끼 대신 칼을 썼다. 칼에 비해 도끼는 깔끔하지 못해서 예컨대 스코틀랜드의 메리 여왕이 사형당할 때에는 도끼로 세 번 내리치고서야 처형이 끝났다고 한다. 반면 헨리 8세의 왕비 앤은 특별히 간청하여 프랑스에서 칼잡이를 불러 위쪽 그림에서처럼 도끼 대신 칼로 단번에 참수당했다고 한다. 전쟁터에서 전사하듯 목 잘려 죽는 것은 귀족에게 특별히 베풀어지던 명예였다. 1760년 영국에서 귀족을 처음으로 평민처럼 목 매달았는데 이는 법의 평등성을 상징하는 사건이었다.

투덜대는 벌집: 또는, 정직해진 악당들

의사 대신 벌집 곳곳에 널리 퍼져 살고 있는
솜씨 좋은 벌들이 나서서 처방을 내려주니 280
굳이 멀리까지 찾아다니지 않아도 되었다.
그들은 쓸데없는 말싸움을 하지 않고
환자가 괴로움을 벗게 애쓰면서
속임수 쓰는 나라에서 기른 약재는 버리고
저들이 손수 기른 것을 썼으니 285
치료약이 없는 나라에 신들이
질병을 보내지는 않으리라 알았기 때문이었다.

성직자들은 게으름에서 깨어나
제 짐을 보좌 성직자에게 지우지 않고[22]
악덕에서 벗어나 스스로 나서서 290
신들을 기도와 희생으로 섬겼으며
일에 맞지 않는 놈들과 제가 쓸모없음을 깨달은 놈들은
모두 다 물러나갔다.
할 일이 많지도 않아서
(정직한 놈들이 필요로 하는 정도에서) 295

---

[22] 영어 journeyman은 프랑스어 journee(하루)에서 온 말로, 그날그날 돈을 받는 날품팔이꾼인데 이를 맨더빌이 journey-bee로 바꾸었다. 여기서는 보좌 성직자 journeyman parson를 가리키는데, 글자 그대로 하자면 날품팔이 성직자로서, 스미스의 《국부론》(I.x.c.34)에 따르면 실제로 대우도 날품팔이 수준이었다. 요즘으로 치면 성직자와 보좌 성직자는 정규직과 비정규직 관계이다.

우두머리 말고는 거의 남지 않았고
나머지는 그에게 복종하였는데
그는 성직에 몰두하여
나랏일은 다른 놈들에게 맡겨두었다.[23]
그는 굶주린 놈을 문밖으로 내쫓지 않고 300
가난한 놈의 삯을 빼앗지 않았으며
대신 그 집에서 배고픈 놈은 얻어먹고
머슴은 빵을 아낌없이 받고
딱한 길손은 끼니와 잠자리를 얻었다.

 임금의 높은 신하들과 305
그 아래 모든 관리들 사이에서도
변화는 대단해서 검소하게
그들은 이제 녹봉에 맞춰 살았다.
불쌍한 벌이 외상 몇 푼 받으러
열 번씩 찾아왔다가 310
아랫놈에게 걸려
돈을 뺏기든지 못 받게 되든지 하면
이제는 명백한 사기라 하게 되었으니
예전에는 부수입이라 하던 것이다.

---

[23] 헨리 8세 때 권력자였던 대주교 울지는 고위 성직자가 세속 정치에 몰두한 대표적인 예다.

전에는 한 곳을 셋이 맡아   315
서로 나쁜 짓을 구경해가며
종종 동료 의식으로
훔치는 것을 서로 부추기곤 했었는데
이제는 혼자 맡아도 충분하게 되었으니
이로써 또 몇천 마리가 떠나게 되었다.   320

  쓴 돈을 빚지며 사는 것이
이제는 자랑스럽지 않으니
하인들 제복은 헌 옷 가게에 내다 걸고
마차를 헐값에 내버리고
멋진 말들을 무더기로 팔고   325
시골 저택도 팔아 빚을 갚는다.

  속임수 못지않게 헛된 씀씀이를 멀리하니
다른 나라에 군대를 두지 않고
다른 나라의 존경과
전쟁으로 얻는 헛된 영광을 우습게 알았다.   330
그들이 싸우는 것은 오로지 나라를 위해
권리나 자유가 위험해졌을 때뿐이다.

  이제 영광스러운 벌집에 눈을 돌려
정직과 시장이 어떻게 어우러지는지 보아라.

겉모습은 사라져 곧 흐릿해지고 335
아주 다른 얼굴이 드러나게 되었다.
해마다 엄청나게 돈을 써대던
그런 놈들이 갔다는 것뿐 아니라
그들 덕에 먹고살던 수많은 놈들이
나날이 마찬가지로 떠나야 했다는 것이다. 340
다른 일거리를 찾아 날아갔으나 헛짓이라
가는 곳마다 공급이 넘쳐났다.

땅값과 집값은 떨어지고
눈부신 저택들은 그 담을
테베에서처럼 놀면서 쌓은 것인데[24] 345
이제는 셋집으로 내놓게 생겼다.
한때 멋지게 모셔 놓았던 조상신들은
차라리 불꽃 속에 타버릴지언정
대문에 새긴 초라한 이름이[25]

---

24 그리스 신화에 따르면 테베의 왕 암피온이 피리를 불자 그 소리에 맞춰 돌들이 춤추며 날아가 테베 성이 쌓아졌다고 한다. 여기서 맨더빌은 play에 있는 두 가지 다른 뜻을 가지고 말장난pun을 하고 있다. 테베에서는 음악 연주라는 뜻의 play로서, 악기를 가지고 "놀면서" 성을 쌓았고, 여기 벌집에서는 노름이라는 뜻의 play로서, 노름하며 "놀면서" (또는 노름에서 딴 돈으로) 담을 쌓은 것으로 볼 수 있겠다.
25 셋집으로 내놓으면 낮은 계급의 세입자가 들어와 대문에 이름을 새로 새길 것인데, 이제껏 높은 계급의 집안을 보살펴준 신들은 이것이 못마땅할 것이다. household god은 우리 식으로 조상신이라 바꾸어 옮겼다.

투덜대는 벌집: 또는, 정직해진 악당들

높으신 조상님께 보내는 미소를 볼 생각이 없다.   350
집 짓는 일거리가 다 사라지고
기술자들은 일자리를 잃었다.
초상화가로 이름을 떨치는 놈도 없고
돌 자르는 놈이나 돌 새기는 놈도 이름을 잃었다.

남아 있는 놈들은 검소해져서   355
어떻게 쓰느냐보다는 어떻게 사느냐와 씨름한다.
그들이 술집 빚을 다 갚고 나서
다시는 오지 않겠다고 마음먹으니
벌집 전체에 걸쳐 술집 색시들은
이제 황금 옷을 입고 살 수 없었고   360
또한 뚜쟁이는 비싼 포도주와 멧새 요리에[26]

---

[26] 원문의 Torcol은 1614년 러글George Ruggle이 쓴 라틴어 연극 《이그노라무스 Ignoramus》(무식쟁이)에 나오는 뚜쟁이pander다. 이 이름은 현실에서 쓰는 이름은 아니며, 비뚤어진 성격을 상징하기 위해, 굽은 목을 뜻하는 라틴어 "tortum collum"에서 만들어낸 이름이다(러글, 1614: 1막 2장 각주 참조). 버건디Burgundy(부르고뉴산 포도주의 영어식 발음)는 비싼 포도주로, ortelan은 프랑스어 번역에서처럼 오르톨랑ortolan의 잘못으로 보고 멧새 요리로 옮겼다. 버건디에 대해서는 150쪽 각주 51 참조. 오르톨랑 요리는 프랑스 정신을 대표한다고 할 만큼 전통적으로 유명하고 비싼 요리로서, 새를 억지로 먹여 살찌운 다음 통째로 술에 담가 죽이는 요리법과 한입에 통째로 넣어 오래 씹어 먹는 식사법이 끔찍하다고 한다. 먹을 때는 하늘이 볼까 두려워서, 또는 향기를 음미하느라고, 수건으로 덮어서 먹으며, 멧새가 멸종위기에 몰리면서 지금은 프랑스에서 금지되어 있다. 프랑스 대통령이었던 미테랑이 죽음을 앞두고 친지들과 함께 가졌던 마지막 만찬에 오르톨랑 요리가 올랐다고 해서 이야깃거리가 되기도 했다.

그렇게 많은 돈을 선불할 수도 없었다.
그 집에서 애인과 함께 성탄절에 콩 요리를 먹으며
사랑을 읊조리던 놈도 가버렸는데
그가 두 시간 동안 쓰던 돈은   365
기병대 한 무리가 하루 먹을 만큼이었다.[27]

콧대 높은 클로에는 멋지게 살겠다고[28]
남편을 부추겨 나라를 축내게 만들었었는데
이제는 인도를 샅샅이 뒤져 가져왔던[29]
세간살이를 내다 팔면서   370
값비싼 상차림을 줄이고
질긴 옷을 한 해 내내 입는다.
가볍고 변덕스런 날들은 가고
옷이며 유행이며 오래가게 되었다.

---

[27] 〈주석 (L): 12〉에서 맨더빌은, 사치가 지나치다는 것은 많이 먹고 많이 마시는 게 아니라 "연애할 때 머리를 짜내서 아낌없이 멋들어지게 대접 받으면서 엄청나게 돈을 써대는 것"이라 했다.

[28] "콧대 높은 클로에"라는 표현은 로마 시인인 호라티우스(기원전 65~68년)가 지은 〈송가 Odes of Horace〉(3:26)에 나온다. "여신이여…… 그대 채찍을 높이 들어, 바라건대 저 콧대 높은 클로에를 한 대 때려주소서." 당시 라틴어 교육에 널리 쓰이 이 〈송가〉에서 클로에는 줄곧 호라티우스의 사랑을 받아들이지 않은 콧대 높은 여인이었다. 또한 맨더빌이 초기에 잡지 《피메일 태틀러》에 익명으로 썼던 글에도 클로에가 나오는데, 거기서는 겉으로는 도도하게 정숙한 체하면서 뒤로는 딴짓을 하는 상류사회 여인으로 나온다.

[29] 맨더빌 시대에 인도는 동인도(오늘의 인도)와 서인도(카리브 해)를 모두 일컫는 말인데, 여기서는 서인도로 보인다. 서인도의 자메이카에서 나는 마호가니는 당시 가구 재료로 특히 인기가 높았다.

비싼 비단에 이름표를 붙이던 옷감장수는　　　　375
아래 일꾼들과 더불어 가버렸다.
그래도 평화와 풍요가 가득하여
모든 것이 수수하긴 해도 값이 싸졌다.
고마운 자연은 농부가 애쓰지 않아도
나름대로 온갖 열매를 내주었으되　　　　　　　　380
귀한 것은 가질 수 없게 되었으니
애써 가져와도 돈벌이가 되지 않았기 때문이다.

　　오만과 사치가 줄어들면서
점차 그들은 바다를 멀리하였다.
이제는 상인뿐 아니라 회사들마저도　　　　　　　385
공장을 몽땅 없애버렸다.
온갖 예술 공예품은 잊힌 채 나뒹굴었고
산업의 원흉인 만족감 때문에
그들은 초라한 곳간을 좋다고 하면서
더는 찾지도 샘내지도 않게 되었다.　　　　　　　390

　　널따란 벌집에 남은 놈이 거의 없어
수많은 적들이 모욕을 해와도
백에 하나도 당해내지 못하는데.
그래도 씩씩하게 맞서 싸운다.
그러다가 튼튼한 울타리를 만나게 되자　　　　　395

거기서 죽음을 무릅쓰고 땅을 지킨다.
그들 군대에는 용병이 없어서
모두 자신을 위해 용감히 싸웠으니
그 기개와 진심은
끝내 승리를 얻게 되었다.　　　　　　　　　　　400
　　이기긴 하였으나 값을 치렀으니
벌 몇천 마리가 목숨을 잃었다.
고난과 단련으로 굳세어진 그들은
넉넉함을 악덕으로 여기고
절제에 더욱 힘써　　　　　　　　　　　　　　405
사치를 피하고자
텅 빈 나무로 날아가서
만족과 정직으로 축복받게 되었다.

배울 점

　　그러니 불평을 말아라. 바보들은 오로지
위대한 벌집을 정직하게 만든다고 애를 쓴다만　　410
세상의 편리함을 누리며
전쟁에서 이름을 떨치면서도 넉넉하게 사는 것이
커다란 악덕 없이도 된다는 것은
머릿속에나 들어 있는 헛된 꿈나라 이야기일 뿐이다.
사기와 사치와 오만은　　　　　　　　　　　　415

그 이득을 우리가 누리는 한 남아 있을 것이다.
배고픔은 끔찍한 재앙임에 틀림없지만
그것이 없다면 누가 밥을 삭이며 살아갈 것인가.
우리가 포도주를 얻는 것은
초라하게 말라 꼬부라진 포도덩굴 덕이 아니던가. 420
덩굴은 새싹을 내버려둔 채
다른 나무를 목 조르며 숲으로 달려가는데
그럼에도 우리를 고귀한 열매로 축복해주는 것은
바로 덩굴이 묶이고 잘리고 나서이다.
악덕이 이롭게 되는 것도 마찬가지로 425
정의로 베어내고 동여맬 때이다.
아니, 나라에 필요한 만큼
사람들이 위대해지고자 해도
사람이 배고파야 먹게 되듯이
순진한 미덕만으로는 나라를 잘살게 할 수 없다. 430
황금시대를 되살리려면

---

30 도토리는 다 자란 나무에서만 열린다고 하여 오래전부터 영국을 포함한 북유럽에서 인내와 노력을 상징해왔으며, 동전에 도토리를 그려 넣는 경우가 많다. 예컨대 맨더빌 시대에 앞서 영국 엘리자베스 1세 때 나온 동전은 "도토리 동전acorn sixpence"으로 불리며 오랫동안 널리 쓰였고, 1920년대 영국 동전이나 1940년대 네덜란드 동전에도 도토리 그림이 들어 있다. 여기에서 도토리는 물질적인 절제 또는 그로부터 얻는 물질적인 부를 나타내며, 정직은 도덕적인 절제 또는 그로부터 얻는 도덕적인 부를 나타낸다고 하겠다. 맨더빌은 이 두 가지 절제에서 벗어나야 잘살게 된다고 말하고 있다. 알고 그런 것인지 우연의 일치인지 오늘날 우리나라에서는 사이버 머니를 도토리라 부르기도 한다.

사람은 자유로워야 하니

도토리에 대해서나 정직에 대해서나 마찬가지다.[30]

끝

원문과 대조하며 꼼꼼히 읽을 분을 위한 보충설명

19 얼핏 보면, 우리는 안 가지고 있고 저들은 가지고 있다는 뜻인 것 같지만, "it never rains but it pours(비가 오기만 하면 퍼붓는다)"에서와 같이, 우리가 가진 것이라면 그들도 빠짐없이 갖고 있다고 봄이 옳다.

26 노름을 하고는 있었는데 이를 권리로 당당하게 인정받고 싶어 한다는 뜻으로 옮겼다. 그런데 이렇게 보면 다음에 나오는 yet이 이해되지 않는 문제가 생긴다. 반면 프랑스어 번역(1740)에서는 want를 "없다, 빠져 있다"는 뜻으로 보아, 벌들은 주사위 노름을 아예 모르고 있어서 주장할 권리에 주사위가 들어 있지 않았다고 옮겼다. 이렇게 보면, 바로 다음에 나오는 yet이 이해가 간다. 다들 모르고 있었지만 호위병들은 그래도 노름을 알고 있었을 것이라는 뜻이 되기 때문이다. 그러나 나중에 노름 이야기가 또 나오는 것으로 보아 이 해석도 썩 만족스럽지는 않다. that among other things에서 that이 무엇을 따로 가리키는지는 분명하지 않다.

30 병사들은 늘 노름을 하기 마련이니, 호위병들이 있다면 그들도 당연히 그럴 것이라는 뜻.

45 be bound apprentice to는 누구의 도제가 된다는 뜻.

46 mystery는 직업의 옛말.

48 cross는 작은 동전.

61 register를 부동산 등기로 좁게만 볼 필요는 없다.

62 dipt는 mortgaged의 뜻.

62 that cheats……는 so that cheats…… 로 보인다. 직역하자면, 속임수를 쓸 수 있도록 기록을 잘못된 것으로 몰아붙인다는 것.

64	wer't는 were it. As ~ known은 직역하면 "소송 없이 소유권을 주장하는 것은 합법으로 인정받지 못하므로"의 뜻. 프랑스어 번역(1740)에서는 as를 as if로 보아, "…… 인정받지 못하기라도 한다는 듯이"로 옮겼다.
91	cabbage는 훔친 물건, 특히 재단사가 떼어먹은 천.
115	their를 여기서는 임금으로 보았는데, 만약 신하로 본다면 "저 잘살자고 종노릇 자청하면서"가 되겠다.
116	crown을 임금으로 보았다. rob은 오늘날에는 사람 등이 목적어로 나오는데, 중세 영어에서는 물건이 목적어로 나오는 수도 있다고 한다. 그 경우에는 crown을 돈으로 볼 수도 있겠다.
117	pension은 오늘날에는 연금을 뜻하지만, 당시에는 임금 또는 주인이 내려주는 돈을 뜻했으며, 일한 대가이기도 하고 귀족의 경우에는 품위 유지비이기도 하다. 프랑스어 번역(1740)에서는 길게 의역하여, 아무리 작은 자리에 있는 신하라도 경비를 크게 부풀려 타내는 재주가 있다고 설명했다.
138	who를 관계대명사로 본다면, 소금을 버터로 판 도리깨가 그 주체에 나서서 투덜거릴 일이겠느냐고 할 수도 있겠지만, 여기서는 도리깨를 잘못한 주체가 아닌 처벌하는 주체로 보고 who 이하를 도리깨가 투덜거린 내용으로 옮겼다. 프랑스어 번역(1740)에서는, 흙을 잘못 산 놈 역시 불평할 게 없으니 저도 버터에 소금을 태반 넣었기 때문이라고 하면서, 도리깨는 옮기지 않았다.
232	"속임수가 사라지자마자"라고 옮길 수도 있는데, 이때는 다음 줄 앞의 and를 빼고 생각해야 할 것이다. 또는, "속임수가 사라지고 정직이 모두의 마음에 들어차자마자"라고 옮길 수도 있겠다.
250	여기서 bar는 술집이 아닌 재판정이다.
253	quit은 빚을 탕감해준다는 뜻.
261	goal은 jail(감옥)의 옛말인 gaol과 같은 말. 아래의 goaler에서도 마찬가지. jail delivery는 감옥에서 죄수를 꺼내는 일로서 흔히는 법정에 세우느

라고 꺼내는 일을 가리킨다.

263 train과 pomp는 둘 다 행렬의 뜻.

275 bum은 bumbailiff로 집달리를 낮춰 부르는 말.

276 tipstaff는 끝에 쇠가 달린 지팡이, 또는 그 지팡이를 든 집달리나 순경.

322 honour는 고관대작일 수도 있으나, 여기서는 프랑스어 번역(1740)과 마찬가지로 명예로 보았다.

323 livery는 delivery와 어원이 같으며, 주인이 "내주는 것"으로서 하인 제복 등을 뜻한다. brokers shop은 전당포이기도 하지만 더 옛날에는 고물상이었다. 프랑스어 번역(1740)에서는 les boutiques des fripiers, 고물상 또는 헌 옷(넝마)가게로 옮겼다. 빚지지 않겠다면서 전당포에 가는 것은 어울리지 않는다.

324 song은 하찮은 것, for a (mere) song은 헐값으로라는 뜻.

385 산업혁명 전에는 상인들이 농가에 일감을 맡기는 선대제 방식putting-out system으로 소규모 가내 수공업이 발달했는데, 산업혁명을 거치면서 회사가 직접 운영하는 대규모 공장으로 바뀌게 되었다. 다만 맨더빌이 이 시를 지은 때가 산업혁명이 일어나기 한참 전, 또는 기껏해야 산업혁명 초기이어서 상인과 회사를 이런 식으로 대비시켜보아도 되는 것인지는 조심스럽다.

들어가는 말

제 자신을 이해하는 사람이 적은 까닭은 글 쓰는 사람들 대부분이 사람이 어떠해야 한다는 것만 가르칠 뿐 사람이 참으로 어떤 것인지는 신경도 쓰지 않기 때문이다. 나는 독자들이나 나 자신을 칭찬할 생각이 없다. 내 생각에 사람은 (살갗, 살, 뼈와 같이 눈에 보이는 것을 빼면) 여러 가지 감정이 뒤섞인 존재다. 이 감정들은 자극을 받으면 위로 떠올라서, 사람 의지와는 관계없이 번갈아가며 사람을 지배한다. 이런 성질을 우리는 다들 부끄러워하는 척한다. 그러나 이런 성질이야말로 사회를 번성하게 하는 가장 큰 주춧돌이라는 것이 앞에 있는 시가 다룬 주제다. 그 가운데 몇몇 구절은 모순되게 보일 수도 있겠는데, 이에 대해서는 주석을 달아 설명할 것이라고 머리말에서 밝힌 바 있다. 이를 보완하기 위해 아래 글에서는 불완전한 사람이 어떻게 해서 미덕과 악덕을 나누도록 배우게 되었는지 살펴보려 한다. 여기에서 주의할 점은, 내가 말하는 사람은 유대인도 기독교인도 아닌 그저 사람으로서, 신에 대해서는 아무것도 모르는 자연상태에 있는 사람을 가리킨다는 것이다.

미덕은 어디에서 왔는가

가르침을 받지 못한 짐승들은 모두 제 좋은 일에만 빠져 자기 하고 싶은 대로 할 뿐, 제 좋은 일이 남을 좋게 하는지 나쁘게 하는지는 아랑곳하지 않는다. 바로 이 때문에 이 짐승들은 뭘 알려고도 뭘 유난스레 하려고도 하지 않으면서 자연에서 떼 지어 사이좋게 잘 살아간다. 짐승들은 정부가 나서지 않고서도 무리 지어 오래오래 잘 지내지만, 사람은 그렇지 못하다. 사람 천성이 좋은지 나쁜지는 따지지 않기로 하자. 그러나 사람 천성이 그렇기 때문에, 짐승 가운데 사람만이 사회를 이루고 산다. 유난히 이기적이고 고집 세고 약삭빠른 짐승이기에 사람은 아무리 위에서 억누르려고 해도 힘으로만 한다면 다스릴 수도 없고 제대로 고칠 수도 없다. 1

따라서 법을 만든 사람들과 그 밖에 슬기로운 사람들이 사회를 일으키면서 이제껏 가장 힘써온 것은, 사람들을 설득하여, 욕구에 빠지는 것보다 욕구를 이겨내는 것이 낫고, 저만 생각하는 것보다 모두를 걱정하는 것이 훨씬 좋다고 믿게 만드는 것이었다. 이것이 언제나 아주 어려운 일이었기에, 어느 시대에든 도덕군자와 철학자 2

들은 이처럼 쓸모 있는 주장이 옳다는 것을 보여주려고, 있는 솜씨를 다 부렸다. 그러나 사람들이 그런 말을 믿었든 안 믿었든, 이것만으로는 되지 않는다. 자기 하고 싶은 대로 하지 못하게 만들고, 제 좋은 일에 앞서 남 좋은 일을 하게 만들려면, 힘을 휘둘러 얻는 만큼을 달리도 얻을 수 있다고 보여주어야 한다. 사람들을 깨우치는 일을 떠맡아온 사람들이 이를 모르지는 않았다. 그러나 사람 일 하나하나에 모두가 좋아할 만큼 진짜 상을 다 내릴 수가 없었기에, 이들은 금욕self-denial하는 수고를 보상해주되, 주는 사람이나 받는 사람이나 부담이 없으면서도 받는 사람에게는 마음에 쏙 드는 허깨비를 한 가지 꾸며내기에 이르렀다.

그들은 우리 본성에서 장점과 단점을 속속들이 살핀 끝에, 치켜세우는 데 끌리지 않을 만큼 막된 것도 없고 깔보는 데 참고 있을 만큼 못난 것도 없음을 보면서, 사람이라는 짐승에게는 아첨flattery〔말치레〕이 가장 잘 듣는 약이라고 마땅히 매듭짓게 되었다. 사람을 홀리는 이 연장을 가지고 그들은 우리 본성을 다른 짐승들에 앞서는 뛰어난 것으로 올려놓았다. 또한 우리가 놀랍도록 똑똑하고 폭넓게 안다고 끝없이 칭찬을 늘어놓으면서 우리 넋에 들어 있는 이성이야말로 우리가 가장 고귀한 일을 하도록 도와주는 것이라고 줄줄이 찬사를 쏟아내었다. 이렇게 교활한 아첨으로 사람들 마음에 파고든 다음, 그들은 명예와 치욕이라는 개념을 가르치기 시작했다. 하나는 모든 악 가운데 가장 나쁜 것이요, 다른 하나는 사람이 꿈꿀 수 있는 가장 높은 선이라 했다. 그러고 나서 그들은, 이처럼 고상한 생명이, 짐승들도 가지고 있는 욕구나 채우려고 애태우면서, 사람을 세상 무

3

엇보다 앞서게 해주는 그 높은 품성을 멀리한다면, 품위가 얼마나 망가지겠느냐고 늘어놓았다. 사실 그들은 있는 그대로의 충동이 아주 다급한 것이고 막아내기 힘든 것이며 다 가라앉히기가 아주 어려운 것임을 제 입으로 말해버린 것이다. 그런데도 그들은 그 주장을 가지고, 한편으로는 충동을 이겨낸다는 것이 얼마나 거룩한 것이며, 다른 한편으로는 그렇게 해보려고도 하지 않는 것이 얼마나 부끄러운 것인지 보여주려고만 했다.

한술 더 떠서 그들은 사람들 사이에 경쟁을 붙이고자 전체를 서로 아주 다른 두 계급으로 나누었다. 하나는 정신 수준이 낮은 야비한 사람들인데, 이들은 언제나 코앞에 놓인 즐거움이나 쫓아다니며 금욕은 아예 모르고, 남이야 좋든 말든 제 잇속보다 더 높은 목표는 가지고 있지 않았다. 이들은 방탕의 종이 되어 모든 천박한 욕망에 거리낌 없이 끌려다니면서, 정신력은 저속한 즐거움을 높이는 데 말고는 쓰지 않았다. 하찮고 천박한 이 상놈wretch들은, 그들 말에 따르자면, 사람의 찌꺼기이며 사람 탈을 썼을 뿐 겉모습 말고는 짐승과 조금도 다를 바 없었다. 그러나 다른 계급에는 정신 수준이 높은 고상한 사람들이 있어서, 이들은 더러운 이기심에서 벗어나, 마음을 드높이는 것이야말로 마음을 사로잡는 가장 아름다운 일이라 생각했다. 스스로에게 참된 값을 매겨, 뛰어난 부분을 빛내는 것 말고는 즐거움을 찾지 않았으며, 이성이 없는 짐승조차 함께 가지고 있는 것은 모조리 얕잡아보고, 가장 거친 욕구에는 이성의 힘을 빌려 맞섰다. 그리고 남들의 평화를 지켜주고자 스스로와 끊임없이 싸우면서, 모두의 행복과 제 감정 극복을 목표로 삼을 뿐 그 아래로는 눈도

4

돌리지 않았다.

스스로를 정복한 사람은 강한 성채를 정복한 사람보다 강하다.[31]

이런 것을 두고 그들은 드높은 계급을 그대로 나타내는 것이라 했으며, 그 계급이 첫째 계급을 넘어서는 차이는 첫째 계급이 들판의 짐승을 넘어서는 차이보다 더 컸다. 〔첫째 계급이 낮고 둘째 계급이 높은 것에 주의하라.〕

뽐내는 마음 pride〔자존심 또는 자긍심〕이 없을 만큼 모자라지는 않은 짐승이라면, 무리에서 가장 뛰어나고 가장 아름답고 가장 값진 놈들이 대체로 가장 뽐내는 것을 우리는 본다. 가장 완전한 짐승[32]인 사람에서도 마찬가지여서, 뽐내는 마음은 (사람의 본질을 아무리 교묘하게 숨기거나 속인다고 하더라도) 사람의 본질과 떼려야 뗄 수 없기 때문에, 이것이 빠져 있다면 사람을 이루는 복합물은 가장 중요한 성분 그 하나를 갖고 싶어 할 것이다. 이를 생각해볼 때, 가르침과 타이름은, 사람들이 저를 좋게 보는 생각에 짜 맞추되, 이를 머리로 받아들이게 하는 것만으로는 모자란다. 가장 독하고 가장 굳세고 가장 나은 사람들이 가르침과 타이름을 받아들여, 수많은 불편을

5

---

31 《성서》〈잠언 16:32〉에 나오는 구절인데, 라틴어로 쓴 원문을 직역하였다. 우리나라 《공동번역 성서》에서는 "제 마음을 다스리는 사람은 성을 탈취하는 것보다 낫다"고 옮겼다.
32 사람을 짐승의 하나로 보는 것은 고대에는 흔했지만 기독교 생각에는 맞지 않는다. 사람들이 다윈의 진화론에 놀라기까지는 아직 100년도 더 남았을 때였다.

참고 어려움을 이겨내어 스스로 둘째 계급[높은 계급]이라 부르는 기쁨을 누리면서 최고의 영예를 스스로에게 돌리도록 하여야 한다.

 이로부터 우리가 반드시 짐작할 수 있는 것은, 첫째, 자연적 욕구를 이겨내느라 남다른 괴로움을 겪으며 저보다 남이 잘되기를 바랐던 영웅들은 이성을 가진 사람이 존엄하다는 그 멋진 생각에서 한 치도 물러서지 않으리라는 것이다. 게다가 정부 권위를 제 편에 두기라도 하게 된다면, 이들은 둘째 계급이 존경받아 마땅하며 저희가 남들보다 위에 있음을 내세우려고 있는 힘을 다 기울일 것이다. 우리가 짐작할 수 있는 둘째는, 값진 것을 다 버리고 고행할 만큼 뽐내는 마음이나 결단력이 크지 않은 사람들은 관능에 따르게 되겠지만, 그러면서도 제가 야수와 다르지 않다고들 하는 낮은 계급의 천박한 상놈임을 제 입으로 털어놓기는 아직 부끄러워한다는 것이며, 그러다 보니 남들이 다 그러듯 변명을 늘어놓고 제가 모자라다는 것을 꼭꼭 숨기면서, 금욕과 공공정신을 누구 못지않게 떠벌이려 한다는 것이다. 왜냐하면 그들 가운데 몇몇은 굳센 마음과 자기 극복을 제 눈으로 보고 진짜라고 믿었기에 자기에게는 없는 것을 남에게서 찾아내 추켜세우고 싶은 마음이 크기 때문이다. 나머지 사람들은 둘째 계급의 확고함과 용감함에 기가 질려 통치자가 가진 힘을 모두 두려워하게 된다. 그러므로 의심하면 죄가 된다고 다들 믿는 데에 맞서 그 누구도 (저를 어찌 생각하든) 감히 나서서 아니라고 대들지는 못할 것이다.

6

 이것이 야만인을 부수게 된 길이다(또는 적어도, 길이었을 것이다). 이처럼 도덕이란 사람들을 다루기 쉽게 바꾸어 쓸모 있게 만들

7

고자 솜씨 좋은 정치인[33]들이 꺼내 들면서 비롯된 것이며, 야심가에게 더 큰 이득이 돌아가도록, 그리고 나머지 사람들을 쉽고 확실하게 다스릴 수 있도록 꾸며낸 것이다.[34] 이렇게 정치의 밑바탕이 놓이게 되면서, 사람은 이제 야만 상태로 남을 수 없게 되었다. 제 좋은 일만 찾는 사람일지라도 같은 부류의 다른 사람들과 끊임없이 부딪치게 되면서 깨닫지 않을 수 없는 것이 있었다. 쾌락을 쉽게 찾다가는 말썽이 나지만, 제 욕심을 억누르거나 또는 욕심대로 하더라도 더 조심스럽게 하면, 그런 걱정에서 적잖이 벗어날 수 있다는 것이다.

첫째, 사회 모두가 잘되라고 하는 일에서 생기는 이득을 그들도 남들과 함께 받게 되었으며, 그러다 보니 그런 일을 하는 높은 계급 사람들이 잘되기를 바라 마지않게 되었다. 둘째, 남을 아랑곳하지 않고 제 이득을 챙기려 들면 들수록 그들은 저를 닮은 사람들이 가장 큰 걸림돌임을 깨닫게 되었다.

그리하여 맨 밑바닥 사람들이 보더라도, 공공정신이 널리 퍼지

---

33 politician을 정치인으로 옮기면 오늘날에는 선거에 신경 쓰는 민주주의 국가의 정치인을 떠올리기 쉽다. 그러나 여기서는 임금에서 영주와 관료에 이르기까지 정부를 맡아 나랏일politics을 하는 사람을 가리킨다. 참고로, 이런 뜻의 나랏일을 조선 시대에는 "경제"라 불렀으니 이는 경세제민經世濟民을 뜻한다. 우리나라에서 경제가 economy의 뜻으로 바뀌게 된 것은 일본 번역어가 건너온 조선 끝 무렵부터다.
34 도덕과 종교를 정치인이 만들어냈다는 생각은 플라톤을 비롯한 고대인에게서는 자주 나타나지만, 기독교 시대에는 거의 자취를 감추었다(케이 각주 참조). 이 글에서는 마치 도덕을 하루아침에 의도적으로 만들어낸 것처럼 쓰기는 했지만, 여기에 대해서는 나중에, 명예를 비롯한 도덕이 "많은 사람들의 합작품이며, 사람의 지혜는 시간의 자식이다. 그것은 한 사람이 고안해낸 것도 아니며, 개념 하나를 굳히는 것은 몇 해로 될 일도 아니다"(1732년에 쓴 《명예의 기원: 첫째 대화록》)라고 설명을 덧붙였다. 도덕과 종교가 오랜 세월을 거쳐 조금씩 진화해온 것이라는 생각 또한 당시 기독교 가르침과는 많이 다르다.

면 남들이 일하고 금욕해 생기는 열매를 제가 거둘 수 있을 뿐 아니라 제 욕심도 더 점잖게 챙길 수 있어 오히려 자기에게 이득이 되었다. 이에 따라 이들도 남들을 따라, 남을 아랑곳하지 않고 제 좋은 것만 챙기려는 모든 짓들을 일컬어 악덕이라 하게 되었다. 사회 누군가에게 해가 된다거나 또는 남들에게 보탬이 덜 되는 그런 일이 조금이라도 있을 듯싶은 것이라면 다 거기 들어갔다. 그리고 자연스런 충동을 거슬러 남 좋은 일에 힘쓴다거나, 착하게 되겠다는 이성의 뜻에 따라 감정을 극복하려는 모든 짓을 일컬어 미덕이라 하였다.

여기에 반론이 있을 수 있으니, 세상을 다스리는 힘을 숭배하는 문제에 뜻을 모으지 않은 채 사회가 깨우친 적이 이제껏 없었고, 그로 미루어 볼 때 선과 악을 생각해내고 미덕과 악덕을 가른 것은 정치인들이 꾸며낸 짓이 아니라 오로지 종교 때문이라고 주장할 수도 있겠다. 이 반론에 답하기에 앞서, 이미 했던 이야기를 되풀이하건대, 미덕이 어디서 왔는지 살피는 이 글에서 나는 유대인이나 기독교인이 아닌, 진짜 신을 모른 채 자연 그대로 있는 사람을 두고 말하고 있는 것이다. 그리고 나서 잘라 말하자면, 다른 모든 나라에서 벌어지는 우상숭배 미신들과 궁극적 존재에 대한 딱한 생각들은, 사람을 미덕으로 이끌 수 없으며, 생각 없는 야만인 무리를 두렵게 하고 즐겁게 하는 데밖에는 쓸모가 없다. 역사에 잘 드러나 있듯이, 섬기는 신에 대한 사람들의 생각이 아무리 멍청하고 웃기는 것이라 해도 나중에는 인간성이 모든 분야에 미치게 되는 것이며, 세속적인 지혜나 미덕은 언젠가는 반드시 사람들이 이를 뛰어넘는 것이다. 적어도 부와 권력으로 이름을 떨친 왕국이나 공화국이라면 다들 그랬다.

10

이집트 사람들은 생각해낼 수 있는 모든 꼴사나운 괴물들을 신으로 섬기는 데 만족할 수 없어서 저들이 심는 둥근 파까지도 섬길 만큼 어리석었다.[35] 그렇지만 그 나라는 또한 예술과 과학을 키운 요람으로 세상에 이름났으며 그들은 자연의 깊디깊은 신비에 그 뒤 나타난 그 어떤 족속보다도 빼어난 솜씨를 보였다.

하늘 아래 그 어떤 나라나 왕국도 그리스와 로마제국만큼, 특히 로마제국만큼, 온갖 미덕에서 위대한 모범을 많이 만들어내지는 못하였다. 그런데도 그들이 가졌던 종교적인 생각은 얼마나 엉성하고 터무니없고 우스운가? 신이 엄청나게 많았다는 것은 놔두고, 그들이 지어냈다는 악명 높은 이야기만 보더라도, 그들의 종교가 감정을 정복하고 미덕에 이르는 길을 사람들에게 가르치기는커녕 욕망을 정당화하고 악덕을 부추기려고 꾸며낸 듯싶은 것은 부인할 수 없다. 그러나 그들이 굳센 마음과 용기와 큰 배짱을 어떻게 남달리 갖게 되었는지 알고 싶다면, 우리가 눈길을 돌려야 할 데는 따로 있다. 화려한 개선행진, 장엄한 기념탑과 무지개 문, 승전 기념비, 조각상, 명문銘文, 군인들이 머리에 쓰던 갖가지 승리 관, 죽은 사람에게 선포된 명예, 산 사람에게 사회가 보낸 찬사, 그리고 공로자에게 준 그 밖의 상징적인 상을 보라. 여기서 우리는 그 많은 사람들이 금욕의 한계까지 가게 되었던 것은 다름 아니라 그들의 정책이 가장 효과적인 수단으로 뽐내는 마음을 부추겼기 때문임을 알 수 있다.

그러기에 일찍이 사람이 욕망을 억누르고 가장 좋아하는 것까

---

35 플리니우스(23~79)가 쓴 《자연의 역사》 19권 32장에 나오는 이야기이다.

지도 버리게 되었던 것은 다른 종교나 우상숭배 미신 때문이 아니라 꼼꼼한 정치인들의 교묘한 조종 때문임이 드러나게 되었다. 그리고 사람 본성에 다가가면 다가갈수록, 미덕은 아첨이 뽐내는 마음에서 얻은 정치적인 자손임을 우리는 더욱더 깨닫게 된다.[36]

　　어떤 능력과 통찰력을 가졌더라도, 아첨이라는 마법이 그 사람 능력에 맞춰 교묘하게 이뤄진다면, 거기에 끝까지 안 넘어가고 배길 사람은 없다. 어린이와 바보는 개인을 칭찬해주면 곧바로 넘어가지만, 똑똑한 사람들은 더 조심스럽게 다뤄야 한다. 아첨이 일반적인 것일수록 겨냥된 사람은 덜 의심하게 된다. 마을 전체를 칭찬하면 그 마을 사람 모두가 기쁘게 받아들인다. 학문 전체를 칭찬해주면 학문하는 사람 하나하나가 칭찬해준 사람을 고마워한다. 한 사람이 가진 직업이나 그 사람이 태어난 나라는 안심하고 칭찬해줘도 된다. 왜냐하면 듣는 사람에게 제가 느끼는 기쁨을 제 나름대로, 그리고 남들에게 갖는 체하는 존경심을 가지고, 걸러낼 기회를 주는 것이기 때문이다.

　　아첨이 뽐내는 마음에 미치는 힘을 아는 똑똑한 사람들 사이에서는, 제가 당할까 두려울 때에는, 양심에 많이 거슬리기는 하지만, 의심되는 사람에 대해, 장황하게 그의 명예, 올바른 친분관계, 그 가문과 나라와 때로는 직업의 성실성을 늘어놓는 일이 흔히 있다. 왜냐하면 그들은 사람이란 가끔씩 결심이 바뀌어, 하고 싶지 않았던

14

15

---

[36] "Moral Virtues are the Political Offspring which Flattery begot upon Pride" 는 널리 인용되는 구절이다.

일을 저지르기도 함을 알기에, 실제로는 제 모습이 아닌지 알면서도 제가 다른 모습으로 남들 눈에 남게 되는 기쁨을 누리게 될 수 있음을 알기 때문이다. 그러하기에 슬기로운 도덕군자들은 사람을 천사처럼 그리는데, 그것은 적어도 몇몇 사람은 뽐내는 마음 때문에 아름다운 원형을 닮으려 하지 않을까 바라는 마음에서다.

비길 데 없는 리처드 스틸 경[37]이 언제나처럼 우아하고 쉬운 문체로 그의 숭고한 종족을 칭찬해가면서 온갖 미사여구로 사람 본성이 탁월함을 이야기할 때면, 누구나 그 행복한 생각과 정중한 표현에 홀리지 않을 수 없다. 나도 가끔씩 그 멋진 말이 주는 힘에 감동받으며 독창적인 표현을 즐거운 마음으로 받아 삼키기도 한다. 하지만 그 교묘한 칭찬을 진지하게 받아들이자면, 나는 어린아이에게 예절을 가르칠 때 여인들이 쓰는 속임수를 떠올리지 않을 수 없다. 말하는 것도 걷는 것도 아직 서툰 여자아이를 달래고 얼러서 처음으로 엉성하게나마 절을 하도록 시켜놓고, 보모는 신이 나서 노래한다. "곱게도 절을 하네! 우리 예쁜 아씨! 귀여운 아가씨가 있어요! 엄마! 아씨가 몰리 언니보다 절을 더 잘해요!" 엄마가 아이를 으스러지게 껴안는 동안 이번에는 하녀들이 같은 노래를 되풀이해준다. 절을 아주 예쁘게 할 줄 아는 네 살 난 몰리 양은 그 잘못된 판결에 혼자 어리둥절하다가 화가 치밀어 그 부당함에 울음을 터트리게 되는데, 바

16

---

[37] 리처드 스틸은 작가이며 정치가였고, 시사잡지 《태틀러》와 《스펙테이터 The Spectator》를 창간하고 운영했다. 맨더빌은 젊은 시절, 스틸의 《태틀러》에 대항하여 만든 시사잡지 《피메일 태틀러》에 익명으로 많은 글을 기고하여 스틸의 주장을 비꼬았다. 이 책 29~30쪽 설명 참조.

로 그 순간, 그것은 아기를 기쁘게 하려는 것일 뿐이고 너는 다 큰 여자라는 귓속말이 들리게 되고, 몰리는 비밀을 함께 하게 된 것이 자랑스럽고 동생보다 많이 안다는 것이 기뻐서, 방금 들은 이야기에 덤을 붙여 되풀이하며 모자란 동생을 비웃는데, 내내 언니는 사람들 가운데 동생만 홀로 거품이라고 상상한다. 이 터무니없는 칭찬은 아기 수준을 넘어서면 누구에게라도 신물 나는 아첨이요 심하게 말하면 역겨운 거짓말이라 할 것이지만, 경험에 비춰 보건대, 그런 엉뚱한 칭찬 덕분에 여자아이들은 절을 잘 배우게 되고, 그런 칭찬이 없을 때보다 여성스러운 태도를 더 빨리 그리고 더 쉽게 갖추게 된다. 이는 남자아이에게도 마찬가지여서 이들에게 애써 들려주는 말은, 하라는 대로 해야 멋진 신사라는 것이며, 거지 아이들이나 버릇없이 굴고 옷을 더럽힌다는 것이다. 아니, 이 개구쟁이가 버릇없는 손으로 모자를 만지작거리기라도 하면 얼른 엄마는 두 살도 안 된 아이에게 넌 다 큰 남자라고 말해주며 떼어놓는다. 같은 짓을 되풀이하면 엄마는 내키는 대로 아이를 금방, 대장, 시장 나리, 임금님, 또는 생각해낼 수 있는 더 높은 것으로 만드는데, 결국 칭찬의 힘으로 구워삶은 이 꼬마 개구쟁이는 다 큰 남자를 닮으려 애를 쓰며 그 작은 머리로 제가 무엇인지 믿고 있는 그 사람으로 보이려고 온 힘을 다 짜낸다.

가장 밑바닥에 있는 상놈은 저를 말할 수 없을 만큼 높이 평가하고, 야심찬 사람이 갖는 가장 높은 소원은 온 세상이 그 무엇에 대해 자기 생각을 따라주는 것이다. 그리하여 명성을 찾는 끝없는 갈증이 영웅을 사로잡았다면, 그것은 기껏해야 남들로부터 존경과 감

17

탄을 같은 시대뿐 아니라 다음 시대에서까지도 앗아내겠다는 참을 수 없는 탐욕일 뿐이다. 그리고 (이 진실이 또 다른 알렉산더나 시저를 꿈꾸는 기분을 망칠지 모르겠지만) 더없이 숭고한 사람들이 망설임 없이 평안과 건강과 관능적 즐거움과 제 몸 한 조각까지 바치면서 크게 보답 받고자 했던 것은 다름 아닌 사람의 숨결, 곧 칭찬이라고 하는 헛된 돈에 지나지 않는다. 모든 위인들이 마케도니아의 미치광이〔알렉산더 대왕〕와 그의 통 큰 넋과 힘찬 심장이라는 주제를 놓고 진지하게 생각해왔는데, 로렌조 그라시안[38]에 따르자면, 그 심장 한구석에 세계가 넉넉하게 자리잡고 있는 것으로 보아 전체로는 여섯 개가 더 들어갈 수 있겠다고 하니, 그 말을 듣고 누가 웃음을 참을 수 있겠는가? 내가 말하건대, 알렉산더를 두고 해왔던 멋진 말들에 견줘볼 때, 위업의 목표로 스스로에게 내걸었다고 그가 제 입으로 했다는 말을 듣고 누가 웃음을 참을 수 있겠는가. 히다스페스를 지나는 것이 힘들다 못해 그가 외치기를 "오, 아테네 사람들이여, 너희들에게 칭찬받으려고 내가 어떤 위험을 무릅쓰고 있는지 믿을 수 있겠는가!"[39] 그러니 영광이 내려주는 상을 가장 넓게 정의하면서 최대한 말해줄 수 있는 것은, 그것은 고귀한 일을 했다고 생각하면

---

[38] 로렌조 그라시안Lorenzo Gratian(1601~1658)은 스페인의 예수회 신부이자 작가였다. 로렌조는 그가 작품 발표 때 쓴 가명이고 본명은 발타사르 그라시안 이 모랄레스Baltasar Gracian y Morales이다. 본문에 인용된 그라시안의 말은 피에르 베일의《백과사전》3권〈마케도니아 Macedoine〉편 238쪽 주석 8에 나온다.

[39] 알렉산더(기원전 356~323)의 이 말은 플루타크(46~120)의《영웅전》47장에 나온다. 히다스페스는 오늘날 파키스탄 펀자브 지역으로, 기원전 326년 알렉산더는 이곳에서 마지막 큰 전투를 벌이고 간신히 이긴 뒤 얼마 있다가 인도 원정을 끝내고 바빌론으로 돌아갔다.

서 속으로는 남들이 쳐줄 손뼉을 떠올리며 저를 사랑하는 마음으로 즐기는 행복감의 극치라는 것이다.

  그러나 여기서 내게 할 말이 다음과 같이 있을 수 있겠다. 시끄러운 전투와 야심가의 공공연한 소란 말고도 조용히 이루어지는 고귀하고 너그러운 일들이 있다. 미덕은 그 스스로 상이 되기 때문에, 정말 착한 사람들은 제가 착하다고 느끼는 것으로 만족하며, 그것이 훌륭한 일에서 바라는 보상의 전부다. 이방인 가운데 어떤 사람들은 남에게 좋은 일을 하고 나서 감사나 박수갈채를 탐내는 것과는 너무 먼 나머지, 도움 받은 사람들로부터 아예 숨으려고 온갖 수를 다 쓰기도 한다. 이로 보건대 뽐내는 마음으로는 사람을 금욕의 가장 높은 경지로 끌어올리지 못한다. 18

  여기에 답을 하자면, 사람 일은 그것이 어떤 원칙과 어떤 동기에 따른 것인지 속속들이 알지 않고서는 가늠할 수 없다는 것이다. 연민pity〔불쌍히 여기는 마음〕은 우리 감정 가운데 가장 부드러우며 나쁜 뜻이 가장 적게 들어 있지만, 우리 본성의 약한 부분임은 분노나 뽐내는 마음이나 두려움과 매한가지다. 마음이 여릴수록 연민이 많으니, 여자와 어린아이보다 동정적인 사람은 없다. 우리가 가진 모든 약점 가운데 연민이 가장 사랑스럽고 미덕에 가장 가깝다는 것은 인정한다. 아니, 연민이 적잖이 섞여 있지 않다면 사회는 거의 살아남지 못한다. 그러나 연민은 공공이익이나 우리 이성에는 아랑곳하지 않는 자연스런 충동이기 때문에 거기에서는 선뿐 아니라 악도 나올 수 있다.[40] 연민 때문에 처녀의 명예가 무너지고 재판관의 신실함이 더럽혀진다. 어떤 사람이 연민을 원칙으로 삼고 그 때문에 사회 19

에 보탬이 된다고 하더라도 그것은 큰소리칠 게 못 된다. 그 사람은 그저 감정에 충실했던 것이고 그러다가 우연히 사회에 보탬이 된 것이다. 불구덩이에 떨어지려는 죄 없는 아이를 살린다고 해도 공덕은 아니다.[41] 그것은 좋은 일도 나쁜 일도 아니며, 그 아이가 어떤 도움을 받았든, 우리는 우리에게 베풀었을 뿐이다. 떨어지는 것을 보면서 살리려 애쓰지 않았다면 우리는 괴로웠을 것이고 자구책으로 우리는 그 괴로움을 막은 것이다. 돈 많고 방탕한 사람이 동정심도 많아서 제 감정을 채우기 좋아한다면, 제게는 푼돈인 것으로 남을 어려움에서 구해준다 하더라도, 이를 미덕이라고 큰소리칠 것은 없다.

그러나 어떤 사람들은, 제 약점 때문에 그러는 것이 아니라 오로지 착한 일이 좋기 때문에 저에게 값진 것을 내주고 말없이 훌륭한 일을 하기도 한다. 고백하건대 이들은 이제까지 내가 말했던 사람들보다는 미덕에 대해 더 세련된 생각을 가진 사람들이다. 그러나 (이 세상에 많이 본 적이 없는) 이런 사람들에서조차도 적지 않게 뽐내는 증세를 찾을 수 있으니, 가장 겸손한 사람이라면 털어놓아야 할 것이, 덕행은 그에 따른 만족감으로 보상받으며, 그 만족감은 자기의 값어치를 깊이 생각할 때 스스로 느끼는 어떤 기쁨이라는 것이다. 이 기쁨은, 기쁨의 원인과 더불어, 뽐내는 마음의 분명한 징표이니, 코앞에 위험이 닥쳤을 때 창백해지고 떨리는 것이 두려움의 징

---

40 법가가 유가를 공격한 것도 이와 비슷한 이유에서다. 《한비자》〈내저설 상〉에는 맹자의 가르침을 받아 자혜롭게 되었다는 위혜왕(양혜왕)을 두고 그 공이 나라를 망하게 하는 데 이르렀다고 비판하는 대목이 나온다(최윤재, 2000: 132).
41 우물에 빠지려는 아이를 살리는 문제를 두고 맹자는 측은지심을 이야기했었다.

표인 것과 다를 바 없다.

    미덕이 어디서 왔는지에 대한 이러이러한 생각들을 처음 만나게 된 꼼꼼한 독자는 이를 못마땅하게 여기고 아마도 기독교에 거슬린다고 하겠지만, 사람은 하늘이 사회를 위해 설계한 것으로서, 저의 약함과 모자람을 따라 속된 행복에의 길로 가게 될 뿐 아니라, 자연스럽게 때가 되면 영생으로 가는 지식 한 조각을 마찬가지로 받아 나중에는 참된 종교가 완성해줄 것이니, 바닥을 알 수 없이 깊은 신의 지혜를 이처럼 뚜렷이 보여주는 것이 없었던 바, 이를 생각해서 꾸지람을 아껴주기 바란다. 21

주석 (L) :
사치는 가난뱅이 백만에 일자리를 주었고 (181행)

사람 사는 데 당장 필요한 것이 아닌 것을 모두 사치라 한다면 (엄밀히 말하면 그래야 할 것인데), 사치가 아닌 것은 세상에서 찾기 어렵다. 벌거벗은 야만인에게도 마찬가지다. 그들에게도 예전보다 지금 생활이 나아지지 않은 것이 있다고 보기 힘들다. 먹을 것을 마련하거나, 오두막을 짓거나, 또는 다른 무엇이라도, 한때 충분했던 수준보다 지금이 뭔가 나아졌다. 이렇게 정의하면 누구나 너무 엄격하다고 말할 것이다. 내 생각도 같다. 하지만 엄격함을 한 치 줄이게 되면 곧 어디서 멈춰야 할지 모르게 될 것이다. 그저 기분 좋고 깨끗하기를 바랄 뿐이라고 사람들이 말할 때, 이것이 무엇을 가리키는 것인지는 알 수 없다. 말 그대로를 뜻하는 것이라면, 그냥 물 마시고 싶다는 뜻이 아니었더라도, 돈도 수고도 별로 들이지 않고 곧 만족할 수 있을 것이다. 하지만 기분 좋고 깨끗하다는 것은 그 뜻이 넓어서, 특히 어떤 숙녀 분들 같은 경우에는, 이것이 어디까지 갈지 짐작하기 어렵다. 삶을 편안하게 해준다는 것도 마찬가지로 하도 다양하

[1]

고 넓어서, 이 말을 하는 사람이 어떤 삶을 사는지 알지 못하고서는, 무슨 말인지 모른다. 괜찮다, 편리하다는 말도 흐리터분하기는 다를 바 없다. 사람들은 교회에 같이 가서 얼마든지 한마음이 될 수 있다. 그런데 일용할 양식을 달라고 기도할 때, 아마도 주교는 교회 머슴이 생각하지 않는 몇 가지를 기도 속에 더 넣을 것으로 나는 믿는다.

  이 말을 통해 내가 보여주고 싶은 것은, 사람 사는 데 절대적으로 필요한 것이 아닌 모든 것을 사치라 부르지 않기로 한다면, 이제 사치는 더 이상 없다는 것이다. 사람이 바라는 것은 셀 수 없으니, 이를 충족시킬 것 또한 끝이 없다. 어떤 수준의 사람들에게는 없어도 그만인 것이, 더 높은 수준의 사람들에게는 필수품이 되기도 한다. 이 세상 어느 기술자도 만들어내기 어려울 만큼 진기하고 엉뚱한 것조차도 어떤 군주는, 편안하게 해줘서 그러는지 즐겁게 해줘서 그러는지, 생활필수품이라고 생각한다. 물론 보통사람의 생활이 아니고 신성한 사람의 생활을 말하는 것이다. 2

  사치가 나라 전체의 부를 망친다고 다들 생각한다. 사치 부리는 사람이 저를 망치는 것과 같다는 것이다. 또한 사치를 덜 부리는 사람이 재산을 불리듯이, 거국적인 절약은 나라를 부유하게 만든다고 생각한다. 나보다 아는 것이 훨씬 더 많은 사람들도 이런 생각을 하는 것을 나는 보았다. 하지만 나는 그들과 여기서 생각을 달리하지 않을 수 없다. 〔일반 독자는 여기부터 5절 끝까지 건너뛰어도 좋겠다.〕[42] 그들 말은 이렇다. 우리가 예컨대 터키에 양털 제품이나 다른 어떤 우리 제품을 해마다 100만 파운드어치 보낸다고 하고, 그 대가로 우리는 비단, 모헤어[43], 약품 등을 120만 파운드어치 들여와서 소비한다 3

고 하자. 이렇게 되면 우리는 얻는 것이 없다고 그들은 말한다.[44] 이제 우리가 우리 제품에 만족하여 외국 물건을 절반만 들여온다면, 터키 사람들은, 우리 제품을 전과 같은 양으로 사려고 할 경우, 나머지에 대해서는 현금을 내야 한다. 그리되면 무역수지만 놓고 볼 때, 나라[영국]는 한 해에 60만 파운드를 갖게 된다.[45]

이 주장을 더 살펴보기 위해, 영국이 지금보다 비단 등을 절반만 소비한다고 하자. 우리가 그들 제품을 절반만 사더라도 터키 사

---

[42] 국제수지에 대한 최초 이론을 흄(1711~1776)이 내놓기 한참 전이라서 개념도 불확실하고 이야기도 혼란스럽다. 맨더빌은 무역수지가 늘 균형을 맞춰야 한다고 생각했다. 따라서 수입을 덜하면 수출도 그만큼 덜하게 된다는 것이다. 오늘날 볼 때, 단기에서는 수입이 줄면 무역수지 흑자에 따라 외환 등 대외자산이 늘어날 것이므로, 거국적인 절약이 나라를 부유하게 만든다는 말이 아주 틀린 것은 아니다. 다만 장기에서는 무역수지가 균형을 이뤄야 할 것인데, 맨더빌은 상대국이 무역수지 적자를 지속하다가 결국 외환이 바닥나 우리 제품을 수입하지 못하게 되는 사태를 걱정한 것으로 보인다. 그러나 우리도 대외자산을 마냥 쌓아두지는 않을 것이므로, 늘어난 대외자산으로 나중에 수입을 늘릴 것이다.
[43] 모헤어mohair는 앙고라염소 털로 만든 실과 옷감을 말하며, 값은 비단만큼이나 비쌌다. 19세기 초반까지 터키가 독점 공급했는데, 터키는 가공하지 않은 앙고라염소 털은 수출하지 않았다.
[44] 오늘날 본다면 영국 무역수지는 20만 파운드 적자가 될 것이다. 하지만 이는 맨더빌을 포함한 그 시대의 셈법이 아니다. 영국 물건 100만 파운드어치와 터키 물건 120만 파운드어치를 맞교환했다는 것이며, 이로써 무역수지는 균형이다. 하지만 영국이 20만 파운드어치를 거저 더 받은 것인데, 돈이 오가지 않았기 때문에 이를 두고 "얻는 것이 없다"고 했다는 것이다. 뒤에 나올 이야기에 맞추려면, 영국도 120만 파운드어치를 보냈다고 생각하는 편이 오늘날 사람으로서는 이해하기 쉬울 것이다.
[45] 앞 주에서 이야기했듯이, 영국이 얼마치를 수출했든지, 터키가 120만 파운드어치로 무역수지 균형을 맞추다가 수출이 반으로 줄었기 때문에 이제 무역 불균형은 60만 파운드가 된다는 것이다. 오늘날 셈법으로는 영국이 100만 수출하고 터키가 60만 수출하면 영국 흑자는 60만이 아닌 40만이 될 것이다.

람들은 같은 양이 아니면 안 되겠다고 할 때, 그들은 그 차이를 현금으로 낼 것이다. 다시 말하면, 그들이 사는 액수가 우리가 사는 액수를 넘는 만큼을 금이나 은으로 줄 것이다. 이것이 한 해는 그럴 수 있지만, 계속된다는 것은 불가능하다. 사는 것은 맞바꾸는 것이다. 사들이는 데 내놓을 물건이 없는 나라는 다른 나라 물건을 살 수 없다. 스페인과 포르투갈은 해마다 금과 은을 캐내기 때문에 금과 은이 있는 한 돈을 내고 살 수 있다. 그런데 돈은 그 나라가 만들어내는 상품이다. 다른 나라가 우리 물건을 대금으로 받으려 하지 않는다면, 우리는 다른 나라 물건을 계속 사들일 수 없다. 다른 나라가 이와 같지 않으리라고 생각할 근거가 있는가? 터키도 우리와 마찬가지로 하늘에서 떨어지는 돈이 없다고 한다면, 어떤 결과가 생기는지 보자. 60만 파운드어치 비단 등이 첫해에 터키 사람들 손에 남게 되면서, 이 상품들 값이 많이 떨어질 것이다. 그러면 우리뿐 아니라 네덜란드와 프랑스도 이익을 보게 된다.[46] 그리고 우리가 물건을 팔면서 그들의 물건은 받기를 계속 거부한다면, 그들은 우리와 무역을 할 수 없게 되고, 우리 것보다 못한 물건을 만드는 다른 나라와 무역을 하는 것으로 만족해야 할 것이다. 이렇게 되어 우리와 터키의 무역은 몇 해 지나지 않아서 틀림없이 없어지게 된다.

이러한 나쁜 결과가 나오지 않도록, 우리가 터키 상품을 전처럼 사들이되, 절약하여 그 절반만 쓰고 나머지는 외국에 판다고 해보

---

[46] 오늘날 말로 하자면, 한 나라의 수출상품에 대한 국제수요가 줄어들면 그 나라 수출품 가격이 떨어지고 교역조건은 악화한다. 반면에 이 나라 물건을 수입하는 나라들은 교역조건이 모두 호전되어 이득을 본다.

자. 이로써 우리나라가 60만 파운드어치 더 부자가 되는지 보자. 첫째, 우리나라 사람들이 우리 물건을 많이 쓰게 되었으므로, [우리나라에서] 비단 등 산업에서 일하던 사람들이 이제 양털 제품 산업으로 옮겨갈 것이라는 점에 대해서는 그들 말을 받아들인다. 그러나 둘째, 물건이 예전처럼 팔릴 수 있다는 데 대해서는 나는 받아들일 수 없다. 우리나라에서 쓰게 되는 절반이 전과 같은 값이라고 한다면, 외국으로 보내는 나머지 절반은 그보다 값을 덜 받게 될 것이다. 이 물건이 이미 공급되고 있는 시장에 파는 것이기 때문이다. 그것 말고도, 운송, 보험, 저장 및 기타 비용이 있으니, 상인은 국내에 파는 것에 비해 되파는 이 절반에서 손해를 볼 수밖에 없다. 양털 제품은 우리 생산물이지만, 국내에서 가게주인이 팔듯이, 외국으로 내가는 것은 상인이다. 상인은 국내에서 들인 비용을 외국에 파는 물건에서 벌어들이지 못한다면, 그만둘 것이다.[47] 그 결과 터키 물건을 외국에 팔아 손해 본다는 것을 알게 되면서, 상인은 국내에서 소비되는 비단 등에 지불하는 것보다 더 많은 우리 물건을 외국에 팔지는 않을 것이다. 다른 나라들은 우리가 덜 보내는 것에 맞춰 우리가 마다한 물건을 다른 곳에서 살 것이고, 우리가 안 사는 물건은 다른 곳에 팔 것이다. 이리하여 절약으로 우리가 얻는 것은 터키가 우리 물건을 반만 받아들인다는 것이어서, 우리는 열심히 그들 물건을 써주어야 하고, 그래야 그것으로 그들은 우리 물건을 살 수 있게 될 것이다.

---

[47] 터키 제품 120만을 사서 60만을 되파는 것이 손해가 되니 결국 우리나라 상인은 60만만 수입할 것이며, 그 결과 우리 수출도 60만으로 줄어들 것이라는 이야기다.

지난 몇 해 동안 이 의견에 반대하는 많은 지식인들을 만나 괴   6
로웠는데, 그들은 늘 나의 이 계산이 잘못되었다고 했다. 이제 나라
전체가 [나와] 같은 생각을 하여 1721년 의회가 법안을 만든 것을 보
고 즐거웠다. 이 법은 강력하고 가치 있는 회사의 뜻을 거슬러, 나라
안의 걱정을 중시하여 만든 것으로, 터키와의 무역을 촉진하면서,
비단과 모헤어 등을 장려할 뿐 아니라 벌칙까지 만들어 국민이 싫든
좋든 이 법을 따르게 하였다.[48]

   사치를 비난하는 또 다른 이유는 사치가 탐욕과 약탈을 부추긴   7
다는 것이다. 탐욕과 약탈이 창궐하면, 가장 공신력이 커야 할 자리
를 사고팔게 되어, 크고 작은 공직이 부패하며 나라는 언제라도 가
장 높이 부르는 값에 넘어갈 수 있다는 것이다. 그리고 마지막으로
사치는 사람들을 여성화시키고 약화시켜 나라가 쉽게 침입자의 먹

---

[48] 동인도회사는 1600년대 말부터 인도에서 옥양목(캘리코)을 수입해왔는데 수입량
이 크게 늘어나면서 1717년 무렵부터 영국에서는 모직, 비단, 모헤어 산업이 불황
에 빠졌고 1719~1721년에 이른바 "캘리코 위기"를 맞게 되었다. 이 무렵 도덕주
의자들은 국산품을 놔두고 외제 캘리코만 찾는 여자들을 "Callico Madam"이라
부르며 이들 때문에 나라가 어려워진다고들 하였다(Smith, 2007). (callico는
calico의 옛 철자이다.) 이에 영국 의회는 1721년에 두 가지 법을 만들었는데, 하
나는 물들인 캘리코 제품을 쓰거나 입는 것을 금지한 이른바 "캘리코 법"이고, 다
른 하나는, 단추를 비단과 모헤어로만 만들도록 했던 (쓰는 것까지는 아직 금지하
지 않은) 1699년 법을 확대하여 비단과 모헤어로 만든 단추만 쓰도록 한 것이다
(케이의 각주 참조). 맨더빌이 말하는 것은 주로 두 번째 법일 것이다. 본문의 "강력
하고 가치 있는 회사"는 동인도회사일 것이다. 맨더빌이 찬성한 이 법들은 대표적
인 중상주의 법들로서 수입을 촉진하려고 법을 만들었다는 맨더빌 말은 꼭 맞는
것은 아니다. 이는 비단과 모헤어 수입을 늘려 관련 국내 산업 보호에는 도움을 주
겠지만, 다른 편으로는 캘리코 수입을 줄이는 것인데, 맨더빌은 앞의 것만 보고,
뒤의 것은 사치품 수입을 금지하지 말자는 자신의 주장과 반대되는 것인데도 아무
말을 하지 않았다.

이가 된다는 것이다. 이들 모두 정말로 끔찍한 일들이다. 하지만 사치 때문이라고 한 것은 사실은 남성이 지배하는 정부 탓이며, 나쁜 정치 때문이다. 어떤 정부라도 나라 이익을 속속들이 알아서 이를 굽힘 없이 챙겨야 한다. 좋은 정치인들은 능숙한 경영으로 어떤 재화에는 무거운 관세를 물리거나 아예 금지시키고 다른 재화에는 관세를 낮추어 언제라도 무역 흐름을 좋은 쪽으로 바꿔놓을 수 있다.[49] 그들은, 둘 가운데 고른다면, 수입대금으로 재화만 낼 수 있는 나라보다는 재화뿐 아니라 돈도 낼 수 있는 나라를 언제나 좋아할 것이니, 재화만 내는 나라와의 무역을 잘 막아서 언제나 돈으로만 받을 것이다. 그러나 무엇보다도 그들은 전체적인 무역수지를 주의 깊게 보면서 한 해에 수입해오는 외국 상품이 수출하는 우리 상품보다 많지 않도록 할 것이다. 내가 말하는 것은 금이나 은을 캐낼 수 없는 나라의 이익에 대한 것임을 주의하라. 그렇지 않은 경우에는 내 말을 그렇게 고집할 필요는 없다.

  내가 방금 주장한 것을 부지런히 지켜서 수입이 수출을 넘어서지 않도록 한다면, 사치품을 수입해온다고 해서 가난해질 나라는 없다. 사치품을 살 자금을 쌓을 수 있다면 나라는 더 잘살게 될 것이다.   8

  한 나라 힘을 키우는 데에 무역이 첫째이기는 하지만 그것만으로는 안 된다. 그 밖에도 챙겨야 할 것들이 있다. 내 것과 네 것이 확실해야 하고, 범죄는 처벌되어야 하고, 사법과 관련하여 모든 법을   9

---

49 국제무역에 대한 맨더빌의 이해 수준은 그 시대에 보편적이던 중상주의 사고방식을 벗어나지 못했다.

슬기롭게 만들어 엄격하게 집행해야 한다. 외교 또한 신중하게 처리해야 하며 각 나라에 나가 있는 대사는 정보를 잘 챙겨서, 어떤 나라가, 그 옆 나라 때문에 또는 힘이나 이해관계 때문에, 우호적으로 또는 적대적으로 되는지 잘 알아야 하며, 그에 따라 정책과 힘의 균형에 맞추어 어떤 나라는 막고 다른 나라는 도울 필요한 조치를 해야 한다. 대중이 경외심을 갖도록 하고, 양심을 강제해서는 안 되며, 성직자는 구세주가 허락한 이상으로는 나랏일에 참견하지 말아야 한다. 이러한 것들이 세속적인 위대함을 얻는 기술이다. 군주국이든 연방이든 둘 다이든, 웬만큼 다스릴 만한 나라를 가진 군주가 이를 잘 지킨다면, 다른 힘센 나라들이 있다고 하더라도, 나라를 잘살게 하지 못할 까닭이 없으며, 사치나 그 어떤 악덕도 법질서를 흔들지 못할 것이다.[50] 그러나 입을 크게 벌리고 내게 반대할 사람이 있겠다. 뭐라고! 위대한 나라를 그들이 지은 죄 때문에 신이 벌주고 멸망시킨 적이 없다고? 있다. 하지만 그 방법을 보라. 통치자를 흔들어서 내가 말한 교훈들을 전부 또는 일부 지키지 못하게 했던 것이다. 오늘날까지 큰소리쳤던 유명한 나라들과 제국들 가운데, 통치자의 나쁜 정치, 게으름, 또는 잘못된 다스림이 멸망의 주요 원인이 되지 않았던 적은 한 번도 없다.

---

50 여기에서 맨더빌이 정부 역할을 강조했다고 해서 그를 자유방임에 반대하는 개입주의자로 보는 것은 곤란하다. 맨더빌의 이 부분은 오늘날 제도 경제학에서 말하는 제도의 핵심을 많이 담고 있다고 볼 수 있다. 다른 한편, 공자가 군주에게 절약을 권한 것을 두고 한비자가, 법과 제도를 바로잡는다면, "사치를 곱으로 한다 하더라도 나라의 환난은 되지 않는다"고 한 부분과 매우 닮아 있기도 하다(최윤재, 2000: 116~117).

술과 음식이 지나친 것보다는 안 마시고 절제하는 것이 사람들과 그 후손들에게 건강과 활력을 줄 수 있음은 의심할 바가 없다. 그러나 고백하건대, 사치가 나라를 여성화시키고 약화시킨다는 이야기에 대해 나는 이제는 예전처럼 그런 끔찍한 생각은 하지 않는다. 우리가 전혀 모르는 것을 듣거나 읽을 때, 우리는 흔히 머릿속으로 우리가 본 것 가운데 (우리 생각으로) 가장 가까운 것을 떠올린다. 그래서 나는 페르시아나 이집트 같은 나라에서 사치가 으뜸가는 악덕이어서 여성화시키고 약화시켰다는 이야기를 읽었을 때, 평범한 상인들이 축제 때 실컷 먹고 마시고, 때로는 짐승처럼 게걸스럽게 먹는 모습이 떠올랐다. 또 다른 때는 들뜬 뱃사람들이 추잡한 여자 여섯과 함께 깡깡이에 맞춰 고래고래 소리 지르며 기분을 푸는 모습이 떠올랐다. 그런 나라의 큰 도시에 갔었더라면 아마도 세 사람 가운데 하나는 배 터지게 먹고 아파 누워 있고, 또 하나는 곪아 누웠거나 망측한 병으로 절름거리고, 안내자 없이 나다닐 수 있는 나머지 하나는 옷을 차려입고 길을 가는 모습을 보았을지 모른다. 10

우리의 이성이 욕구를 다스릴 정도로 강하지 못한 만큼, 파수꾼을 두려워한다는 것은 행복한 일이다. 특히 약화시킨다는 말이 어디서 온 것인지[enervate는 힘줄(nerve)을 뺀다(e-)는 뜻] 생각하면서 느꼈던 두려움은 학생 시절 나에게 큰 도움이 되었다. 그러나 내가 세상을 좀 살펴본 뒤로는 사치가 나라에 가져다줄 결과가 예전처럼 그렇게 무섭게 느껴지지는 않는다. 사람이 가진 욕구가 그대로인 한, 악덕도 그대로 남을 것이다. 어느 큰 사회에서든 매춘부를 좋아하는 사람도 있고 술을 좋아하는 사람도 있다. 예쁘고 깨끗한 여자를 얻 11

을 수 없는 호색한은 더러운 창녀로 만족할 것이며, 진짜 허미티지나 퐁탁 포도주를 살 수 없는 사람은 더 평범한 프랑스 클라렛[보르도산 싸구려 포도주]으로도 기쁠 것이다. 포도주를 살 수 없으면, 더 허름한 술을 찾는데, 졸병이나 거지는 김빠진 맥주나 곡주로도 마음껏 취할 수 있으니, 귀족이 버건디[부르고뉴산 포도주], 샴페인[샹파뉴산 포도주], 토카이[헝가리산 포도주]를 마시는 것에 뒤지지 않는다.[51] 가장 값싸고 초라한 것도 가장 비싸고 우아한 것만큼이나 사람 마음에 장난을 친다.

사치가 가장 지나치게 나타나는 것은 건물, 가구, 마차, 그리고 옷이다. 그러나 깨끗한 옥양목을 입었다고 해서 무명을 입었을 때보다 사람이 약해지지는 않는다. 걸개그림이나 멋진 그림이나 좋은 징두리 널이 맨벽보다 덜 건전한 것도 아니다. 그리고 비싼 침대나 금테 두른 마차가 찬 마룻바닥이나 시골 짐마차보다 더 힘을 빼게 하는 것도 아니다. 분별 있는 사람이 세련되게 즐기는 것은 마음을 어지럽히지 않는다. 맛있는 것을 찾으면서도 머리나 위장이 견디는 것보다 더 먹거나 마시지 않는 사람도 많다. 감각적인 사람도 다른 누구 못지않게 조심할 수 있다. 그리고 가장 심하게 사치스러운 것은, 추잡한 일을 너무 자주 한다거나 너무 많이 먹고 마시는 것이 아니라 (이런 것들이 가장 기운을 빼는 것이기는 하지만) 먹을 때나 연애할 때 머리를 짜내서 아낌없이 멋들어지게 대접받으면서 엄청나게 돈을 써대는 것이다.

12

---

51 그 시절에 나온 평가를 보면, 프랑스 포도주로는 부르고뉴와 샹파뉴 지방 것을 최고로 쳤다. 토카이는 "지구상에서 가장 좋은 포도주"였다(브로델, 1995: I-1, 330).

이번에는 이렇게도 생각해보자. 큰 나라에서 귀족과 부자들이 13
편하게 즐기다가 힘든 일도 견디지 못하고 전쟁터에 나갈 수도 없게
몸이 나빠졌다고 하자. 어느 나라나 대개 아주 평범한 졸병들을 두
는 법이다. 만약 기병대가 의원나리들로 이루어져 있다면, 대포 몇
방이면 다 놀라 도망갈 것이라고 나는 진심으로 믿는다. 그러나 전
쟁이 났을 때 의원들과 재산 있는 사람들이 할 일이라는 것이 세금
내는 것 말고 무엇이 있겠는가? 전쟁의 고생과 피로를 몸으로 견뎌
내는 일은 앞장설 사람들 몫인데, 이들은 나라에서 가장 천하고 가
난한, 죽어라고 일만 하는 사람들이다. 한 나라의 풍요와 사치가 아
무리 지나치다고 해도, 누군가는 일을 해야 하고, 집 짓고 배 만들고
물건 나르고 밭을 갈아야 한다. 큰 나라에서 이 많은 일을 하려면 많
은 사람들이 있게 마련인데, 그 가운데에는 흐트러지고 게으르고 돈
이나 축내는 친구들이 군대를 채울 만큼 늘 있는 법이다. 게다가 울
을 치고 도랑을 파고 쟁기질하고 도리깨를 휘두를 만큼 튼튼한 사람
들이나, 너무 힘이 없어 대장장이, 목수, 톱장이, 직공, 짐꾼, 마부
노릇도 못할 만큼은 아닌 사람들은 한두 번 훈련하면 괜찮은 군인이
될 만큼 힘 있고 튼튼한 법이어서, 제 몫도 못하여 있으나마나 해서
오히려 해가 되는 일은 거의 없다.

그러므로 전쟁에 휘말린 사람들로서 사치가 말썽 부릴까봐 걱 14
정해야 한다면, 그 걱정은 기껏해야 장교를 넘어서지 않는다. 장교
는 대부분 높은 신분에 왕자다운 교육을 받았거나, 특별한 재능을
갖추고 경험이 많은 사람들이다. 그리고 현명한 정부가 군대 전체를
통솔하라고 고른 사람이라면, 싸우는 일에 통달해 있을 것이고 위험

속에서도 냉정을 잃지 않을 용기가 있을 것이며, 그 밖에도 머리가 잘 돌아가는 사람, 보기 드문 천재, 명예의 세계를 두루 오래 겪어봐야 얻을 수 있는 많은 자질을 갖추고 있을 것이다. 이만큼 지위와 위엄을 갖춘 사람이라면, 잠자면서 도시를 쳐부술 수 있고 밥 먹으면서 나라를 결딴낼 수 있으니, 튼튼한 근육이나 유연한 관절은 이들에게는 사소한 장점일 뿐이다. 이들은 대개 나이가 꽤 들었을 것이므로 꿋꿋한 몸과 재빠른 팔다리를 기대하는 것도 웃기는 일이다. 오로지 머리가 잘 돌아가고 머리에 든 것이 많으면 되는 것이지, 몸의 나머지가 어떤가는 중요하지 않다. 이들이 피곤해서 말을 탈 수 없다면 마차를 타면 될 것이고, 아니면 들것에 실려 다녀도 된다. 통솔력과 총명함은 절름발이가 된다고 해서 줄어드는 것이 아니며, 프랑스의 가장 뛰어난 장군은 지금 거의 기어 다니지도 못한다.[52] 사령관 바로 아래는 거의 같은 능력을 갖추어 실력으로 올라간 사람들로 채워야 한다. 그 나머지 장교들은 좋은 옷과 장비, 그리고 그 시대의 사치 수준에 맞는 여러 가지 것들에 봉급의 많은 부분을 쓰도록 해서 방탕하게 쓸 돈이 남지 않게 해야 한다. 그래야 계급이 높아지고 봉급이 많아짐에 따라 용돈과 마차도 그 밖에 다른 것들과 함께 수준에 맞게 올라갈 것이고, 이로써 건강을 해칠 일에 지나치게 매달리지 않도록 막을 수 있다. 이렇게 해서 사치를 돌려놓으면 자존심

---

[52] 드 빌라르Claude Louis Hector de Villars(1653~1734)는 프랑스 역사상 가장 뛰어난 지휘관 가운데 하나로 꼽히는 인물로, 1709년 에스파냐 왕위계승전쟁 때 다리를 크게 다쳤지만 그 뒤로도 많은 전투를 승리로 이끌었다. 중국 전국시대 손빈도 다리가 잘린 몸으로 역사에 길이 남는 지휘관이 되었다.

과 허영심을 높이는 데도 도움이 되는데, 자존심과 허영심은 그들을 움직이는 가장 큰 동기다.

사랑과 명예만큼 사람을 세련되게 만드는 것도 없다. 이 두 가지 감정은 여러 가지 미덕에 견줄 만한 것으로, 교양과 훌륭한 예절을 가장 잘 배울 수 있는 곳은 궁정과 군대이니, 궁정은 여자를 완성시키고 군대는 남자를 빛나게 한다. 문명국에서 대부분의 장교가 즐기는 것은, 세상과 명예 규범에 대한 완전한 지식에다가, 경험 많은 군인에게 특유한 솔직하고 인간다운 모습, 그리고 겸손함과 꿋꿋함을 함께 갖춰 예절과 용기를 드러내 보여주는 것이다. 다들 분별 있게 굴고 점잖은 행동이 존경받는 분위기라면, 많이 먹고 술에 좀 취하는 것은 대단한 악덕이 못 된다. 영예로운 장교가 주로 바라는 것은 짐승같이 살기보다 멋지게 사는 것이며, 계급에 따라 갖게 되는 가장 사치스러운 소망은, 당당하게 보이는 한편, 서로 견주어볼 때, 훌륭한 마차, 공손한 대접, 그리고 모든 것에 적당한 취미를 갖는다고 소문나는 데 있어서 남에 뒤지지 않는 것이다.

방탕하고 몹쓸 사람이 다른 직업에서보다 장교들 사이에, 사실과 다르게, 더 많다고 하더라도, 가장 타락한 장교조차도 만약 명예심을 많이만 갖는다면 복무는 잘할 수 있다. 명예심이야말로 장교들의 여러 가지 결점을 덮고 보완해주는 것이어서, 아무도 (아무리 쾌락에 빠져 있더라도) 감히 명예심이 없는 척하지는 못한다. 그러나 사실만큼 믿을 만한 주장이 없으니, 지난번 프랑스와 벌인 두 차례 전쟁[53]에서 어떤 일이 일어났는지 돌이켜보자. 얼마나 많은 작고 어린 풋내기들이 보드라운 교육을 받고 옷을 가려 입고 먹을 것에 관

예쁜 몰이 달린 웃옷에 분칠한 가발을 쓰고 주렁주렁 꾸민 네덜란드 군인
(Willem Cornelisz Duyster, 1632)

심이 많다가 군대에 들어와서 용감하고 당당하게 임무를 다했는가?

사치가 사람들을 약화시키고 여성화시킨다고 걱정하는 사람들 17 도 아마 플랑드르와 에스파냐에서 보았을 것이다. 예쁜 몰이 달린 웃옷에 분칠한 가발을 쓰고 주렁주렁 꾸민 미남들이 쏟아지는 포탄에 맞서 대포까지 돌진해 가는데, 제 머리에 한 달 동안 빗질 한 번 안 한 냄새나고 꾀죄죄한 병사들만큼이나 겁이 없었다. 또한 술과 여자로 실제로 건강을 해치고 몸을 망친 난봉꾼도 많았지만, 다들 적을 맞아 용감하게 잘 싸웠다. 건전함은 장교에게 가장 덜 요구되

---

53 대동맹 전쟁이라고도 부르는 9년 전쟁(1688~1697)과 에스파냐 왕위계승전쟁(1701~1713)을 말한다.

는 것이니, 만약 힘을 써야 할 때가 온다면, 승진할 욕심, 경쟁심, 영예를 차지할 생각 같은 것들이 마음을 굳세게 하여 단숨에 힘이 솟게 만들 것이다.

제 할 일을 알고 명예심을 충분히 갖춘 사람은 위험에 익숙해지기만 하면 언제나 능력 있는 장교가 될 것이다. 그리고 그들의 사치는, 남의 돈을 쓰는 게 아니라 제 돈을 쓰는 한, 절대로 나라에 해가 되지 않는다. 18

이로써 사치에 대한 이 주석에서 마음먹었던 것들을 다 증명했다고 생각한다. 첫째, 어떤 뜻으로는 모든 것이 사치이지만, 다른 뜻으로는 아무것도 사치가 아니다. 둘째, 정부가 현명하다면, 사치품을 아무리 수입해 들여와 홍수가 나더라도 이 때문에 가난해지지는 않는다. 그리고 끝으로, 군대 일에 제대로 신경 쓰고 군인 처우를 잘하며 군기를 잘 잡는다면, 부유한 나라는 한없이 편안하고 풍족하게 살 수 있다. 그리고 여러 면에서 화려함과 섬세함을 마음껏 뽐내면서도, 이웃나라가 얕잡아 볼 수 없게 할 수 있으니, 우화에 나오는 벌들처럼 살게 되는 것이다. 19

> 다른 나라에서는 그들을 존경하여
> 평화로울 땐 아첨하고 전쟁을 하면 두려워하니
> 돈과 삶이 풍족한 그곳은
> 모든 벌집의 으뜸이었다.

(사치에 대해 더 말한 것은 주석 (M)과 (Q)를 보아라.)

주석 (Q) :
검소하게 그들은 이제 녹봉에 맞춰 살았다 (307행)

버는 돈이 줄어들면 정직한 사람들은 대개 그때까지 절약하지 않다   1
가도 이제 절약하기 시작한다. 윤리학에서 절약이라고 부르는 미덕
은, 없어도 좋을 것은 갖지 않고, 편안함과 즐거움을 굳이 찾아다니
는 것을 나쁘게 보며, 만물을 원래 단순한 모습 그대로 좋아하고, 샘
내는 티 없이 즐기되 조심스럽게 절제하는 것을 가리킨다. 이와 같
이 좁게 본다면 절약은 사람들 생각보다는 아마 보기가 드물 것이
다. 하지만 일반적으로 절약이라고 생각하는 것은 더 자주 볼 수 있
는 성질로서, 헤픈 것과 탐욕의 중간이되 탐욕에 더 가까운 것이
다.[54] 이 신중한 절약[55]은 검약이라 부르기도 하는 것으로서 개인 집
에서 재산을 불리는 데에는 가장 확실한 방법이다. 그래서 어떤 사

---

54 〈주석 (Y) : 4〉에서 탐욕avarice은 쓰지 않고 주로 모으기만 하는 것으로서, 모으지 않고 주로 쓰기만 하는 방탕profuseness, prodigality에 반대되는 개념으로 쓰이는데, 여기에서도 그에 가깝게 쓰이고 있다.
55 여기에서 oeconomy(economy), saving, frugality는 모두 절약을 뜻한다.

람들은 한 나라도, 땅이 기름지든 메마르든, 같은 길을 일반적으로 따른다면 (그렇게 할 수 있다고 그들은 생각하는데) 나라 전체에 같은 효과를 나타낼 것이라 생각한다. 그리하여 예를 들어 영국 사람들이 이웃 어느 나라만큼 절약한다면 지금보다 더 부자가 될 것이라고들 한다. 이것은 내가 보기에 잘못인데, 이를 증명하기에 앞서 주석 (L)에서 했던 이야기를 먼저 꺼내려 한다.

경험에 따르면, 첫째, 사람들은 사물을 보고 받아들이는 것이 저마다 다르듯, 좋아하는 것도 다 다르다. 어떤 사람은 샘내기를 좋아하고, 다른 사람은 방탕한 것을 좋아하며, 또 다른 사람은 절약만 좋아한다. 둘째, 제가 좋아하는 감정을, 제 스스로 생각에서건 남의 가르침 때문이건, 버리는 일은 아예 없거나, 있더라도 기껏해야 아주 드물다. 원래 가진 버릇을 고치는 경우가 있다면 그것은 환경이나 재산이 달라질 때이다.[56] 이를 생각해볼 때 우리는, 사람들을 헤프게 만들려면, 생산물이 사람 수에 견줘 많아야 하고, 값이 싸야 한다는 것을 알 수 있다. 그 반대로, 절약하게 만들려면, 생활 필수품이 모자라고, 그래서 값이 비싸져야 한다. 그리하여 훌륭한 정치인이 아무리 잘한다고 해도, 사람들이 대체로 헤퍼지느냐 절약하게 되

2

---

[56] 오늘날 경제학에서는 대체로 선호를 주어진 것으로 보고 경제변수가 미치는 효과만을 다루는데, 맨더빌 생각도 비슷하다. 그 다음 이야기를 요즘 말로 풀자면, 공급이 줄어 값이 오르면 수요량이 줄고, 공급이 늘어 값이 내리면 수요량이 증가한다는 것이다. 더 아래로 내려가면, 소득에 따라 수요량이 변한다고 해석할 수 있는 이야기가 나온다. 그러나 맨더빌에게 또는 그 시대 사람들에게 이 여러 가지는 머릿속에서 뒤죽박죽되어 있는 상태다. 수요와 공급 이론은 19세기 말에 가서야 확립되었다.

느냐 하는 것은, 정치인[57] 말과는 달리, 언제나 한 나라의 생산물과 사람 수, 그리고 세금에 달려 있다. 내가 한 말에 반대할 사람은 쪼들리지 않는데 절약한 나라가 하나라도 있는지 역사에서 찾아 보여야 할 것이다.

    한 나라를 크고 잘살게 만드는 데 없어서는 안 될 것들을 살펴보자. 기름진 땅, 알맞은 기후, 순한 정부에다가, 사람보다 땅이 많다면, 어느 사회든 축복받았다고 하겠다. 이러한 것들은 사람을 편안하고 사랑스럽게, 정직하고 진지하게 만들어준다. 이러한 조건에서 사람들은 얼마든지 미덕을 지니고, 전체에 해를 끼치지 않으면서, 얼마든지 행복하게 살 수 있다. 그러나 예술이나 과학은 갖지 못할 것이며, 이웃나라가 내버려두는 동안에나 조용히 지낼 수 있을 것이다. 이들은 가난하고 무식할 것이며, 삶을 편하게 해주는 것은 거의 갖추지 못할 것이어서, 중요하다는 미덕을 다 모아놓아도 쓸 만한 옷 한 벌이나 죽 그릇 하나도 제대로 얻게 해주지 못할 것이 분명하다.[58] 이처럼 게으르고 편하고 멍청하고 순진한 상태에서는 심각한 악덕을 두려워할 필요가 없기 때문에 상당한 미덕을 기대할 수도 없다. 사람은 욕망에 사로잡히지 않고서는 힘을 다하지 않는다. 잠자는 욕망을 깨워주는 것이 없다면 사람이 지닌 탁월함과 능력은 언제까지나 드러나지 않을 것이고, 열정이 빠진 몸뚱이는 바람 한 줄기 없는 가운데 육중하게 서 있는 풍차나 매한가지다.

3

---

57 정치인은 나랏일 하는 사람을 말한다. 131쪽 각주 33 참조.
58 자원이 풍부한 나라가 경제발전에 오히려 어려움을 겪는 경우가 많은 것을 경제학에서는 "자원의 저주"라고 한다.

사람 사는 사회를 굳세고 힘 있게 만들려면 열정을 건드려야 한다. 땅이 많지 않더라도 땅을 나눠놓으면 서로 갖겠다고 샘내게 될 것이다. 장난으로라도 칭찬을 해주어 게으름에서 깨어나게 해주면 뽐내는 마음 때문에 열심히 일하게 될 것이다. 장사와 공예를 가르치면 부러움과 지지 않으려는 마음이 살아날 것이다. 사람 수를 늘리고 싶으면, 공장을 많이 세우고 노는 땅이 없도록 하라. 재산은 확실히 지켜주고, 권리는 모두에게 똑같이 주어라. 법에 어긋나는 행동은 못하게 막되, 생각은 누구나 제 마음대로 하게 내버려두어라. 일을 하면 누구나 먹고살 수 있으며 그 밖에 다른 교훈들이 지켜진다면, 그런 나라는, 이 세상에 사람이 살고 있는 한, 늘 사람들로 붐빌 것이다.[59] 사람들을 용감하게 만들어 전쟁을 좋아하도록 하려면, 군사 훈련으로 눈길을 돌려 두려움을 잘 이용하고 허영심을 요령껏 부추겨라. 그러나 이에 더해서 사람들을 풍족하고 지식 있고 예의 바르게 만들려면, 다른 나라와 장사하는 법을 가르쳐라. 그리고 되도록이면 바다로 나가야 하는데, 어떤 수고도 어떤 산업도 아껴서는 안 되며 어떤 어려움이 있더라도 그만두어서는 안 된다. 항해를 일으키고 상인을 소중히 여겨 모든 분야에서 장사를 장려하라. 이렇게 하면 부가 굴러들어올 것이며 그 뒤로 예술과 과학이 따라올 것이다. 내가 여태 말한 것들을 지키면서 정치인들이 잘 다스린다면, 사람들은 능력을 갖춰, 이름을 떨치며 부유하게 살 것이다.

4

---

[59] 여기에는 좋은 시장제도가 갖춰야 할 것들이 잘 이야기되고 있다. 다만 맨더빌의 한계는 자유, 교육, 권리와 같이 좋은 이야기들이 중산층 이상에만 적용될 뿐, 〈자선〉에서 보듯 하층계급에는 허용되지 않았다는 점이다.

그러나 검소하고 정직한 사회를 갖고 싶다면 가장 좋은 정책은
사람을 단순한 자연 상태 그대로 두고 사람 수가 늘지 않도록 하는
것이다. 처음 보는 사람이나 없어도 되는 물건은 가까이 하지 못하
게 하고, 욕망을 불러일으키거나 지식을 높일 만한 것은 다 치워서
손대지 못하게 해야 한다.

막대한 부와 외국의 보물에게는 탐욕과 사치가 뗄 수 없는 동반
자이어서, 탐욕과 사치를 받아들이지 않는 사람들에게는 부와 보물
이 우습게 보고 다가오지 않는다. 교역이 많아지면 사기가 끼어들게
마련이다. 교육을 잘 받았다는 것과 착실하다는 것은 모순되는 것이
다. 그러므로 지식이 많아지고 예절이 다듬어지면 사람은 욕망이 더
욱 커지고 취향이 세련되어지며 악덕이 많아지게 된다.

네덜란드 사람들은 조상들의 미덕과 절약 덕분에 지금처럼 잘
살게 되었다고 저들 좋을 대로 말할 수도 있다. 그런데 그 하찮던 곳
이 유럽 강대국들 사이에서도 제법 자리하게 된 것은 그들이 정치적
인 지혜로 상품과 해운을 모든 것에 앞세웠으며, 양심의 자유를 마음
껏 누렸으며, 효과적인 모든 수단을 다해 산업을 장려하고 키우는
일에 지치지 않고 매달렸기 때문이다.

네덜란드 사람들은 일찍이 절약으로 이름났던 적이 없었는데,
이들이 달라진 것은 스페인 국왕 펠리페 2세[60]가 듣도 보도 못한 독
재로 다스리면서였다. 법은 짓밟히고 권리와 면책특권은 빼앗겼으
며 법질서는 갈가리 찢어졌다. 주요 귀족 몇몇은 법에 따른 절차도

---

60 펠리페 2세Felipe II(재위 1556~1598)의 이름은 오늘날 필리핀으로 남아 있다.

없이 사형선고를 받고 처형되었다. 불평과 항의는 저항만큼이나 심하게 처벌받았으며, 떼죽음을 면한 사람들은 게걸스러운 군인들에게 약탈당했다. 순한 정부에 늘 익숙하고 이웃 어느 다른 나라보다 많은 권리를 누렸던 네덜란드 사람들에게 이것은 참을 수 없는 일이었다. 그래서 그들은 잔인한 처형자 손에 죽느니 싸우다 죽기로 하였다. 이 나라들이 처했던 어려운 상황을 그때 스페인이 가졌던 힘에 견줘본다면, 이렇게 상대가 되지 않는 싸움은 들어본 적이 없다. 그러나 용기와 결단이 있었기에, 겨우 일곱 개 주가 똘똘 뭉쳐서 유럽에서 가장 크고 가장 훈련 잘된 나라를 상대로 고금 역사에서 가장 지루하고 피비린내 나는 전쟁을 치르게 되었다.[61]

스페인의 약탈[62]에 희생되기보다 그들은 버는 돈을 삼 분의 일만 쓰고 사는 것에 만족하며, 나머지 훨씬 큰 몫은 무자비한 적에게 맞설 채비를 하는 데 썼다. 이때 제 집 안마당에서 벌어진 전쟁의 참화와 곤경을 겪으면서 얻게 된 이 특별한 절약은 그 뒤 같은 어려움이 80년 동안 계속되면서 일상적인 습관이 될 수밖에 없었다. 그러

---

61 펠리페 2세에 맞서 치르기 시작한 네덜란드 독립전쟁(1568~1648)은 80년 전쟁이라고도 부르는데, 이 무렵이 네덜란드의 황금기였다. 저지대 전체 17개 주 가운데 북쪽 7개 주는 1579년 위트레흐트 동맹을 맺은 뒤 1581년에 네덜란드 공화국 독립을 선포했다. 해상 무역으로 번성하던 네덜란드는 1713년 에스파냐 왕위계승전쟁이 끝날 무렵 유럽의 금융 주도권을 영국으로 넘겨주며 쇠락하기 시작했으며, 오늘날의 네덜란드는 1815년 나폴레옹이 쫓겨난 뒤 세운 네덜란드 왕국에서 벨기에와 룩셈부르크가 독립해 나가고 남은 나라다.
62 스페인의 약탈Spanish Fury은 1576년 봉급을 받지 못한 스페인 군대가 사흘 동안 안트베르펜을 약탈한 일을 가리킨다. 오늘날 벨기에에 들어 있는 안트베르펜은 당시 유럽에서 가장 중요한 도시로서 금융과 의류 시장의 중심지였는데 이 약탈을 계기로 몰락하게 되었다.

스페인의 약탈 (Hans Collaert, 1577)

나 이렇게 절약하는 기술을 가지고 인색하게 살았더라도, 고기잡이와 해운을 전체적으로 열심히 장려해서 그들이 갖지 못한 것과 뒤처진 것들을 공급해낼 수 없었다면, 그토록 힘 있는 적에게 맞서 싸울 수는 없었을 것이다.

이 나라는 작고 사람이 많아서 그 땅은 (한 뼘도 그냥 두지 않았건만) 주민 열에 하나도 먹여 살리기가 어렵다. 홀란드Holland[63]는 큰

---

[63] 한자로 화란이라 쓰는 홀란드는 원래 네덜란드의 일부 지방인데, 다른 나라에서는 네덜란드 전체를 나타내는 말로 흔히 쓰이고 있다. 이는 잉글랜드가 브리튼("영국")의 일부 지방인데, 브리튼 전체를 나타내는 것으로 알려지게 된 사정과 비슷하다. (축구를 좋아하는 사람들은 잉글랜드와 스코틀랜드가 월드컵에 따로 나간다는 것을 알 것이다.) 네덜란드를 저지대라고도 부르며, nether(영어) 또는 neder(네덜란드어)라는 말이 "낮다"는 뜻이고, 네덜란드가 라인 강 어귀로서 실제로 낮기도 하지만, 네덜란드는 꼭 땅이 낮아서 생긴 말은 아니다. 합스부르크 왕가에서 볼 때 나라 한복판에 있는 통치자는 "높은" 곳에 있고, 멀리 떨어진 가장자리는 "저기 낮

강으로 가득 차 있고 바다보다 낮아서, 큰 둑과 벽으로 막지 않았더라면, 밀물 때가 되면 물속에 잠기고 겨울 한철만 지나면 휩쓸려 가 버릴 것이다. 빠져 죽지 않으려고 둑과 벽을 고치고 수문과 열쇠와 물레방아와 그 밖의 것들을 고치는 데 해마다 들어가는 돈은 〔영국에서〕 지주가 받아 챙기는 수입 1파운드에서 4실링[64]을 토지세로 내는 것보다 더 큰 돈이다.

다른 어떤 나라보다 많은 세금을 내야 하는 이러한 상황에서 사람들이 절약해야 한다는 것이 놀라운가? 그런데 이들이 왜 다른 나라에 모범이 되어야 하는가? 그것도 이들보다 훨씬 행복할 뿐 아니라 부유하고, 땅도 같은 사람 수로 치면 열 배는 되는 다른 나라에 말이다. 네덜란드 사람과 우리는 종종 같은 시장에서 사고팔기 때문에 생각도 많이 닮아 있다고 할 수 있다. 그렇지 않다면 두 나라는 민간 경제에 대한 이해관계와 정치적인 생각이 많이 다를 것이다. 그들은 절약하고 덜 쓰는 것이 이익이다. 그들은 모든 것을 다른 나라에서 들여와야 하는데, 버터, 치즈, 물고기는 예외이다. 그러다 보니 이런 것들을, 특히 마지막 것을, 이곳 사람들보다 세 곱은 더 소비한다. 우리는 쇠고기와 양고기를 많이 먹어 농부를 돕고 땅을 기름지게 하는 것이 이익이다. 우리가 먹고살기에 이미 땅은 충분하지만 더 잘 가꾸면 그만한 인구를 더 먹여 살릴 수 있다. 네덜란드 사람들은 우리보다 배도 많고 현금도 많은데, 그것들은 그 사람들이

11

은 땅"이 된다. 홀란드는 네덜란드에서도 특히 낮은 곳이다.
64 1파운드가 20실링이니 파운드당 4실링은 20퍼센트의 세금에 해당한다.

일하는 데 쓰는 도구로 봐야 한다. 마차꾼은 저보다 재산이 열 배인 신사[65]보다 말을 더 가지고 있을 것이고, 가진 것이 통틀어 천 오륙백 파운드를 넘지 않는 은행가는 한 해 이천 파운드씩 버는 신사보다 아마 현금을 더 많이 지니고 있을 것이다. 네덜란드 사람을 우리와 견주는 것은 벌어먹으려고 마차를 서너 대 굴리는 사람을 멋으로 마차를 가진 신사에 견주는 것이나 같다. 제 것이라고는 물고기 말고 없기에 네덜란드 사람들은 배로 실어 나르는 일을 하게 된 것인데 반해, 우리 산업은 우리가 기르고 만드는 것들에 그 바탕을 두고 있다.

사람들을 절약하게 만드는 것이 세금이 무겁고 땅이 모자라고 그 밖에도 식량 부족을 가져오는 여러 가지 때문이라는 것은 네덜란드 사람들끼리만 보더라도 알 수 있다. 홀란드에는 교역이 많고 돈이 상상할 수 없을 만큼 많다. 땅은 거의 똥(비료)만큼이나 기름지고, (이미 내가 말했듯이) 한 뼘의 땅도 그냥 두지 않는다. 헬더란드 Gelderland와 오버레설Overyssel[66]에는 교역도 거의 없고 돈도 적다. 흙이 달라서 땅은 태반이 놀고 있다. 그런데 똑같은 네덜란드 사람으로서 여기 사는 사람들이 홀란드 사람들보다 가난한데도 덜 인색하고 인심이 더 좋은 것은 왜인가? 다름이 아니라 거의 모든 세금이 낮고 사람 수에 비해 땅이 훨씬 넓기 때문이다. 홀란드에서 하는 절약

12

---

65 여기서 신사gentleman는 점잖은 사람을 일반적으로 가리키기보다는 땅을 가지고 소작료를 받아 살아가는 중소귀족 젠트리gentry(향신)를 가리킨다.
66 네덜란드 말에서 g는 ㅎ 소리 또는 독일어의 ch 소리에 가깝다. 이 두 지방은 내륙 북쪽에 있으며, 홀란드는 바다와 항구를 끼고 있다.

은 덜 먹는 것이다. 세금은 먹을 것, 마실 것, 그리고 땔감에 가장 무거우며, 다른 지방보다 옷이나 가구는 훨씬 고급이다.

절약을 원칙으로 삼는 사람은 모든 것을 절약하지만, 홀란드 사람들은 날마다 있어야 하는 것과 곧 써버릴 것들만 아낀다. 오래 가는 것들에 대해서는 많이 다르다. 그림과 대리석에는 아낌이 없다. 건물과 정원에 들이는 돈은 어리석을 정도다. 다른 나라에서는 왕자들이 위엄 있는 궁정과 넓은 궁궐을 가지고 있는 것을 볼 수 있는데, 훨씬 더 평등한 영국에서는 그런 것을 기대하는 사람이 아무도 없다. 그러나 유럽을 통틀어 민간 건물이, 암스테르담이나 그 주변 큰 도시에 있는 상인들 건물이나 다른 신사들 집처럼, 사치스럽고 장엄한 것은 찾아볼 수 없다. 그곳에 집을 짓는 사람들 대부분은 부동산 가운데 제 집에 투자하는 몫이 지구상 어떤 사람들보다 많다.

13

내가 말하는 이 사람들은 공화국이 된 뒤로 1671년과 1672년 초만큼 엄청나게 쪼들리면서 불길한 사태를 맞았던 적이 없었다.[67] 우리가 이들의 경제와 법질서에 대해 잘 알게 된 것은 주로 윌리엄 템플 경[68] 덕택인데, 그가 쓴 비망록 몇 구절을 보면 네덜란드의 풍

14

---

67 제3차 영국-네덜란드 전쟁(1672~1674)이 시작된 1672년, 영국과 프랑스는 네덜란드에 쳐들어가 여러 도시를 짓밟았는데, 이 해를 네덜란드 역사에서는 "재앙의 해"Rampjaar(람프야르)라 부른다. 패배에 충격을 받아 흥분한 군중은 당시 집권자였던 드 위트 형제를 잔인하게 죽여 매달았으며, 이때 대신 집권하게 된 오라녜공 빌렘(오렌지공 윌리엄)은 1677년 그의 사촌이자 영국 공주인 메리와 결혼한 뒤, 1688년 명예혁명으로 메리 2세와 함께 영국 왕이 되었다.
68 윌리엄 템플 경William Temple(1628~1699)은 영국 외교관으로서 오라녜 공과 메리 공주 결혼을 성사시킨 인물이다. 그는 비망록에서 네덜란드의 부가 절약에서 비롯되었다고 했는데, 맨더빌은 지금 이를 반박하고 있는 것이다. 우리나라에서는

1672년 재앙의 해에 공격당하는 네덜란드 (Pieter Wouwerman, 1672~1682년 무렵)

습과 정부에 대한 이야기가 이때의 것임을 알 수 있다. 네덜란드 사람들은 정말 아주 검소하다. 그러나 그날들 뒤로는 사정이 그리 절박하지 않아서 (보통 사람들은 세금과 부담금을 많이 냈기 때문에 사정이 절박했을 것이지만) 잘사는 사람들 사이에서는 마차와 오락, 그리고 사는 방식 전체에 커다란 변화가 일어났다.

그 나라가 검소한 것이 쪼들려서가 아니고 악덕과 사치를 일반적으로 싫어해서라고 주장하는 사람들은 그들의 공공행정과 적은 봉급, 창고 물건이나 기타 생필품을 흥정하고 살 때 보이는 신중함,

15

2차 세계대전 뒤의 독일 부흥이 근면과 절약 때문이라고 한 "신화"가 박정희 시대에 널리 퍼졌었다(최윤재, 2002: 137 참조).

일해주는 사람에게 속아 넘어가지 않으려는 조심성, 계약을 깬 사람에 대한 엄정함을 이야기할 것이다. 그러나 공무원들의 미덕과 정직함 때문이라고 그들이 말하는 것은 전적으로 공금 관리 규정이 엄격하여 그 존경스러운 정부가 이를 어기려 들지 않기 때문이다. 실제로 어떤 착한 사람은 서로 마음이 맞으면 다른 사람 말을 그대로 받아들일 수도 있다. 그러나 나라 전체로서는 정직함에 기댈 것이 아니라 필연성에 기대야 한다.[69] 잘살고 못사는 것을 공무원과 정치인의 미덕과 양심에 기댈 수밖에 없는 사람들은 불행하며 그들의 법질서는 언제까지나 불안할 것이다.

  네덜란드 사람들은 될 수 있는 대로 국민들이 검소하게 살도록 권장하려고 애를 많이 쓰는데, 이는 그것이 미덕이기 때문이 아니라 내가 앞서 보여주었듯이 일반적으로 말해서 그것이 그들에게 이익이 되기 때문이다. 마지막 것[이익]이 바뀜에 따라 그들은 교훈을 바꾸게 되었으니 다음 예를 보면 알게 될 것이다. 16

  동인도에서 배가 돌아오게 되면 회사는 곧바로 사람들에게 삯을 내주는데, 많은 사람들은 지난 칠팔 년 때로는 십오륙 년 동안 번 돈 대부분을 이때 한꺼번에 받게 된다. 이 불쌍한 친구들은 생각해낼 수 있는 최대한으로 돈을 마음껏 쓰라고 부추겨진다. 이들 대부분은 처음 떠날 때에는 버림받은 처지였었고, 그동안 엄한 규율 속에서 형편없이 먹으며 힘든 일을 위험 속에서 돈 없이 오래 해왔기 17

---

[69] "무릇 성인이 나라를 다스림에 있어서는 사람들이 나를 위하여 착해줄 것을 바라지 않고, 잘못되지 않도록 수단을 쓴다."《한비자》〈현학〉(최윤재(2000: 40)에서 재인용).

때문에, 돈이 생기자마자 흥청망청 쓰도록 부추기는 것은 어려운 일이 아니다.

이들은 취향과 교육수준이 비슷한 다른 사람들이 하는 만큼 술과 여자와 음악에 탕진하는데, 난잡하게 흥청거리며 소란 부리는 정도가 다른 사람들보다 더 하더라도 (이들도 말썽은 부리지 않으려고 삼가거니와) 다들 넘어가준다. 대개 술에 취해서 야한 여자 두셋과 함께 깡깡이를 앞세워 대낮에 큰 길에서 고래고래 소리 지르며 달려가는 이런 무리를 몇몇 도시에서 볼 수 있을 것이다. 이렇게 써도 돈이 빨리 없어지지 않는다고 생각하게 되면 이들은 다른 방법을 생각해내서 어떤 때는 사람들에게 한 줌씩 돈을 뿌려대기도 한다. 이들 대부분은 이 미친 짓을 돈이 남아 있는 동안 계속하는데, 그 기간은 길지 않다. 이들은 "여섯 주 나리"라는 별명으로 불리기도 하니, 대개 여섯 주가 지나면 회사는 다른 배를 띄울 채비를 끝내기 때문이다. 이 얼빠진 녀석들은 (돈은 다 쓴 채) 다시 배에 올라타 시간 날 때마다 제가 저지른 바보짓을 뉘우치게 된다.

이러한 전략에는 두 가지 정책이 들어 있다. 첫째, 무더운 기후와 건강을 해치는 공기와 끼니에 익숙해진 이 뱃사람들이 검소해져서 제 나라에 남게 된다면, 회사는 끊임없이 새 사람을 뽑아야 하는데,[70] (이들이 일에 맞느냐는 것은 놔두고라도) 그 가운데에는 동인도

18

19

---

[70] 공장노동자에 앞서 "최초의 프롤레타리아"라고 할 뱃사람들이 겪은 어려움에 대해서는 주경철(2009: 150~157) 참조. 뱃사람이 모자랄 때는 술집을 급습하여 곯아떨어진 뱃사람을 묶어 끌고 가기도 했고 항구에서 어슬렁거리는 총각들을 강제로 끌고 가 배에 태우기도 했다고 한다.

뭍에 오른 뱃사람은 대개
술과 여자에 빠져 지냈다.

같은 곳에서 살아본 사람이 둘에 하나도 되지 않아서, 회사로서는 부담과 실망이 때로는 클 수밖에 없다. 둘째, 이 뱃사람들이 뿌리는 많은 돈은 이렇게 하여 곧바로 나라를 돌게 되므로, 무거운 세금과 여러 부담금을 통해 머지않아 대부분 공공재정으로 끌어들일 수 있다.

거국적인 절약을 주장하는 사람들에게 그들 이야기가 현실성이 없음을 보여주기 위해, 내가 주석 (L)에서 사치가 좋은 것이며 산업을 유지하는 데 필요한 것이라고 이야기한 것이 모두 잘못되었다고 생각해보자. 그러고 나서, 사람들이 원하든 말든 일반적인 절약을 정책으로 강제한다면 우리나라와 같은 나라에 어떤 일이 벌어지는지 살펴보자. 영국에 있는 모든 사람들이 지금의 오 분의 사만큼만 소비하고, 버는 돈의 오 분의 일은 쓰지 않고 둔다고 해보자. 농부, 목축업자, 지주뿐 아니라 거의 모든 산업에 어떤 영향을 주게 될지

20

는 말하지 않겠다. 그 대신 지금과 똑같은 만큼 일하고 똑같은 만큼 일자리를 얻게 된다고 (아직 불가능하기는 하지만) 좋게 생각하기로 하자. 그 결과로 나타나는 것은, 돈 가치가 엄청나게 떨어져서 다른 모든 것이 상식과는 반대로 아주 비싸지지 않는 한, 5년이 끝날 때에는 일하는 모든 사람들이, 그리고 가장 가난한 노동자까지도 (그 나머지 사람들은 생각하지 않기로 하고) 지금 일 년 동안 쓰는 만큼의 현금을 갖게 되는데, 얼마 안 있어 이 돈은 나라가 한꺼번에 가졌던 돈보다 더 많아질 것이다.[71]

이렇게 돈이 불어나 기쁘다면, 이제 일하는 사람들이 처한 상태를 보자. 날마다 보는 그들 모습과 우리 경험에 비추어, 그들이 어떻게 될지 판단해보기로 하자. 다들 알다시피, 옷감 짜고 옷 만들고 옷감 다듬는 일[72]과 그 밖에 스무 가지 일거리에 수많은 날품팔이들이 있다. 이들은 한 주에 나흘 일해서 먹고 살 수 있다면 닷새째에는 일하려 하지 않을 것이다. 또한 가까스로 살아가면서도, 쉰 가지 난처한 일에 제 발로 뛰어들고, 일 시키는 사람 말은 듣지 않고, 밥을 굶더라도 빚을 내서라도 놀러 가고 싶어 하는 온갖 종류의 노동자가 몇천 명이 된다. 사람들이 이처럼 유난히 게으름과 즐거움을 좋아한

21

---

[71] 저축하여 돈이 불어나면 노동자들이 일을 안 할 것이라는 맨더빌의 주장은 잘못된 것이다. 사치가 일자리를 만든다는 맨더빌 자신의 주장만 가지고 보더라도, 불어난 돈으로 나중에 소비를 하면 일자리가 늘어날 것이고, 놀고 싶은 노동자는 — 누군들 놀고 싶지 않을까 — 오르는 임금에 이끌려 일하러 나오게 될 것이다. 맨더빌의 경제 지식은 일일이 지적하며 바로잡기에는 너무 허술하다. 게다가 맨더빌은 소득, 통화량, 부를 구분하지 않고 다 돈이라 부르며 혼란 속에 빠져 있다.
[72] clothworking은 모직물을 만드는 여러 공정 가운데에서 다 짠 옷감을 촘촘하게 만드는 fulling(축융)과 보풀 잘라내는 shearing의 두 가지 공정을 가리킨다.

다면 당장 급해서 일해야 하는 것이 아닐 때 이들이 일하리라 생각할 까닭이 무엇이겠는가? 어느 기술자가 월요일 아침에 지난주 봉급에서 2실링이 남은 것을 보고 화요일이 되기 전에는 일하러 갈 수 없다고 버틴다면, 주머니에 15 또는 20파운드가 있을 때는 그가 도대체 일하러 가기는 갈 것이라고 믿을 까닭이 있겠는가?[73]

이런 식이라면 우리 제조업은 어찌 될 것인가? 상인이 옷을 다른 나라에 보내려 한다면 손수 만들어야 할 것이니, 왜냐하면 옷 만드는 사람은 데리고 일하던 일꾼 열둘 가운데 하나도 찾지 못할 것이기 때문이다. 내가 말하는 이 일이 오로지 날품으로 신발 만드는 사람에게만 일어나고 다른 사람에게는 아무런 일이 없다고 해도, 열두 달이 가기 전에 우리들의 절반은 맨발로 다녀야 할 것이다. 한 나라에서 돈의 쓰임새로 으뜸가는 가장 시급한 것은 가난한 사람들의 노동에 돈을 주자는 것인데, 돈이 정말로 모자란다면, 돈을 줘야 할 많은 일꾼을 거느린 사람이 언제나 이를 가장 먼저 느낄 것이다. 그러나 돈이 이처럼 필요하긴 하지만, 재산이 잘 보전되는 곳이라면, 가난한 사람 없이 사는 것보다 돈 없이 사는 것이 더 쉬울 것이다. 누가 일하려 들겠는가 말이다. 이런 까닭에 한 나라에 돌아다니는 돈의 양은 고용된 사람 수에 언제나 비례해야 한다. 그리고 노동자의 임금은 생활비에 비례해야 한다.[74] 이로부터 알 수 있는 것은, 가난한 사람들을 잘 다스린다면, 풍요를 가져오는 것은 노동자를 값싸

---

[73] 18세기 초에 막노동자는 5~6페니, 기술자는 8~9페니를 하루 임금으로 받았고 (임금 자료 출처는 109쪽 각주 18 참조), 1파운드는 20실링, 1실링은 12페니이니, 2실링은 대략 이틀 임금, 15~20파운드는 1년 임금에 해당한다.

게 만든다는 것이다.[75] 이들이 굶지 않도록 해야 하는 것과 마찬가지로, 이들에게 저축할 〔쓰고 남을〕 만큼 주어서는 안 된다. 여기저기서 밑바닥에 있는 사람이 남들 안 하는 일을 하며 먹을 것 안 먹어가며, 그리하여 그가 자라온 환경을 넘어선다면 아무도 그를 막아서는 안 된다. 사회의 한 사람이, 그리고 한 집안이 절약한다는 것은 따져볼 것도 없이 가장 슬기로운 길이다. 그러나 모든 잘사는 나라에는 가난한 사람들 대부분이 빈둥대지 않고 버는 대로 줄곧 쓰는 것이 이익이다.

    윌리엄 템플 경이 잘 보았듯이, 모든 사람은 자존심이나 탐욕이 부추기지 않는 한, 일하는 것보다는 편하고 즐거운 것을 더 좋아한다. 그리고 하루하루 일해서 먹고사는 사람들은 자존심이나 탐욕에 크게 좌우되는 일이 거의 없다. 그래서 이들은 가난하지 않으면 일하게 되지 않기 때문에, 가난을 덜어주는 것은 속 깊은 일이지만 가난을 없애주는 것은 바보짓이다.[76] 노동자를 부지런하게 만들려면 오로지 돈이 적당히 있어야 한다. 너무 적으면 사람에 따라 기가 죽거나 절망하게 될 것이고, 너무 많으면 거들먹거리고 게을러질 것이다. 23

    돈이 너무 많으면 나라에 좋지 않다는 주장을 사람들은 비웃을 24

---

74 오늘날에는 오르는 생활비만큼은 임금이 따라줘야 한다는 뜻이겠지만, 맨더빌은 임금이 생활비를 넘어서서는 안 된다는 뜻으로 한 이야기다.

75 원문이 조금 이상하다. "whatever procures plenty makes labourers cheap"을 그대로 옮겼는데, 문맥으로 보자면 "whatever makes labourers cheap procures plenty"를 말하려던 것이 아닐까 생각된다.

76 마찬가지로 〈자선: 51〉에서는 "나쁜 환경에서 사회가 행복해지고 사람들이 편안해지려면, 반드시 그들 가운데 많은 사람들이 무식할 뿐 아니라 가난해야 한다"고 하였다.

것이다. 그러나 이것이 스페인의 운명이었다. 학식 높은 디에고 사베드라[77]는 바로 여기에서 제 나라가 망한 까닭을 찾았다. 지난 시대에 땅에서 나는 열매들은 스페인을 아주 부유하게 만들어서 프랑스 국왕 루이[7]세[78]는 톨레도 궁에 왔을 때 그 화려함에 놀라 유럽과 아시아 어디에서도 견줄 만한 것을 본 적이 없다고 하였다. 그는 성지[시리아]에 다녀오면서 구석구석 다 다녀본 사람이었다. 카스티야 왕국만 하더라도, (몇몇 작가를 믿어본다면) 성전을 치르기 위해 세계 각지에서 병사 10만 명, 말 1만 마리, 짐마차 6만 대가 모여들었는데, [카스티야 국왕] 알폰소[8]세는 그 유지비용을 모두 댔을 뿐 아니라, 계급과 신분에 따라 장교와 군주들, 게다가 병사들에게까지 한 사람도 빠짐없이 날마다 돈을 주었다.[79] 나아가 (콜럼버스를 지원했던) 페르난도(1452~1516)와 이사벨(1451~1504) 시대까지, 그리고 그 얼마 뒤까지도, 스페인은 비옥한 나라여서 무역과 제조업이 번성했으며 백성들이 지식 있고 부지런함을 자랑할 수 있었다. 그러나

---

77 디에고 사베드라Diego de Saavedra Fajardo(1584~1648)는 스페인 외교관이다. 아래 문단은 그가 쓴 《기독교 정치 군주의 이상》 영어판(1700) 149쪽 69번째 이야기에서 많이 빌려온 것이다. 이 무렵까지만 하더라도 스페인의 살라망카Salamanca 학파는 영국에 훨씬 앞선 경제 이론 지식을 갖추고 있었다.
78 원문은 루이 11세로 되어 있지만 루이 7세(1120~1180)일 것이다. 디에고 사베드라의 영어판 책(1700)에는 루이라고만 나온다(케이 각주).
79 카스티야는 1035년 왕국이 되었으며 수도는 톨레도였다. 1469년 카스티야 왕국의 이사벨과 아라곤 왕국의 페르난도가 결혼하면서 두 왕국이 합쳐져서 에스파냐(스페인)가 되었다. 성전은 수백 년째 이베리아 반도를 점령하고 있던 무어인들을 내쫓는 전쟁을 말한다. 국토회복운동Reconquista으로 불리는 이 성전은 1238년에 실질적으로 끝났으며, 마지막 이슬람 세력 그라나다는 카스티야 통치 아래 있다가 1492년 완전 통합되었다. 원문의 알폰소 3세는 알폰소 8세(1155~1214)이다(케이 각주).

엄청난 보물을 얻게 되면서 달라졌다. 그 보물은, 역사에서 알려진 그 어느 경우보다 심했던 위험과 잔인함으로, 스페인 사람들이 스스로 털어놓은 말에 따르면 인디언 2,000만 명의 목숨을 빼앗은 끝에, 얻은 것이다.[80] 그런데 그 엄청난 보물이 바다처럼 흘러들어오자마자 그들은 정신을 차리지 못했고 산업은 그들을 떠나갔다. 농부는 쟁기를 버리고, 직공은 연장을, 상인은 사무실을 버렸으며, 모두들 일을 우습게 알고 즐거움에 빠져 신사 노릇으로 돌아섰다.[81] 그들은 저희가 이웃나라보다 당연히 낫다고 생각하며 이제는 세계를 정복하는 것만이 그들에게 도움이 된다고 믿었다.

그 결과 이제 스페인 사람들이 게으름과 자존심 때문에 하지 않는 일들을 다른 나라가 하게 되었다. 정부는 금이 나라 밖으로 빠져나가는 것을 막으려고 온갖 금지조치를 다 했지만, 스페인 사람들은 목이 날아갈 위험을 무릅쓰고 바다 건너편에 있는 여러분에게 기꺼이 금을 들고 왔고, 이를 보고 전 세계는 스페인을 위해 열심히 일하게 되었다. 금과 은은 이렇게 해마다 쪼개져 나가 무역을 하는 모든

---

[80] 스페인 사람들의 잔인한 학살이 역사적인 사실이고, 콜럼버스가 도착한 뒤 1~2세기 만에 미주대륙 원주민 인구 감소가 무려 95퍼센트에 이르렀을 것으로 오늘날 추정되지만, 인구 감소의 결정적인 이유는 학살보다는 유럽에서 건너온 새로운 세균이었다(다이아몬드, 2005: 11장).

[81] 오늘날 볼 때 이는 자본 유입 때문에 통화량과 외환보유가 늘고, 소비와 투자를 촉진하며, 경상수지를 악화시키는 전형적인 결과로 볼 수 있다(Calvo et al., 1996 등 참조). 전체적으로 물가가 오르지만, 특히 비교역재 가격이 오르고, 임금, 부동산 가격, 주가 등이 오르는 것이 보통이며, 노동 등 생산요소가 제조업을 떠나 서비스업으로 몰리는 이른바 탈산업화도 따를 수 있다. 절약의 폐해를 주장하는 맨더빌은 지금 과소비를 전형적으로 보여주는 사례를 거꾸로 드는 잘못을 저질렀다.

나라로 흩어져 가면서 모든 물건 값을 올려놓았으며 유럽 거의 모든 나라들은 부지런해졌다. 오로지 원래 주인〔스페인〕만은 그 엄청난 횡재 뒤로는 줄곧 팔짱을 끼고 초조와 근심 속에 해마다 돈이 들어오기를 기다렸다가 이미 사버린 물건 값을 치르는 데 썼다. 이리하여 돈이 너무 많아서, 또한 그 때문에 식민지를 거느리고 잘못 경영하다 보니, 스페인은 한때 풍족하고 인구 많은 나라로서 많은 칭호와 재산을 가지고 있다가, 이제는 메마르고 텅 빈 길이 되어 그 길을 따라 금과 은이 아메리카에서 세계 다른 곳으로 흘러가게 되었다. 그리고 그 국민은 부유하고 날카롭고 부지런하고 일을 잘했는데, 이제는 느리고 게으르고 잘난 체하고 가난하게 되었다. 스페인 이야기는 이제 그만하자. 돈을 생산물이라 부를 수 있는 다음 나라는 포르투갈인데, 이 왕국이 그 많은 금을 가지고 유럽에서 하는 모습을 보면 부러워할 것이 많지 않다고 나는 생각한다.

 그러니 한 나라를 행복하게 만들고 번성하게 하는 위대한 재주는 모든 사람에게 일자리를 주는 것이다.[82] 이를 이루려면 정부가 해야 할 첫째 일은 사람이 생각해낼 수 있는 온갖 제조업과 예술과 공예를 북돋는 것이다. 그리고 둘째는 농업과 어업을 키워서 사람뿐 아니라 땅과 바다 전체가 온 힘을 다 하게끔 하는 것이다. 하나는 많은 사람들을 그 나라로 끌어들이는 틀림없는 교훈이며, 다른 하나는 그들을 지키는 유일한 방법이다.

26

---

82 일하게 만드는 것은 (저임금과 더불어) 중상주의 정책의 핵심 가운데 하나다. 흔히 중상주의자들은 노동자들이 일하지 않는다면 그것은 일자리가 없거나 임금이 낮아서가 아니라 노동자들이 게으르기 때문이라 생각했다.

산 전체가 은으로 되어 있다는 말이 있을 정도였던 포토시 은광
(Theodor de Bry, 1596)

나라에 위대함과 행복을 가져다주는 것은 바로 이런 정책이지, 하찮게 사치와 검약을 (사람들이 하는 것을 보면 앞으로도 그 길로 갈 것으로 보이지만) 규제하는 것이 아니다. 금값과 은값이 오르건 내리건, 모든 사회가 누리는 것은 땅에서 나는 것과 사람이 만들어 내는 것에 달린 것이다.[83] 이 두 가지가 어우러지면 브라질의 금이나 포토시[84]의 은보다 더 확실하고 더 오래가고 더 진실한 보물이 된다.

27

---

[83] 금과 은이 곧 국부라는 중상주의 생각을 넘어서 맨더빌은 아담 스미스에 앞서 국부가 생산에 달린 것이라 생각했다. 다만 덧붙인다면, 금과 은은 대외자산으로서 —유량이 아닌 저량으로서—여전히 국부의 일부인 것이고, 금과 은의 변동은 물가 변동을 통해 경제에 큰 영향을 미친다.

[84] 포토시Potosi는 처음엔 페루, 지금은 볼리비아에 속한 지방으로, 이곳 산은 은으로 되어 있다고 할 만큼 은으로 유명하다.

주석 (Y) :
세상의 편리함을 누리며 (411행)

볼꼴 사납지 않다거나 편리하다는 말은 아리송해서, 이 말을 쓰는 사람의 신분과 환경을 알지 않고서는 제대로 알아듣지 못한다고 이미 주석 (L)에서 이야기한 적이 있다. 쓸 돈 삼사천 파운드가 있는 금은방, 옷장수, 또는 그 밖의 신용 좋은 가게주인들은 날마다 고기 두 접시씩 먹으면서 일요일에는 특별한 것을 먹을 것이다. 그 부인은 애 낳을 때가 되면 다마스크 침대[85]를 마련하고 방 두세 개를 아주 잘 꾸며둘 것이며, 다음 여름이 되면 시골에 집이나 아니면 적어도 아주 좋은 숙소를 갖게 될 것이다. 동네 밖에 다닐 일이 있는 사람은 말을 한 마리 가질 것이고, 하인도 따로 말을 한 마리 가질 것이다. 사업이 괜찮으면 팔 년이나 십 년 안에 큰 마차를 장만하게 되리라 생각할 텐데, 그런 마차를 사면서도 그는 이십 이삼 년 (그의 말을 빌리면) 뼈 빠지게 일하고 나면 맏아들에게 해마다 적어도 천

1

---

[85] 시리아 다마스쿠스에서 비롯된 고급 천으로 만든 침대보로 싼 침대.

파운드가 들어올 재산을 물려주고, 다른 자식들에게는 각각 이삼천 파운드씩 물려주어 세상에 발을 내딛도록 할 수 있으리라 생각할 것이다.[86] 이런 사람이 일용할 양식을 기도 드리면서 이보다 더한 것을 바라지 않는다면 그는 꽤 수수한 사람이라 생각될 것이다. 이를 두고 뽐내는 것이다, 사치스런 것이다, 없어도 되는 것이다, 또는 뭐라고 부르든, 이는 잘사는 나라의 수도에서라면 마땅한 것에 지나지 않는다. 형편이 못한 사람은 돈이 덜 드는 살림으로 만족해야 할 것이고, 지위가 더 높은 사람은 더 비싼 것을 가질 것이 분명하다. 어떤 사람들은 금은 접시에 먹어야 볼꼴 사납지 않다고 하며, 말 여섯 마리가 끄는 대형마차를 즐거운 삶에 꼭 있어야 하는 것으로 친다. 그리고 귀족으로서 해마다 들어오는 돈이 삼사천 파운드를 넘지 않으면 가난하다고 여긴다. [1714년 판은 여기에서 끝났다.]

    이 책 첫 판본이 나온 뒤로, 지나친 사치가 나라를 반드시 망치게 된다고 들이대며 나를 공격한 사람들이 꽤 있었다. 그러나 이제 내가 사치를 어떤 뜻으로 말하는지 보여준 만큼 이들에 대한 답은 되었을 것이다. 그래서 앞으로는 어떤 독자도 내 뜻을 잘못 받아들이지 않도록, 내가 주의하라고 한 점들과 초판 및 지금 판에서 붙인 단서들을 지적하려고 한다. 이를 빠뜨리지 않는다면, 내게 퍼부을 수도 있을 꾸지람과 반대를 막을 수 있을 것이다. 나는 다음과 같은 주장을 내놓았으며 앞으로도 여기에서 벗어나지 않을 것이다. 가난한 사람들은 꼭 일하도록 해줘야 하며, 이들의 가난을 덜어주는 것

2

---

86 이 무렵 기술자 1년 임금이 15~20파운드 수준이었다. 171쪽 각주 73 참조.

은 속 깊은 일이지만 가난을 없애주는 것은 바보짓이다. 이들을 먹여 살리려면 농업과 어업이 모든 분야에서 촉진되어야 하며, 그렇게 하면 노동이 싸질 것이다. 무지는 사회에 꼭 필요한 구성요소이다. 이 모든 것에서 분명한 것은 나는 사치가 나라 모든 곳에서 일반화되어야 한다고 생각한 적이 없다는 것이다. 마찬가지로 내가 요구하는 것은, 재산이 잘 지켜져야 하며, 정의는 공평하게 집행되어야 하고, 모든 면에서 나라 이익을 보살펴야 한다는 것이다. 그러나 내가 가장 역설하면서 한 차례 이상 되풀이했던 것은 무역수지에 주의해야 한다는 것이며 정부는 해마다 수입이 수출을 넘지 않도록 조심해야 한다는 것이다. 이것을 지키면서 내가 말한 다른 것들을 소홀히 하지 않는다면, 외국 사치품이 나라를 망칠 일은 없다고 나는 계속 주장한다. 최고의 사치는 인구가 아주 많은 나라에서나, 그것도 위쪽 계층에서만, 볼 수 있는 것이며, 위쪽 계층의 힘이 셀수록 아래쪽 계층, 곧 전체를 먹여 살리는 밑바탕인 많은 가난한 노동자들이 차지하는 비율은 더 커진다.[87]

자기보다 돈이 많은 사람을 너무 흉내 내다가 망하는 사람은 저 밖에 탓할 사람이 없다. 이것이 사치가 잘못임을 보여주는 것은 아니다. 누구라도 제가 버는 돈을 넘어 살아가려 하는 사람은 바보일

3

---

[87] 이 무렵 영국에서는 귀족, 향신, 변호사, 공무원, 상인 등으로 이루어진 상류층 인구 6.5퍼센트가 국민소득 26퍼센트를 차지했다고 추산된다. 그러나 당시 유럽 기준으로 볼 때, 특히 스페인이나 프랑스와 비교하면, 네덜란드와 영국은 상대적으로 가장 평등한 쪽에 속하는 나라였다. 이 상대적인 평등이 두 나라를 경제 대국으로 만든 원동력이라고도 볼 수 있다(Speck, 1975 참조).

뿐이기 때문이다. 지위가 있는 사람은 말 여섯 마리가 끄는 마차를 서너 대 가지면서도 자식에게 돈을 남겨줄 수 있지만, 젊은 가게 주인은 보잘것없는 말 한 마리만 가져도 망할 수 있다. 잘사는 나라에 방탕한 사람이 없을 수는 없지만, 방탕한 사람으로 가득 차서 돈 모으려는 사람이 같은 만큼 많지 않은 도시는 본 적이 없다. 꽤 오랫동안 돈을 함부로 쓰며 조심하지 않은 끝에 파산하는 늙은 상인이 있는 만큼, 같은 사업에 뛰어든 젊은 초심자로서 더 부지런히 일하며 저축하여 마흔이 되기 전에 부동산을 장만하는 사람이 있기 마련이다. 뿐만 아니라 사람의 약점은 때로는 반대로 작용한다. 너무 아끼다가 잘살지 못하는 답답한 사람이 있는가 하면, 더 머리 좋은 사람은 돈을 얕잡아 보듯이 펑펑 쓰면서 큰 재산을 모으기도 한다. 그러나 재물이 돌고 도는 것은 어쩔 수 없다. 아무리 슬픈 일도 사회 구성원의 죽음만큼 사회에 손실이 되는 것은 없는데, 세례가 장례에 균형을 맞춰주는 법이다. 남들의 불행 때문에 곧바로 손해 보게 된 사람들은 매우 슬퍼하며 투덜거리고 시끄럽게 군다. 그러나 이 때문에 돈을 벌게 된 사람들이 있게 마련인데, 이들은 이웃의 죽음과 재난 덕에 좋아졌다고 여겨지는 것이 거북하기에 입을 닫게 된다. 잘되고 못되는 갖가지 일들은 쉬지 않고 돌아가는 바퀴가 되어 구조 전체를 움직여준다. 당장 눈앞에서 벌어지는 좁은 범위를 과감히 벗어나 생각하는 철학자들은 사람 사는 사회에서 번갈아 일어나는 변화를 마치 허파가 부풀었다 꺼졌다 하는 것을 보듯 한다. 허파가 꺼지는 것은 부푸는 것과 마찬가지로 사람 숨쉬기의 한 부분이다. 그래서 나라에서 재물이 가만히 있지 못하고 변덕스럽게 숨쉬는 것은 살아 있는 사람에게서 공기가 드나드는 것과 마찬가지다.

그래서 탐욕과 방탕은 사회에 똑같이 필요하다.[88] 어떤 나라 사람들이 전체적으로 다른 나라 사람들보다 돈을 더 잘 쓴다면 이는 환경이 어느 쪽 악덕을 더 잘 불러일으키게 되는지 서로 다르다는 데에서 비롯되는 것이며, 타고난 기질뿐 아니라 사회의 조건에 따른 것이다. 앞서 주석 (Q)에서 이미 그 핵심을 살펴보았던 이야기를 여기에서 되풀이하는 것은 잘 기억하고 있지 못할까 봐 그러는 것이니 꼼꼼한 독자는 용서해주기 바란다. 탐욕[절약과 저축]을 불러일으키는 것들을 들자면, 땅보다 많은 돈, 무거운 세금, 모자라는 먹을거리, 부지런하고 일 잘하는 성품, 적극적이고 활동적인 정신, 심술궂고 무뚝뚝한 기질, 늙음, 슬기로움, 장사, 일해서 모은 재산, 굳건한 자유와 재산 같은 것들이다. 반면에 방탕[소비]하게 만드는 환경을 들자면, 게으름, 만족, 착한 마음, 즐거운 기질, 젊음, 제멋대로인 권력, 쉽게 얻은 돈, 넉넉한 먹을거리, 아리송한 소유 같은 것들이다. 앞의 것들이 많으면 탐욕이 흔한 악덕이 되고, 뒤의 것들이 저울을 기울게 하면 방탕이 흔해진다. 그러나 나라 전체가 쪼들리지 않는데 나라 전체가 절약하는 일은 이제까지도 없었거니와 앞으로도 없을 것이다.

사치 금지법이 쓸모가 있다면, 그것은 가난한 나라에서, 크나큰 전쟁 참화나 돌림병이나 굶주림을 겪고 난 뒤에, 일이 멈추고 가난한 사람들이 노동하지 못할 때 그러하다.[89] 그러나 사치 금지법을 잘

---

88 탐욕과 방탕의 대비에 대해서는 156쪽 각주 54 참조.

사는 나라에 들여오는 것은 나라 이익을 찾는 길로는 잘못된 길이다. 〈투덜대는 벌집〉의 주석을 마치면서, 나는 거국적인 절약을 외치는 사람들에게 말해두고자 하는 것이 있으니, 우리 여인들로 하여금 아시아 비단을 덜 입게 한다면, 페르시아와 다른 동쪽 사람들이 고급 영국 옷감을 많이 사주는 것은 불가능하다는 것이다.

---

89 이 부분이 사치가 일자리를 만든다는 생각과 어떻게 다른지는 알 수 없다. 맨더빌은 〈사회:7〉에서는 사치 금지법을 칭찬하기도 했다. 216쪽 각주 104 참조.

자선과 자선학교

자선charity은 친분이나 혈연으로 매이지 않는 남에게, 또는 우리가 빚지지도 않고 어떤 것을 되받으리라 바라지도 않는 그저 낯선 사람에게조차도, 우리가 스스로에게 갖는 진지한 사랑을 순수하게 나누어주는 미덕이다. 이 정의를 조금이라도 덜 엄격하게 한다면 그 미덕은 불완전하게 된다. 우리가 친구와 친척에게 해주는 것은 부분적으로 우리 스스로에게 해주는 것이다. 어떤 사람이 조카나 조카딸에게 잘해주면서, 이 아이들은 내 아우의 아이들인데 나는 자선을 베풀고 있다고 한다면, 그는 당신을 속이는 것이다. 그가 도울 힘이 있다면 세상은 그가 도우리라 생각할 것이므로, 그는 부분적으로는 스스로에게 해주는 것이다. 그가 세상의 존경을 존중하고 명예와 평판에 신경 쓰는 사람이라면, 그는 낯선 사람에게보다는 그 아이들에게 더 많은 관심을 갖지 않을 수 없는데, 그러지 않는다면 그의 인품이 손상될 것이기 때문이다. 1

―――

이 미덕을 이따금씩 흉내 내는 감정이 있는데, 이는 연민pity〔불 3

쌍히 여기는 마음] 또는 동정심compassion[함께 느끼는 마음]이라 하는 것으로, 다른 사람들의 불행과 재난을 동료 의식fellow-feeling으로 슬퍼해주는 마음이다. 사람은 누구나 많건 적건 이런 감정을 가지고 있는데, 마음이 여린 사람일수록 대개 더 그러하다. 이 감정은 다른 생명체가 괴롭고 비참한 것을 보면서 우리가 강한 인상을 받아 마음이 불편해질 때 생긴다. 이는 눈이나 귀 또는 둘 다를 거쳐 들어오며, 그 대상이 가까이에서 그리고 격렬하게 우리 감각을 건드릴수록 우리를 더욱 흔들어놓아서, 때로는 우리에게 아픔과 걱정을 불러일으키기까지 한다.[90]

  우리는 방에 갇혀 있고, 창살 너머로 손을 뻗으면 닿을 만한 거리에서 두세 살 먹은 어린이가 한창 기분 좋게 놀고 있다고 하자. 천진한 어린 것이 종알거리는 모습을 별생각 없이 즐겁게 바라보고 있는데, 다 큰 더러운 암퇘지가 아이에게 덤벼들어 아이가 외마디 소리를 지르며 놀라 넋이 빠지게 되었다면, 우리는 걱정이 되어서 외쳐대고, 낼 수 있는 온갖 소리로 울러대며 그 암퇘지를 쫓아내려 할 것이다. 그러나 이 짐승이 굶주림에 미쳐 먹을 것을 찾아 돌아다니고 있는 것이었다면, 우리가 아무리 소리 지르며 으르는 몸짓을 해본들, 이 굶주린 짐승은 끝내 힘없는 아이를 잡아 갈가리 찢어 먹어치울 것이다. 돼지는 무시무시한 입을 활짝 벌리고, 허둥대는 탐욕 앞에 불쌍한 양은 쓰러져, 보드라운 팔다리는 무방비 자세로 짓밟히

4

---

90 스미스의 《도덕감정론》 맨 앞부분에 나오는 동감sympathy에 대한 이야기는 여기에 나오는 맨더빌 이야기를 직접적으로 떠올리게 한다.

고, 찢겨나가며, 더러운 주둥이는 아직도 살아 있는 창자에 코를 박고 김이 피어오르는 피를 빨아 마시는데, 이따금 뼈다귀 씹는 소리가 들리며, 이 잔혹한 짐승이 끔찍한 잔칫상 앞에서 사나운 즐거움으로 꿀꿀댄다면, 이 모든 것을 보고 듣는 것은 우리 마음에 이루 말할 수 없는 고문이 될 것이다. 미덕을 지닌 사람에게나 그를 보는 남들에게나 뚜렷이 보일 만큼 가장 빛나는 미덕이라고 도덕주의자들이 제아무리 자랑하는 미덕이 있다고 한들, 뽐내는 마음과 화내는 마음이 들어 있지 않은 순수한 용기라든가, 영광을 사랑하는 마음과 조금도 자기 이익을 생각하는 마음이 들어 있지 않은 순수한 애국심이라든가, 이런 감정들이 제아무리 순수하게 독자적으로 있다고 한들, 연민이 다른 모든 감정과 관계없이 순수하게 독자적으로 있는 만큼에 미치지 못한다. 이러한 광경 앞에서는 미덕이나 금욕이 움직여줘야 할 필요가 없다. 훌륭한 도덕과 가엾게 여기는 마음을 가진 인류애로 가득한 사람뿐 아니라, 노상강도나 도둑이나 살인범도 마찬가지로, 이러한 경우에는 다들 걱정하는 마음을 갖게 된다. 제 처지가 아무리 불행하더라도 잠시 제 불행을 잊게 될 것이고, 가장 골치 아픈 걱정거리도 연민에 자리를 내주게 될 것이며, 어떤 말로도 나타낼 수 없는 그런 광경을 보고 마음 아파하지 않을 만큼 냉혹하게 다른 생각을 할 사람은 이 세상에 하나도 없을 것이다.

  연민이 눈이나 귀로 들어온다고 한 내 말을 궁금하게 생각하는 사람이 많을 것이다. 그러나 그 말이 맞다는 것은, 대상이 가까이 있을수록 더 고통받고 멀리 있을수록 덜 걱정한다는 것을 생각해보면 알 수 있다. 멀리서 본다면 사형당하는 사람을 보더라도 우리 마 5

음은 크게 흔들리지 않는다. 그러나 우리가 가까이에서 그들 눈 속에서 영혼이 움직이는 것을 보면서, 그들의 두려움과 번민을 관찰하고, 얼굴 구석구석에서 고통을 읽어낼 수 있다면 다르다. 대상이 우리 감각에서 꽤 벗어나 있을 때에는 불행한 이야기를 듣고 읽는 것으로는 연민이라고 하는 감정이 일어날 수 없다. 친구들이나 우리가 지지하는 사람들이 손해를 보고 재난을 당했다는 나쁜 소식을 듣게 되면 우리는 걱정하지만, 이는 연민이 아니라 슬픔이나 비통함이며, 그 감정은 사랑하는 사람이 죽었을 때나 아끼는 것이 망가졌을 때 우리가 느끼는 것과 같다.

    우리가 전혀 모르는 사람 삼사천 명이 칼을 맞고 죽었다거나 강에 떠밀려 빠져 죽었다는 이야기를 들을 때, 우리는 그들을 연민한다고 말하고 때로는 그렇게 믿는다.[91] 인류애는 우리에게 남들의 고통에 동정심을 가지라고 명하며, 이성은 우리에게, 멀리서 일어난 일이든 눈앞에서 벌어진 일이든 우리가 느끼는 감정은 똑같아야 한다고 말해주며, 동정심을 느껴야 할 때 느끼지 못한다고 털어놓는 것은 부끄러운 짓이라고 말해준다. 동정심이라는 인정이 없는 사람은 잔인한 사람이다. 이 모든 것은 이성과 인류애가 시키는 것인데, 본성은 그렇게 칭찬해주지 않는다. 대상이 때려주지 않으면 몸은 그것을 느끼지 못한다. 눈앞에 없는 사람을 연민한다는 말은 '저는 당신의 비천한 종입니다'라는 말을 들을 때와 같은 식으로 받아들여야

6

---

[91] 이 이야기는 스미스의 《도덕감정론》(Ⅲ.3.4)에서 중국 사람들이 지진에 빠져 죽는 이야기로 바꿔어 되풀이된다.

한다. 날마다 만날 일이 없는 사람들이 처음 만나 흔한 인사말을 주고받을 때에는 2분도 안 되는 동안 대여섯 차례씩 번갈아가며 기분이 좋았다 나빴다 하게 되지만, 헤어질 때에는 만났을 때보다 더한 슬픔이나 기쁨을 간직하고 가지 않는다. 연민도 마찬가지여서, 이는 두려움이나 노여움과 조금도 다름없이 우리가 골라 갖는 것이다. 실제로 눈앞에서 벌어지는 일처럼 마음에 그려볼 수 있을 만큼 상상력이 강하고 생생한 사람은 동정심을 닮은 감정 속으로 빠져들 수 있다. 그러나 이는 기술로 그리되는 것이며 때로는 애를 좀 써야 하는 것으로, 연민을 그저 흉내 낸 것에 지나지 않는다. 마음은 이를 거의 느끼지 못하며 그 느낌은 비극을 보면서 느끼는 것만큼이나 어렴풋하다. 비극을 보면서 우리 마음 어딘가에는 모르는 구석이 생기게 되는데 생각을 게으르게 이리저리 옮기다 보면 잘못된 곳으로 이끌려 들어가기도 한다. 그런데 그렇게라도 되어야 감정이 살아나게 되는 것이니, 마음이 하는 일 없이 놀고 있을 때에는 그런 감정이 조금 찔러주는 것도 기분 나쁘지는 않다.

　우리가 연민을 가끔씩 자선으로 착각하면서 연민은 자선의 모습을 띠고 자선의 이름을 빌리기도 한다. 거지가 예수 그리스도를 위해 자선을 베풀라고 할 때 속셈은 연민을 불러일으키려는 것이다. 그는 병에 걸리고 아픈 몸 가운데 가장 나쁜 곳을 보여주고, 말을 가려서 자기 재난을, 진짜든 가짜든, 간추려 들려준다. 하느님에게 당신의 마음을 열어달라고 기도하는 것처럼 보이는 동안 그는 실제로는 당신 귀에 매달린다. 가장 못된 이들은 종교에 기대어 도움을 조르며, 슬픈 가락을 띤 말투에 애써 배운 처량한 몸짓을 곁들인다. 그

7

러나 그는 한 가지 감정만 믿는 것은 아니어서 직함과 작위로 불러주며 당신의 뽐내는 마음에 아첨한다. 당신의 탐욕을 달래기 위해서는, 아주 작은 선물만을 바랄 뿐이라고 되풀이하면서, 고리대금법을 훨씬 넘어서는 엄청난 이자가 붙은 보상을 미래에 조건부로 받을 수 있을 것이라고 약속한다. 대도시에 익숙하지 않은 사람들은 이처럼 다양한 공세를 받게 되면 대개 굴복하게 되면서, 저에게도 여분이 없건만 뭔가를 주지 않고는 배기지 못한다. 자기사랑 self-love은 우리를 얼마나 이상하게 몰고 가는가. 자기사랑은 늘 우리를 지켜주지만, 강력한 감정을 달래주느라고 우리 이익에 반하여 행동하게 만든다.[92] 연민에 사로잡히게 되면, 우리가 동정하는 사람을 도움으로써 그의 슬픔을 덜어주는 역할을 하는 것이라고 상상해야만 우리 마음이 편해지는 것이다. 그렇기 때문에 연민이 많은 사람은 종종 마음으로는 그러지 말아야지 생각하면서도 동냥을 주게 된다.

상처가 드러나 있거나 또는 달리 특별하게 아파 보일 때, 게다가 거지가 이런 모습을 찬바람에 내놓게 되면, 이는 어떤 사람들에게는 아주 충격적이다. "부끄러운 일이에요, 저런 광경을 내버려두다니" 하고 그들은 소리친다. 주된 이유는 그 광경이 연민을 제대로 건드렸다는 것이다. 그러면서 그들은, 탐욕스러워서 그러거나 쓸데없는 짓이라 생각해서 그러거나, 아무것도 주지 않기로 마음먹는데, 이로써 그들 마음은 더욱 불편해진다. 그들은 눈을 돌리고, 소리가

8

---

[92] 오늘날 경제학에서는 (물질적) 이익을 기준으로 이기심과 이타심을 나누지만, 맨더빌은 물질적 손해를 보면서 남을 돕는 것까지도 자기사랑(요즘 말로 하면 이기심)이라고 보았다.

거지에게 적선하는 신사 (Edward William Cooke, 1813)

차마 들어줄 수 없을 때에는 어떤 사람들은, 그러는 게 부끄럽지 않다면, 기꺼이 귀를 막는다. 그들이 할 수 있는 것이라고는 발걸음 빠르기를 고치며 거지가 길거리에 나다닌다는 사실에 마음속으로 화를 내는 것이다. 그러나 두려움과 마찬가지로 연민의 경우에서도, 우리 감정을 불러일으키는 대상을 잘 알수록 우리는 덜 불안해져서, 이 모든 광경과 말투에 익숙한 사람들은 거의 영향을 받지 않는다. 이제 부지런한 거지가 이렇게 철옹성 같은 마음을 정복하려면, 남은 일은, 목발을 짚었든 안 짚었든 걸을 수만 있다면, 바짝 따라붙어서 끊임없는 소리로 집적거리고 조르며, 그들이 평화를 돈으로 사도록 만들 수 있는지 시험해보는 것이다. 그리하여 몇천 명의 사람이 옥수수 까개corn-cutter를 살 때와 똑같은 동기로 거지에게 돈을 주는 것이니, 편히 걷기 위해서다. 그리고 수많은 반 페니 동전이 일부러 괴롭히는 뻔뻔한 개구쟁이들에게 건네지는데, 이들이 점잖게 굴었다

자선과 자선학교 **189**

면 훨씬 더 기분 좋게 지팡이를 휘둘러댈 사람도 많았을 것이다. 그런데 이 모든 것이 이 나라 예법에 따르면 자선이라고 불린다.

연민은, 앞서 다른 곳에서도 말했지만, 우리 감정 가운데 가장 사랑스러운 것이며, 이를 정복하거나 막아야 할 경우는 많지 않다. 외과의사는, 꼭 해야 할 일을 잊거나 건너뛰지 않는다면, 내키는 만큼 동정심을 가져도 좋다. 마찬가지로 재판관과 배심원은, 명백한 법과 정의가 침범당하지 않도록 조심하며 침범당했을 때에 가만있지 않는다면, 연민을 가져도 좋다. 어버이의 사랑에서 나오는 연민은 자녀를 이성적인 사랑이 요구했을, 그리고 자녀 자신도 바랐을, 방식대로 다스리지 못하게 막으니, 이보다 더 잘못된 연민은 세상에 없다. 이 감정이 여인의 사랑을 흔드는 것은 보통 상상하는 것보다 더 커서 날마다 잘못을 저지르는데, 그 잘못은 육욕 때문이라고들 하지만 상당 부분은 연민 때문이다.

자선을 흉내 내고 닮는 감정은 내가 방금 이야기한 것만이 아니다. 뽐내는 마음과 허영은 모든 미덕을 다 합한 것보다 더 많은 병원을 지었다. 사람은 제가 가진 것을 좀처럼 내놓지 못하며 이기심은 우리 본성에 단단히 뿌리박고 있기 때문에, 어떻게든 이를 이겨낸 사람은 대중의 박수를 받게 되고, 그가 달리 빠져들 수 있는 욕망을 달래주며 그의 약한 면을 감춰주려고 온갖 격려가 쏟아진다. 사회 전체가 마련해야 할 것을 제 개인 재산으로 마련해 내놓는 사람은 사회 모든 사람에게 베푼 것이니, 온 세상은, 그런 일을 하는 동기는 살펴보거나 또는 들여다보기조차 하지 않은 채, 그에게 곧바로 고마

10

11

움을 나타내면서 그런 모든 행동을 미덕이라 선포해야겠다고 생각하게 된다. 죽을 때까지도 내놓지 않았던 돈을 가난한 이들에게 주면 제가 저지른 죄에 대해 다음 세상에서 속죄가 될 것이라고 믿게 만드는 것만큼 미덕이나 종교에 해를 끼치는 것도 없다. 끔찍한 살인죄를 지은 악당은 이 그릇된 증거의 도움으로 제가 받아야 할 처벌에서 벗어날 수 있을 것이다. 말하자면, 그는 돈을 많이 벌어 잘살다가, 고해 성직자의 충고에 따라 전 재산을 수도원에 넘기고, 제 아이들은 거지로 만들어버리는 것이다. 이 착한 기독교인은 제 죄를 어떻게 잘 속죄했다는 것이며, 이 사람의 양심을 인도한 그 성직자는 얼마나 정직한 사람이라는 것인가? 살아 있는 동안 제가 가진 것을 내놓는 사람은, 어떤 원칙에 따라 그리했든, 제 것을 내놓았을 뿐이다. 그러나 뜻을 일부러 거스른 적 없는 제 가장 가까운 피붙이조차도 제가 살아 있는 동안에는 돌보지 않던 돈 많은 구두쇠가 제 돈을 죽은 뒤 이른바 자선에 쓰면서 제가 한 착한 일에 기뻐할 수는 있겠지만, 그것은 제 후손 것을 빼앗는 것이다. ……

세상일을 그렇게 까다롭게 보고 사람 양심을 그렇게 후벼 판다면, 사람들이 돈을 그런 식으로 쓰지 못하게 막을 것이라고 할 수도 있겠다. 그리고 돈을 내놓는 사람 생각이야 어떻든 간에, 그 혜택을 받는 사람이 결국에는 이득 보는 것이 아니냐고 할 수 있겠다. 그렇지 않다고 말하지는 않겠지만, 내 생각을 말한다면, 그토록 많은 돈을 쓸모없는 곳에 쏟아붓지 못하도록 막는다고 해서 모두에게 해될 것은 없다는 것이다. 사회에는 일하는 부분과 일하지 않는 부분이 있는데, 둘은 사회를 행복하게 하는 정도가 크게 다르다. 이 차이에 마음 쓰지 않는다면 얼마 안 지나서 기부와 유산 증여가 너무 많아져 나라에 해가 될 것이다. 자선이 너무 많아지면 거의 틀림없이 게으름을 피우며 빈둥거리도록 부추기기 때문에, 나라에 해주는 일이라고는 게으름뱅이를 기르고 산업을 망치는 것 말고는 좋을 일이 거의 없다. (자선)학교와 구빈원을 많이 지을수록 더욱 그리될 것이다. 맨 처음 기부하고 설립한 사람들은 올바르고 착한 뜻을 가졌을 수 있고, 제 평판을 보아서라도 기특한 목적에 맞도록 애썼을 것이다. 그러나 그 뒤 그들의 유언을 집행하는 간사governor들은 생각이 아주 다르기 때문에, 자선이 처음 뜻한 대로 오래 이어지는 것은 좀처럼 보기 어렵다. 내게는 잔인한 뜻도 없고 비인간적인 냄새를 풍길 생각도 전혀 없다. 아프고 다친 사람들에게 병원을 넉넉히 마련해주는 것은 평화로울 때나 전쟁할 때나 늘 없어서는 안 될 의무라고 생각한다. 어버이 잃은 어린아이들, 도움 받지 못하는 늙은이들, 일하다 몸이 망가진 이들, 모두 다 따뜻하고 시원스럽게 돌봐주어야 한다. 그러나 한편으로 제 힘 닿는 데까지 다 하고도 정말 어쩔 수 없이 가난한 사람들을 하나도 빠짐없이 돌보아야 한다고 생각하면서, 다른 한편으로 나는 가난한 사람들에게 동냥이나 게으름을 부추기지 않았으면 한다. 어떻게든 일할 수 있는 사람은 일 시켜야 하며, 약하다고 하는 사람은 꼼꼼히 가려내야 한다. 장님, 절름발이, 힘든 일을 할 수 없는 많은 사람에게도, 건강과 힘이 허락하는 한, 대개는 일자리를 찾아줄 수 있을 것이다. 이렇게 생각하다 보면 나는 이제 자연스럽게, 온 나라가 한동안 정신 팔렸던 자선학교 열풍에 이르게 된다.

자선학교가 쓸모 있고 뛰어나다는 데 홀린 사람들이 많다 보니, 여기에 감히 반대하고 나서는 사람은 까딱하면 어중이떠중이에게 돌 맞기 쉽다. 〔사람들은 이렇게 말한다.〕 종교의 기본을 배우고 하느님 말씀을 읽을 수 있게 된 아이들은, 제멋대로 내달려도 뭐라는 사람이 없고 돌봐줄 사람이 없는 아이들보다, 미덕과 착한 마음을 기를 기회를 더 갖게 되고 틀림없이 더 사람답게 될 것이다. 아이들이, 옷을 안 입었거나 제대로 된 옷을 걸치지 않은 깡패 무리를 아무 데서나 만나, 제 딱한 처지는 아랑곳하지 않고 오히려 끊임없이 욕설과 저주로 제 신세를 더 망치기보다는, 옷을 제대로 차려 입고, 적어도 한 주에 한 차례는 깨끗한 옥양목 옷차림으로, 선생님을 따라 줄지어 교회에 가는 모습을 보고 싶어 하지 않는 사람이 있다면, 그런 사람은 생각이 얼마나 비뚤어진 것일까. 그렇게 내팽개쳐지면 아이들이 도둑이나 소매치기가 될 수밖에 없음을 믿지 못할 사람이 있을까? 법정이 열릴 때마다 얼마나 많은 중범과 잡범들을 재판하며 유죄라고 선고하는가! 자선학교가 이런 일을 막아줄 것이며, 가난한 아이들이 더 나은 교육을 받게 되면 사회는 몇 해 지나지 않아 그 이득을 거둬들일 것이고, 지금 이 큰 도시와 온 나라에 가득한 그 많은 사악한 무리가 다 사라질 것이다.

이것이 사람들이 외치는 소리이고, 여기에 조금이라도 거슬리는 말을 꺼내는 사람은, 신을 모독하고 신을 부정하는 사악하고 못된 놈까지는 아니더라도, 무자비하고 냉혹하고 비인간적인 사람이 된다. 〔자선이〕 겉보기에 좋다는 것을 부정할 사람은 아무도 없다. 그러나 나는 한 나라가 그토록 일시적인 기쁨을 너무 좋아하지 않았으

아이들이 줄지어 교회에 가는 모습을 블레이크가 손수 그려 넣어 출판한 〈거룩한 목요일〉(1789)

면 한다. 아름답게 보이는 이 겉모습을 걷어치우고 나면 다들 떠드는 이 이야기[93]에서 중요한 하나하나에 대해 답이 나올 것이다.

그러나 목매달릴 일을 저지른 것이 틀림없을 때 목매달리게 될   25

---

[93] "다들 떠드는 이 이야기"에 대해 케이의 각주는 당시 신문에 실렸던 다음 이야기를 소개하였다. "어린 남녀 아이들이 줄지어 버젓한 차림으로 가는 것만큼 나를 기쁘게 감동시키는 모습은 없다.…… 자선가들이 해준 옷을 입은 그 많은 천진한 아이들은 하느님과 사람을 모두 기쁘게 하는 장관이다.…… 나는 자선학교 제도가 우리가 살고 있는 시대의 영광을 나타내는 것이라고 늘 생각한다." 시인 블레이크가 이 책 279~282쪽에 실린 〈거룩한 목요일〉에서 읊은 것은 바로 이러한 겉모습에 숨어 있는 위선이었다. 케이의 각주에 따르면, 그 무렵 런던에는 130개의 자선학교에 소년 3,201명과 소녀 1,953명이 있었고, 영국 전체로는 1,442개 자선학교에 소년 23,658명과 소녀 5,895명이 있었다고 한다.

것이 틀림없다는 것을 사람들에게 충분히 믿게 한다면, 처형은 아주 드물어질 것이고, 가장 무모한 중범이라도 남의 집에 발을 들여놓는 순간 스스로 목매다는 것이나 다름없게 될 것이다.[94] 멍청하고 무식하다는 것은 도둑에게서는 거의 찾아볼 수 없다. 큰길에서 벌어지는 강도짓이나 다른 대담한 범죄는 대개 용기 있고 머리 좋은 깡패가 저지르는 것이며, 이름 높은 악당들은 흔히 교활하고 약삭빠른 친구들로서, 소송절차에 통달해 있고, 법에서 써먹을 수 있는 핑곗거리를 잘 알며, 기소에서 가장 작은 허점도 빠짐없이 찾아내고, 증거나 그 밖의 모든 것에서 가장 작은 조각까지도 저에게 유리하게 쓸 줄 안다.

―――

그러므로 어쩔 수 없는 난봉꾼들이 위대하고 풍족한 나라에서 끊임없이 생겨나는 것은 읽고 쓸 줄 몰라서가 아니라, 보다 중요한 악덕들이 함께 생겨나면서 뒤섞이기 때문이다. 무식하고 멍청하고 둔한 것이 근본 원인이라고 하는 사람은 전형적인 깡패나 중범들이 어떻게 살고 어떤 말을 하고 어떤 일을 하는지 살펴보게 되면, 진실은 그 반대임을 깨닫게 될 것이다. 문제는 오히려 사악한 인간쓰레기들이 가진 꾀와 치밀함이 지나치다는 것이고 그들이 너무 많이 안다는 것이다.

―――

---

[94] 법가도 같은 생각이어서 상앙은 형벌을 엄하게 하는 것은 "형벌로 형벌을 없애는 것以刑去刑"이라 하였다. 목매다는 것은 평민을 처형하는 방법이었다. 이 책 111쪽 각주 21 참조.

자선과 자선학교 **195**

그러나 이 보편적인 교육에 갖다 붙인 이유들이 진실이 아니라고 하면, 어째서 크건 작건 나라 전체가 그처럼 한목소리로 이를 좋아하는 것인가? 눈에 뜨일 만큼 우리가 기적적으로 마음을 바꾼 것도 아니고, 착한 일과 도덕을 찾는 마음이 갑자기 〔영국〕섬 전체에 퍼진 것도 아니다. 사악함이 널려 있고, 자선은 차디차며, 참된 미덕은 보기 드물다는 것은 언제나처럼 마찬가지다. 1720년은 몹시 나쁜 짓으로 가득했고 이기적인 범죄와 사전 모의한 말썽으로 두드러진 해였지만 이는 그 어느 시대 어느 해를 뽑아봐도 마찬가지다. 그 나쁜 짓을 저지른 것은 읽지도 쓰지도 못하는 가난하고 아는 것 없는 깡패가 아니라, 재산으로 보나 교육으로 보나 훌륭한 사람들로서 대개 셈을 아주 잘하고 좋은 평판에 호사스럽게 사는 사람들이었다.[95] 어떤 것이 한번 유행하기 시작하면 다들 우르르 좇아간다거나, 자선학교는 테를 넣어 누빈 치마와 마찬가지로 변덕 때문에 유행하게 되었다거나, 이것에 이유가 없는 만큼이나 저것에도 이유를 찾을 수 없다고 이야기한다면, 궁금한 사람들을 만족시키지 못할 것이다. 동시에 나는, 그 밖에 내가 꺼내는 이야기를 많은 독자들이 과연 중요하게 생각할지, 몹시 의심스럽다.

지금 이 바보짓이 비롯된 진짜 뿌리는 하도 깊숙하여 눈에 잘 보이지 않는다. 그러나 이렇게 어두운 구석에 조금이라도 빛을 비춰줄 수 있는 사람은 묻는 이들에게 좋은 일을 하는 것이다. 처음에 이

---

[95] 1720년에 영국에서는 남해 거품이, 프랑스에서는 미시시피 거품이 잘못된 투기 열풍 끝에 각각 터졌는데, 둘 다 사회 저명인사들의 비리와 연루되어 있었다.

학교들은 착하고 자비로운 마음으로 세웠을 것이다. 그러나 왜 이들이 지금처럼 커지게 되었는지 그리고 지금 누가 주로 이를 부추기고 있는지를 알려면 우리는 다른 길을 찾아야 한다.…… 아직 자선학교가 들어서지 않은 교구를 생각해보자.……

이 자잘한 애국자들 수가 불어나면서, 이들은 단체를 만들고 정기 모임을 가지며, 여기에서 제 악덕을 숨기고 마음껏 제 재주를 내보인다. 종교를 주제로 삼거나, 아니면 무신론과 신성모독으로 어지러워진 세태를 토론한다. 잘사는 훌륭한 사람들과 자기 사업을 크게 가져 잘 나가는 사람들은 이들 가운데 거의 찾아볼 수 없다. 분별 있고 교육받은 사람도 마찬가지로, 할 일이 없다면 보통 다른 소일거리를 찾아 나선다. 더 높은 뜻을 가진 사람들은 모두 나름대로 오지 못할 핑계를 쉽게 찾아내는데, 그런데도 그들은 기부하지 않을 수 없으니, 안 그랬다가는 그 교구에서 살기가 피곤해지기 때문이다. 제 발로 오는 사람에는 두 부류가 있다. 한 부류는 마음 깊숙이 올 만한 이유가 있는 독실한 신자이며, 다른 부류는 교활한 죄인들로서 이들은 이 갸륵한 기회에 제 죄가 속죄되고 작은 비용으로 악마를 떨쳐버릴 수 있게 되기를 바란다. 신용을 잃지 않으려고 오는 사람도 있고, 신용을 되찾으려고 오는 사람도 있는데, 각자 처지가 신용을 이미 잃었느냐 아니면 잃을까 두려우냐에 따른 것이다. 어떤 사람은 거래를 늘리고 얼굴을 익히려고 조심스럽게 오며, 진지하게 진실을 말할 자신만 있다면, 교구에 더 잘 알려지기를 바라는 것 말고는 다른 관심이 없다고 털어놓을 사람들도 많을 것이다. 이러한 것들이 바보짓임을 알면서 어느 누구도 두려워하지 않는 분별 있는 사람은 혼자 잘난 척하는 것으로 또는 온 세상에 맞서는 것으로 보이면 안 된다는 말에 넘어가게 된다. 처음에는 이를 완강히 부인하는 사람조차도 끈덕진 조름에 시달리다가 끝끝내 따라나서지 않는 사람은 열에 하나 정도다. 거의 모든 주민들에게 돈을 내도록 계산하여 각자 낼 돈을 작게 만드는 것이 또한 중요하며, 그로써, 그러지 않았다면 그 계획 전체를 반대하고 나섰을 많은 사람들을 기부자로 끌어들인다.

 간사는 중간층 사람들이 맡는데, 그보다 못한 계층 사람이라도 열성이 제 초라한 사정을 넘어설 만큼이라면 맡게 된다. 이 훌륭한 지배자들에게, 한 사람에게 묻든 모두에게 묻든, 왜 제 일을 제쳐두고 시간을 버려가면서 이런 수고를 하느냐고 묻는다면, 그들은 한목소리로 대답할 것이니, 종교와 교회에 마음을 쓰기 때문이며, 착한 일에 힘을 보태는 것이 기쁘기 때문이고, 세상을 조롱하고 멋대로 생각하는 이 사악한 시대에 파멸되고 말 가난하고 순진한 많은 사람들의 영원한 행복을 걱정하기 때문이라 할 것이다. 이익은 아예 생각하지 않고 있으며, 이 아이들에게 줄 물건을 파는 사람들조차도 거기서 이익을 챙길 생각은 조금도 없다고 하면서, 비록 다른 모든 일에서는 돈 욕심이 눈부시게 나타날지라도, 이 일에서만큼은 완전히 이기심을 벗어나 있다고 할 것이다. 무엇보다도 한 가지 아주 잘 감추고 있는 동기가 있는데, 이는 대부분 사람들에게 가장 작은 동기는 절대로 아닌 것으로서, 바로 명령하고 감독하는 데서 얻는 만족감이다. 간사라는 말 속에는 초라한 사람들을 잡아끄는 아름다운

38

노랫가락이 들어 있다. 누구나 윗자리에서 쥐고 흔드는 것을 좋아하여, 짐승에게 호통치는 것조차도 즐거움이 있거늘, 바로 이것이 따분한 〔자선〕학교 교장 일에 시달리면서도 버티게 해주는 사람 본성이다. 그러나 아이들을 다스리는 즐거움이 조금도 없다고 하더라도, 학교 교장을 다스리는 것은 분명 기분 좋은 일이다. 교장을 뽑을 때가 되면 얼마나 좋은 말들이 그리고 글월이 간사에게 건네지는가! 그 칭송은 얼마나 낯간지러우며, 아첨이 터무니없고 표현이 어색하고 말투가 유식한 체하는 것을 다 눈감아주는 것은 얼마나 기분 좋은 일인가!

생활용품이 얼마나 많이 그리고 얼마나 싸게 〔노동자가 아닌 사람들에게〕 공급되느냐 하는 것은 노동에 매기는 값에 크게 달려 있으며, 이에 따라 어느 사회고 행복하려면, 외국 사치품에 물들지 않은 때에라도, 그 노동을 하는 사람들이 첫째, 억세고 튼튼하며 편안함이나 게으름에 버릇 들이지 않아야 하고, 둘째, 생활필수품에 쉽게 만족해야 한다. 입는 것은 조잡한 것이라도 기쁘게 받아들일 것이고, 먹는 것은 위장이 먹으라고 보챌 때 몸을 먹여 살리는 것 말고는 다른 목적을 두지 말고, 입맛이나 밥맛에는 신경 끄고 배고플 때 삼킬 수 있는 영양가 있는 것이면 마다하지 않을 것이며, 마시는 것은 목을 축이는 것 말고는 달라고 하지 말 것이다.

48

이런 사람들이 많이 있지 않고서는 큰 나라로서 행복해질 수 없으니 이런 사람들이 있어야 하겠는데, 그렇다면 슬기로운 정부는 온

50

갖 수를 다 써서 이런 부류를 길러내어, 마치 먹을 것이 모자라지 않게 하듯 이들이 모자라지 않도록 애쓰지 않을까? 제 처지를 벗어날 수만 있다면, 그 누구도 가난해져서 먹고사느라고 몸을 지치게 하려 들지 않을 것이다. 먹을 것과 마실 것이, 그리고 추운 날씨에 옷과 집이, 절대적으로 모자라게 되면, 사람들은 참을 수 있는 것이라면 어떤 것이라도 감수하게 된다. 아무도 모자란 것이 없다면 아무도 일하려 들지 않을 것이다. 그러나 가장 큰 어려움이라도, 그것이 사람을 굶주리지 않게 해준다면, 확실한 즐거움으로 여겨질 수 있다.

이제까지 말한 것으로부터 분명히 드러나는 것은, 노예가 허용되지 않는 자유로운 나라에서,[96] 가장 확실한 부는 부지런한 가난뱅이가 많다는 데에서 나온다는 것이다. 왜냐하면 이들이 선단과 군대를 틀림없이 채워준다는 것 말고도, 이들이 없으면 우리가 누릴 것도 없을 것이고, 어느 나라 어느 물건도 소중할 수 없기 때문이다. 나쁜 환경에서 사회가 행복해지고 사람들이 편안해지려면, 반드시 그들 가운데 많은 사람들이 무식할 뿐 아니라 가난해야 한다. 지식은 우리 욕망을 키우고 늘리게 되는데, 사람은 바라는 것이 적을수록 필요한 것을 쉽게 얻을 수 있는 법이다.

그러므로 모든 나라와 왕국은 행복하게 잘살려면, 일하는 가난뱅이들의 지식은 그들이 하는 일 언저리에 한정되어야 하며, (눈에 보이는 것에 있어서) 그 직업에 관한 것을 넘어서도록 해서는 안 된

---

[96] 영국에서 공식적으로 노예가 불법화된 것은 1772년이었고, 영국이 노예무역에 많이 참여하긴 했지만, 영국 안에서는 미국에서와 같은 노예제가 없었다.

다. 양치기나 밭 가는 농부나 다른 어느 농사꾼이 제 노동이나 일자리와는 관계없는 다른 것들과 세상일에 대해 더 많이 알면 알수록, 제 일의 피곤함과 어려움을 즐겁고 기쁘게 견뎌내기가 더 힘들어지게 된다.

    읽고 쓰고 셈하는 것은 그런 자격을 갖추어야 되는 일을 하는 사람들에게는 매우 필요한 것이지만, 먹고사는 것이 이런 기술에 달려 있지 않은 곳에서는 이런 기술은 하루 일해서 하루 벌어먹어야 하는 가난뱅이들에게는 매우 해롭다. 학교에서 진도를 따라가지 못하는 아이들이라도 이런저런 일들은 해낼 수 있는 것이 있기 때문에, 이 가난뱅이들이 공부하느라 보내는 시간은 곧 사회에 그만큼 손실이 된다. 일하러 가지 않고 학교에 가는 것은 쓸모없는 짓이며, 아이들이 이런 편한 생활에 더 오래 머물수록 나중에 커서 곧바로 일하게 될 때 힘에서나 기분에서나 더 적응하지 못하게 된다. 힘들고 지루하고 괴로운 삶 속에 하루를 보내고 마쳐야 하는 사람은 일찍 이런 일에 뛰어들수록 나중에 더 잘 참을 수 있게 된다. 고된 노동과 거친 음식은 여러 종류의 죄인들에게는 알맞은 처벌이지만, 그런 데에 익숙하지 않고 그렇게 자라지 않은 사람에게, 지은 죄도 없는데, 이를 강제하는 것은 끔찍한 일이다.

    이제까지 나는 학교에 가는 것이 일하는 것에 견줘 왜 쓸모없는지, 나아가 가난한 아이들을 이렇게 교육시키는 것이 왜 잘못인지 충분히 보여주었다. 그 아이들은 나중에 노동을 해야 하며, 문명사회에서 신중하고 부드럽게 일을 시킬 때 이들은 투덜대며 불평하지 말아야 하는데, 교육은 이들을 노동에 맞지 않게 만들기 때문이다. 이제부터 이야기할 것은 이 아이들을 일자리에 내보내는 일인데, 나는 이것이 지금 나라의 조화를 깨뜨리고 있으며 여기에 〔자선학교〕 간사들이 알지도 못하면서 주제넘게 끼어들고 있다는 것을 보여주려고 한다.

……우리 나라와 같은 나라에서 생활필수품뿐 아니라 사치스럽고 변덕스러운 욕구까지 다 채워주는 데 필요한 일자리는 그에 딸린 직업들까지 다 합한다면 어마어마하게 다양하다. 그러나 이 숫자가 아주 크기는 해도 무한하지는 않은 것이 분명하다. 필요한 것보다 하나가 더 많다면 남게 된다. 칩사이드〔런던 중심가〕 거리에서 가장 좋은 가게에 터번〔이슬람 두건〕을 쌓아두고 팔려는 사람은 망할 것이고, 데메드리오나 다른 어떤 은장이가 다이애나의 신당만 만든다면[97] 빵을 벌지 못할 것이니 이제 그 여신 숭배는 유행이 끝났기 때문이다. 쓸데없는 사업을 차리는 것이 바보짓이듯이, 그 다음가는 것은 어느 한 사업에서 사람 수를 필요 이상으로 늘리는 것이다. 우리 사정을 살펴본다면 술 빚는 사람이 빵 만드는 사람만큼 많아지거나 옷감장수가 신발 짓는 사람만큼 많아지는 것은 어리석은 일이다. 모든 사업 분야에서 사람 수의 비율은 저절로 정해지는 것이며, 아무도 주무르거나 끼어들지 않을 때보다 더 잘 유지될 수가 없다.[98]

먹고살도록 가르쳐야 할 자식을 둔 사람들은 어떤 직업으로 키

72

73

---

[97] 에페소에서 여신 아르테미스〔다이애나〕의 신당 모형을 만들어 팔던 은장이 데메드리오가 우상을 배격하는 기독교 때문에 장사가 안 된다면서 소란을 일으켰다(《성서》〈사도행전 19:23~41〉).

위가야 할지 정할 때까지 늘 묻고 생각한다. 이 생각만 하면 다른 생각을 할 수 없는 사람도 많다. 먼저 그들은 제 처지에 맞추는데, 아들에게 십 파운드만 해줄 수 있는 사람은 일 배우는 데 백 파운드가 드는 직업은 쳐다봐서는 안 된다. 그 다음에 늘 따지는 것은 무엇이 가장 유리한가이다. 어느 한 군데에서 비슷한 다른 곳보다 사람을 더 널리 받아들인다면, 아들을 보내겠다고 나설 아버지가 금방 열은 될 것이다. 따라서 대부분의 회사들이 가장 신경 쓰는 것은 도제 수에 대한 규제다. 사람이 넘쳐난다고 모든 분야에서 불평하고 그 불평이 그럴 만하다면, 사회에서 저절로 일을 시작하는 사람 수에 하나를 더 보태는 것으로 그 분야를 명백히 망치게 된다. 뿐만 아니라 자선학교 간사들은 어떤 분야가 가장 좋은지는 생각하지 않고, 어떤 분야 사람들이 그 돈을 받고 아이들을 받아들일 것인지를 생각한다. 돈 있고 경험 있는 사람이 있더라도 이 아이들에게는 신경 쓰지 않는다. 이들은 절박한 부모들이 여러 가지로 난처하게 만들까봐 걱정한다. 그래서 당장 돈이 궁해서 돈을 받고 나서는 나중에 도제가 어떻게 되는지는 상관하지 않는 주정뱅이나 게으른 고용주에게 아이들을 대개 보내게 된다. 이러니 우리는 마치 자선학교를 영원히 지속시킬 온상을 만들 궁리만 하고 있는 꼴이다.

---

98 하이에크(1966)는 이 구절을 두고 맨더빌이 시장의 자율적 조정을 믿었다고 했지만, 그 해석은 지나치다. 바로 아래를 볼 것 같으면 맨더빌이 일자리 수가 "저절로 정해진다"고 한 것은 사실 회사와 정부가 여태까지 규제로 묶어둔 것을 가리키는 것이고, 여기에다 자선학교에서 하층계급 아이들을 더 훈련시켜 보내면 그동안 규제 속에서 보호받던 중산층 아이들의 일자리가 위협받게 됨을 걱정한 것이다.

마다할 수만 있다면 더럽고 천한 일을 아무도 하려 하지 않을 것이다. 이들을 나무랄 생각은 없다. 그러나 여기에서 알 수 있는 것은 비천한 사람들이 너무 많이 배워서 우리에게 봉사하지 않으려 한다는 것이다. 하인은 집주인 내외가 줄 수 있는 것보다 더 달라고 하는데, 우리가 이들을 우리 돈 들여 열심히 가르치고 그들은 그 지식으로 우리에게 다시 돈을 내게 만드니 이렇게 부추기는 것이 얼마나 미친 짓인가! 우리 돈으로 배운 사람들이 우리에게서 가져갈 뿐 아니라, 아무것도 할 줄 모르고 아무짝에도 쓸데가 없는 무식한 시골 계집아이와 얼간이 사내아이들이 마찬가지로 우리를 축낸다. 앞사람들을 가르쳐서 하인이 모자라게 되니까 뒷사람들이 몸값을 올려서, 일할 줄 알고 좋은 품성을 갖춘 하인에게나 줄 만큼을 달라고 한다.

어떤 사람들은 아마도 내가 불평하는 것이 사치 때문이라고 할 것인데, 내가 앞서 이야기했듯이 수입이 수출보다 크지 않다면 사치는 부유한 나라에 해가 되지 않는다. 나는 사치 때문이라고 생각하지 않으며, 바보짓 때문인 것을 사치 탓으로 돌려서는 안 된다. 쓸 돈이 있는 사람은 편안함과 즐거움에 돈을 엄청 쓸 수도 있으며, 비싼 고급품을 마음껏 사서 누리면서도 모든 것에 대해 분별을 지킬 수 있다. 그런데 그에게 봉사해줄 사람들을 [가르쳐놓으면 고임금이 아니고서는 일하지 않겠다고 할 것이므로] 봉사하지 못하도록 애써 만들어 버린다면 그런 사치를 누릴 수 없다. 돈이 너무 많고 임금이 너무 높고 팁이 엄청나다는 것이 영국 하인들을 망쳐놓고 있다. 마구간에 말을 스물다섯 마리 가지고 있더라도, 그래야 하는 상황이라면 그것은 바보짓이 아니다. 그러나 한 마리만 가지고 있더라도 그저 돈 자랑 하느라고 너무 많이 먹인다면 헛짓하는 것이다. 제 주인을 대신해서 상인에게 돈을 치를 때 하인이 3퍼센트를, 다른 이가 5퍼센트를 떼어가도록 내버려두는 것은 미친 짓이 아닌가? 그런데 이것은 시계방이나, 장난감, 자잘한 장신구, 그 밖에 골동품을 파는 사람들 사이에서는 돈 이야기를 입에 담기에는 너무 고상한 지체 높은 분이나 상류층 신사를 상대할 때는 다 그러는 것으로 알려져 있다. 주겠다는 선물을 하인들이 받는 것쯤은 눈감아줄 수 있지만, 당연히 받아야 할 것처럼 요구하고, 못 주겠다면 다투기까지 하는 것은 용서할 수 없는 뻔뻔한 짓이다. 생활에 필요한 것은 다 받고 있는 하인에게 돈은 필요 없으며 오히려 하인 일에 해가 된다. 종복들 사이에 아주 흔하지는 않지만, 나이들 때나 아플 때를 대비해 모아놓을 수도 있겠지만, 그렇다고 하더라도 그것은 받아들일 수 없는 건방진 일이다.

힘들고 더러운 일은 누군가는 해야 하고, 거친 삶은 어쩔 수 없는 것이다.[99] 이 요구를 가난한 아이들보다 더 잘 채워줄 사람을 어디서 찾을 수 있을까. 아무도 이들보다 더 가깝고 더 적합하지 못하다. 그 밖에도, 내가 고생이라 부른 것은, 그렇게 커왔고 더 나은 것

---

[99] 힘들고 더럽고 위험한 일을 다들 안 하려고 할 때, 스미스(국1.x.b.2)나 경제학 교과서가 제시하는 시장경제 해법은 간단하다. 그런 일은 임금을 더 올려주어야 한다는 것이다. 반면 맨더빌과 중상주의자들은—달래거나 아니면 을러서라도—노동자들이 저임금에 순종하도록 해야 한다고 생각했다.

을 알지 못하는 그들에게는 고생으로 생각되지도 않고 고생도 아니다. 가장 열심히 일하면서 세상의 화려함과 섬세함을 가장 모르는 그들보다 더 만족하는 사람은 우리 가운데 없다.

이것이 부인할 수 없는 진실이다. 그러나 나는 이 비밀을 까발리는 것을 좋아할 사람이 거의 없음을 안다. 이 진실이 불쾌하게 느껴지는 것은 가난한 이들에 대한 작은 존경심을 별생각 없이 갖는 기분 때문이다. 이런 기분이 대중들에게 흐르고 있으며 특히 이 나라에서 그러한데, 이는 연민과 어리석음과 미신이 뒤섞여 나타나는 것이다. 이렇게 뒤섞인 생생한 느낌 때문에 사람들은 가난한 이들에게 불리한 말이나 행동을, 어떤 것이 정당한 것이고 어떤 것이 무례한 것인지 생각하지도 않은 채, 차마 듣거나 보지 못한다. 그래서 거지가 당신을 먼저 치더라도 그를 때려서는 안 된다. 옷 짓는 일꾼은 고용주를 끌고 들어가 법에 호소하며 잘못된 말을 고집하는데, 그런데도 그들을 연민해줘야 한다. 그리고 옷감 짜는 일꾼이 투덜대면 쉰 가지 웃기는 짓으로 기분을 풀어주며 달래야 하는데, 그들은 그 가난한 처지에 잘사는 사람들을 모욕하고, 일하거나 맨 정신이기보다는 놀거나 술 퍼마시는 데 늘 더 기울어져 있는 것으로 보인다.

92

적어도 중요한 분야 가운데에서는, 일을 빨리 하고 잘하는 데 있어서, 우리 모직 산업보다 더 높은 완성도에 다다른 나라는 아직 없다. 그러므로 우리가 불평하는 것은 오로지 우리나라와 다른 나라들 사이에 가난한 이들을 다루는 차이에 달려 있을 뿐이다. 한 나라 [A]에서는 노동자가 하루 열두 시간, 일주일에 엿새 일하고, 다른 나

94

라[B]에서는 하루 여덟 시간, 일주일에 기껏 나흘 일한다면, 저 나라[A]가 일꾼 넷이면 되는데 이 나라[B]는 아홉이 있어야 한다. 〔일꾼 수가 같다면 생산량은 A가 9일 때 B는 4가 된다. 시간당 생산량은 같고 다만 노동시간이 차이 난다는 가정이 들어 있다.〕 게다가 먹고살고 입는 데 들어가는 돈과 일꾼들이 쓰는 것이 한 사람당 〔A 나라에서〕 이쪽 나라[B]의 절반이라면, 같은 값〔생산비〕에 저 나라[A]는 일꾼 열여덟이 일한 만큼을, 이 나라[B]는 넷이 일한 만큼을 각각 만들어낼 수 있다. 〔같은 생산비에 생산량은 18:4라는 것〕 우리와 다른 나라 사이에 부지런한 정도나 생활비가 그만큼 차이 난다는 뜻이 아니고 그렇게 생각하지도 않지만, 내가 말하고 싶은 것은 차이가 그 절반 이하라도, 그들이 가격에서 불리한 점을 만회하고도 남는다는 것이다.

꾸준히 손을 써서 게으름을 줄여주면 강제하지 않고서도 가난한 이들을 일하게 만들 수 있는 것과 마찬가지로, 그들을 무식하게 키우면 고생을 고생으로 느끼지 않도록 단련시킬 수 있다. 그들을 무식하게 키운다는 것은 앞서 이야기했듯이 그들의 지식이 그들 하는 일 언저리를 넘어서지 않도록 한다는 것이며, 적어도 그 한계를 넘도록 일부러 애써서는 안 된다는 것이다. 이 두 가지 수단으로 채비하여 노동을 싸게 만들면, 틀림없이 다른 나라보다 싸게 팔 수 있으며, 우리 인구를 늘릴 수 있다. 이것이 무역에서 상대에 맞서는 멋지고 당당한 길이며, 다른 나라 시장에서 우리가 실력으로 이기는 길이다.

110

이제 나는 생각을 멋대로 늘어놓은 이 글을 마쳐야겠다. 이 글의 주된 범위와 목적으로 삼았던 것은, 질서가 잘 잡힌 사회에서 일정 부분 무지가 필요함을 증명하는 것이었다. 이와 관련해서 머리에 떠오르는 것이 있다. 이를 빠뜨려서는 안 될 것이니, 내가 이야기하지 않으면 나에 대한 강한 반대로 보일 수도 있는 것을, 내가 이야기함으로써 내 주장으로 만들 수 있기 때문이다. 내 생각은 그렇지 않지만, 사람들 대부분의 생각에 따르자면, 모스크바에 있는 현재 차르[피터 대제]는 그 백성들을 타고난 우둔함에서 벗어나게 하고 나라를 교화시키는 일에 매진한다는 점에서 가장 칭찬할 만하다는 것이다. 그런데 우리는 그것이 그들에게 필요한 일이라는 것과 그들 대부분이 얼마 전까지만 해도 짐승이나 다름없었다는 것을 생각해야 한다. 그 왕국의 영토와 인구로 볼 때 나라를 진짜로 발전시키는 데 필요한 상공인들이 수로 보나 다양성으로 보나 모자라다는 것이며, 따라서 그들을 얻기 위해서는 모든 수를 다 써야 함이 옳다는 것이다. 그런데 그것이 그와 정반대되는 병을 앓는 우리에게는 무엇인가? 사회에 건전한 정치가 필요한 것은 자연에 의학이 필요한 것과 마찬가지여서, 혼수상태에 빠진 사람을 쉬지 못해서 아픈 사람처럼 취급할 의사도 없고 수종으로 몸이 부은 사람에게 당뇨병 약을 처방할 의사도 없다. 짧게 말하자면, 러시아에는 배운 사람이 너무 적고, 영국에는 너무 많다.

사회의 본질을 찾아서

이제까지 도덕주의자와 철학자들은 금욕하지 않고서는 미덕을 얻을 수 없다고 대체로 생각해왔다. 그러나 지식인들이 많이 읽고 있는 최근의 한 저자[100]는 의견을 달리한다. 그는 스스로를 괴롭히지 않는 사람이라면 다 자연스럽게 미덕을 지닌다고 생각한다. 우리는 포도나 오렌지에서 단맛이 나야 마땅하다고 생각하여 신맛이 나면 완전한 자연상태가 아니라고 말한다. 그런 식으로 그는 사람들이 착한

---

[100] 철학자이며 정치가였던 제3대 섀프츠베리 백작을 가리킨다. 《특성》은 그가 1711년에 초판을 출간하고 1713년에 고쳐 냈던 《사람, 풍습, 생각, 시대에 따른 특성 Characteristics of Men, Manners, Opinions, Times》을 가리키는데, 이 책은 1700년대를 통틀어 영국에서 가장 많이 출판된 책 가운데 하나였다(Uyl, 2001). 섀프츠베리는 뒤에 허치슨을 거쳐 아담 스미스에게 많은 영향을 주었다. 욕망을 억누르지 않고서도 미덕을 지닐 수 있다고 섀프츠베리가 믿었던 것은 사실이지만, 섀프츠베리의 생각은 맨더빌이 소개하는 것과는 달리 다음과 같이 요약할 수 있다(케이가 편집한 맨더빌 원전의 231쪽에 있는 각주 2 참조). 미덕은 자연을 따르는 것이고 그러다 보면 사익과 공익을 함께 얻게 된다. 여기서 자연은 우주의 운행법칙이니, 이에 맞게 따르려면 사람은 스스로를 잘 다스려야 한다. 자연을 따른다는 것은 저 하고 싶은 대로 한다는 뜻이 아니다. 따라서 미덕을 얻으려면 대개 금욕이 반드시 있어야 한다는 것이 섀프츠베리의 생각이다.

마음을 가져야 마땅하다고 생각하는 듯하다. 이분은 (《특성》을 쓴 섀프츠베리 경을 가리키는데) 상상하기를, 사람은 사회를 이루어 살게 되어 있는 만큼, 자기 무리를 따뜻하게 사랑하는 마음과 그 무리가 잘되라고 애쓰는 마음을 날 때부터 갖게 되어 있다는 것이다. 이 주장을 더욱 밀고 나가 그는 공공이익을 더하는 일은 모두 미덕으로 부르고, 그렇지 않은 이기심은 모두 악덕으로 부른다. 그는 미덕과 악덕이 언제까지나 달라지지 않는 실체이며, 모든 나라 모든 시대에 늘 똑같다고 본다. 또한, 사람이 건전한 생각으로 사리에 따른다면 도덕과 예술과 자연에서 도덕적 아름다움[101]을 찾아낼 수 있을 뿐 아니라, 말 잘 타는 사람이 잘 훈련된 말을 고삐로 부리듯 언제라도 쉽게 이성으로 스스로를 다스릴 수 있다고 생각한다.

    꼼꼼한 독자가 이 책 앞부분을 정독했다면 그분과 나만큼 반대되는 사이도 없음을 곧 알게 될 것이다. 고백하건대 그의 생각은 너그럽고 잘 다듬어져 있다. 그는 사람을 높이 칭찬하였으며, 감격을 조금 보탠다면 우리는 숭고한 본성이 지닌 품위에 대해 가장 고귀한 2

---

101 원문에 나오는 라틴어 pulchrum & honestum은 이 글에서 늘 함께 나오기 때문에 여기서는 둘을 구분하지 않고 한꺼번에 "도덕적 아름다움"으로 옮겼다. 이 두 가지가 무엇인지를 놓고 많은 도덕철학자들이 논의했지만 맨더빌에게는 구분은 커녕 논의 자체가 부질없는 일이다. 아리스토텔레스와 플라톤이 아름다움을 두고 일컬었던 "το καλον" (to kalon; "το"는 the에 해당하는 정관사)이라는 말은 라틴어에서는 문맥에 따라 honestum, pulchrum, bonum 등으로 옮겨졌다(Irwin, 2007: v.I p.601; Bullard, 2005). honestum은 글자 그대로 본다면 정직함honesty이겠는데, 이는 남에게뿐 아니라 스스로에게도 정직한 것을 뜻하며, 그러기에 마음의/내면적인/도덕적인 아름다움 또는 도덕적 선이 된다. 이에 비해 pulchrum은 겉으로 드러나는 아름다움에 더 가까우며, bonum은 도덕적 선뿐 아니라 좋음의 뜻을 가져서 영어의 goods와 비슷하게 물질적인 부를 가리키기도 한다.

느낌을 받을 수 있다. 안타깝게도 그런 생각은 사실과 맞지 않는다. 그의 주장이 잘 짜여 있기는 해도 우리가 날마다 겪는 일에는 맞지 않음을 이 논문 거의 모든 곳에서 보여주지 않았다면 나도 이렇게까지 말하지는 않을 것이다. 그러나 반대 주장에 답하지 않고 그림자를 남기는 일이 조금도 없도록, 나는 이제까지 건드리기만 했던 것들을 속속들이 설명할 생각이다. 사람에게 좋고 사랑스러운 품성이 있다고 해도, 그 때문에 사람이 다른 짐승을 넘어서서 사회적 동물이 되는 것은 아니다. 더욱 중요한 것은 자연적인, 그리고 도덕적인 악이라고 부르는 것의 도움이 없이는 어떤 무리도 인구가 많고 잘살고 번창하는 그런 나라로 절대 끌어올릴 수 없다는 것이다. 그렇게 끌어올린다 하더라도 그 상태를 절대 지켜나갈 수 없다. 이 점을 이제 독자들에게 보여주려고 한다.

옛사람들은 도덕적 아름다움이라고 하는 것[102]에 대해 많이 이야기해왔다. 나는 지금부터 그 실체를 살펴볼 것이다. 이로써 참된 가치와 뛰어남이란 것이 정말로 있는지 따질 것이고, 정말 있다면, 하나를 나머지보다 낫게 만드는 것인지 볼 것이다. 그 가치는 누구나 잘 알고 있다고 다들 받아들이는 것이어야 한다. 누구나 받아들이는 것이 얼마라도 있다면, 같은 생각이 모든 나라와 모든 시대에 그대로 적용될 수 있는지 따져볼 것이다. 이 본원적인 가치를 찾아나서는 길에서, 한 가지가 다른 것보다 낫고, 또 다른 것이 그보다

3

---

[102] 원문에서는 "pulchrum & honestum, τὸ καλόν"인데, 그 느낌을 그대로 옮기자면, "아름다움이니 도덕적 선이니 하고 떠드는 그런 것들" 정도라 하겠다. 이 책 210쪽의 각주 101 참조.

낫고, 하는 식으로 찾아간다면 우리는 성공할 희망이 크다고 보아도 좋다. 그러나 아주 좋은 것들이 여럿이거나 아주 나쁜 것들이 여럿이라면, 우리는 어리둥절해져서 우리끼리조차도 뜻을 모으지 못할 것이니, 다른 이들과는 말할 것도 없다. 아름다움뿐만 아니라 허물도 여러 가지여서, 방식과 유행이 바뀌고 사람들 입맛과 기분이 달라지면, 좋게 보고 나쁘게 보는 것이 달라질 것이다.

  훌륭한 그림을 풋내기가 그린 것과 나란히 놓으면 그림 심사자들은 의견을 달리하는 법이 없다. 그러나 뛰어난 거장들 작품을 두고서는 제각각이니 참 별나기도 하다! 전문가들 사이에는 파벌이 있어서, 어느 시대 어느 나라 것이 더 나은지 파벌들 사이에 같은 생각을 갖기가 참 드물다. 가장 좋은 그림이 늘 가장 좋은 값을 받는 것도 아니다. 진본이 확실하다면 이름 없는 사람이 베껴 그린 것보다 늘 비싼데, 베낀 것이 원래 것보다 낫더라도 그렇다. 그림에 매기는 값은 누가 그렸는지 언제 그렸는지에 따라 달라지며, 그 작가 작품이 얼마나 흔한지 드문지에 따라서도 달라진다. 더욱 말도 안 되는 것도 있는데, 그 작품을 누가 가지고 있었으며 명문가에 얼마나 오래 있었는지에 따라서도 마찬가지로 달라진다. 지금 햄튼코트에 있는 밑그림이 라파엘로보다 덜 이름난 사람이 그린 데다 개인이 가지고 있다가 어쩔 수 없이 내다 파는 것이라면, 그 많은 결점을 가지고도 지금 평가받고 있는 그 값의 십 분의 일도 받지 못할 것이다.[103]

  이러한 이야기를 했지만 내가 곧바로 받아들일 것도 있다. 그림을 두고 내리는 판단은 그나마 보편적인 확실성이 있을 수 있다. 그 판단은 다른 웬만한 것보다는 적어도 덜 바뀌고 덜 흔들린다. 그 까닭은 뻔하다. 늘 같은 기준을 쓸 수 있기 때문이다. 그림은 자연을 본뜬 것이어서, 그 원래 모습은 사람들이 어디서나 눈앞에 두고 있다. 이런 멋진 이야기를 지어내면서 내가 하고 싶은 말에 맞추느라고 실상을 조금 바꾸긴 했지만 기분 좋은 독자라면 나를 용서해주기 바란다. 무슨 말인가 하면, 우리 감각의 주요 부분이 불완전하다는 것이다. 그런데 바로 그 덕분에 우리는 기꺼이 속아가면서 즐거움과 황홀한 기쁨을 누린다. 값진 예술이라도 마찬가지다. 공기와 공간은 눈에 보이는 것이 아니다. 하지만 우리가 아무 생각 없이 보기 시작하더라도, 사물이 멀리 있을수록 조금씩 작아진다는 것을 곧 알게 된다. 보는 경험이 쌓여가면서 우리는 거리를 제법 가늠할 줄 알게 된다. 날 때부터 눈이 멀어 스무 살까지 그렇게 지내다가 갑자기 눈이 보이게 된 사람이 있다면, 그는 거리가 어떻게 달라지는지 몰라서 어리둥절할 것이다. 손 내밀면 닿을 곳에 있는 기둥과 반마일 밖에 있는 탑 가운데 어느 것이 가까운지 눈만으로는 금방 알아내기

---

103 햄튼코트는 원래 수도원이었는데, 헨리 8세 때 권력자였던 대주교 울지가 전국적인 수도원 해산 당시 빼앗아 왕궁보다 화려하게 꾸며 살던 곳으로, 실각을 코앞에 두고 왕에게 바친 뒤로 영국 왕실 소유가 되었다. 맨더빌 시대에는 명예혁명으로 함께 왕위에 오른 윌리엄 3세와 메리 2세가 더욱 화려하게 대대적으로 수리하였다. 여기서 밑그림(carton 또는 cartoon)은 르네상스 시대 화가 라파엘로가 교황의 부탁으로 바티칸 성당에 걸어둘 걸개그림(태피스트리: 그림을 짜 넣어 걸어두는 천)의 밑그림을 그린 것이다. 보통은 천을 짜고 나서 밑그림을 되돌려주지만, 이 밑그림은 브뤼셀에서 천으로 짜고 난 뒤 따로 흘러나오게 되었다. 그때만 해도 이는 예술품이라기보다는 밑그림으로만 평가되었는데, 영국 찰스 1세가 걸개그림을 더 만들려고 1623년 헐값에 사들였다. 그 뒤 걸개그림보다는 오히려 밑그림이 진정한 예술품으로 평가받게 되었고, 윌리엄과 메리는 햄튼코트에 특별실을 지어 이 밑그림 7장을 보관하였다. 그런데 이 밑그림들은 걸개그림을 만드느라고 여러 조각으로 잘려 있었는데, 햄튼코트로 옮기면서 다시 붙여놓았다.

어려울 것이다. 뒤에 아무것도 없는 벽에 뚫린 구멍을 쳐다보면 그 빈 곳에 하늘이 들어차 보인다. 그러나 하늘까지의 거리는 마치 벽 뒤로 돌멩이 하나 두는 만큼밖에 되어 보이지 않는다. 이를 두고 우리 감각에 문제가 있다고 할 것까지는 없겠다. 하지만 이와 같이 우리는 속기 쉽다. 바로 그 때문에 모든 것은, 움직이는 것이 아니라면, 우리가 보는 그대로 평면에 예술로 나타낼 수 있다. 이런 예술을 한 번도 본 적이 없는 사람이라면 거울을 가지고 비슷한 생각에 이를 수 있을 것이다. 매끄럽게 잘 닦인 물체에 비친 그림자를 보고 그림 그리기를 해볼 마음이 처음 들지 않았을까 하는 생각을 나는 떨쳐버릴 수 없다.

자연이 빚어낸 것에서 어느 것이 좋고 어느 것이 뛰어난지도 불확실하기는 마찬가지다. 한 나라에서 아름답다고 하는 것이 다른 나라에서는 그렇지 못하다. 꽃을 찾는 사람 마음은 또 얼마나 변덕스러운가! 언제는 튤립, 언제는 앵초, 또 언제는 카네이션이 마음을 사로잡아, 해마다 새 꽃이 옛 꽃들을 마음에서 밀어낸다. 빛깔이나 생김새가 옛것보다 훨씬 못하더라도 마찬가지다. 300년 전에 사람들은 오늘날처럼 면도를 깔끔히 했었다. 그 뒤로 수염을 길러 온갖 가지 모양으로 다듬었는데, 지금 그렇게 하면 우습겠지만 유행하던 그때는 다 잘 어울려 보였다. 다들 챙 넓은 모자를 쓰는데 혼자 챙 좁은 모자를 쓴다면, 아무리 옷을 잘 입었더라도 얼마나 초라하고 웃기게 보이겠는가. 반대로, 챙 좁은 모자가 오래도록 유행해오고 있을 때 챙이 아주 넓은 모자는 얼마나 괴상하겠는가? 이러한 유행은 10년이나 20년을 넘기는 일이 드물다. 예순을 넘긴 사람이라면 유행

6

이 바뀌는 것을 적어도 대여섯 차례는 보았을 것이다. 그러나 여러 차례 바뀌는 것을 보았더라도, 바뀌기 시작할 때는 언제나 낯설어 보이고, 옛 유행이 되돌아오면 그때마다 또 새삼 눈에 거슬리게 된다. 지금 유행하고 있는지를 떠나서 본다면, 큰 단추가 나아 보일지 작은 단추가 나아 보일지 그 어떤 사람이 결정할 수 있을까? 정원을 잘 배치하는 방법은 그 가짓수가 셀 수 없이 많다. 무엇을 저들끼리 아름답다고 부르는지는 나라와 시대마다 입맛이 달라지는 대로 바뀐다. 꽃밭 생김새가 가지가지라는 것을 다들 잘 받아들인다. 하지만 둥근 것도 네모난 것만큼이나 눈을 즐겁게 한다. 달걀 모습이 어떤 곳에 어울리는 정도가 다른 곳에 세모가 어울리는 정도보다 더 크다고 할 수는 없다. 여덟모가 여섯모보다 생김새로 보아 나은 정도가 골프장 장애구역에서 여덟모가 여섯모보다 확률을 높이는 정도보다 크다고 할 수도 없다.

  기독교인들이 교회를 지을 줄 알게 된 뒤로부터 교회는 줄곧 십자가 모습을 흉내 냈는데, 십자가 윗부분은 늘 동쪽으로 가도록 해왔다. 자리도 넉넉하고 쉽게 할 수 있는데도 그렇게 하지 않는 건축가가 있다면 그는 용서받지 못할 잘못을 저질렀다고들 할 것이다. 그러나 터키에 있는 이슬람교 사원이나 다른 이교도 성전을 두고 같은 생각을 한다면 어리석은 일이다. 지난 몇백 년 동안 만들어온 좋은 법들이 많은데 그 가운데, 이익이 크면서 불편을 덜어준 것으로 꼽자면 죽은 사람 옷을 규제한 법만 한 것을 찾기는 쉽지 않다.[104] 이 법을 만들 때 있었던 일을 알 만큼 나이 든 사람이[105] 아직도 살아 있다면, 이 법에 반대하는 목소리가 높았던 것이 떠오를 것이다. 처음

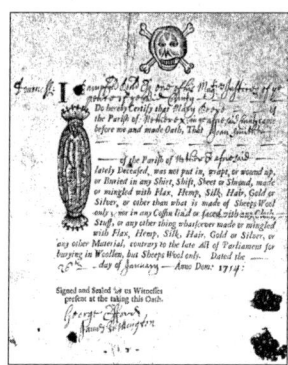

법에 따라 양털 옷을 수의로 썼다는 18세기의 증명서

에는 양털(모직) 옷을 입고 묻혀야 한다는 것만큼 몇천의 사람들을 놀라게 한 것도 없었다. 그나마 법을 지탱한 것이 있다면, 유행을 따르는 사람들이 이제 숨을 좀 돌릴 수 있게 되었다는 정도였다. 상복을 여럿에게 입히고 기념반지를 아주 많은 사람들에게 돌리고 나면 장례비용이 만만치 않았던 것이다.[106] 그 법이 생기면서 사람들에게

---

104 찰스 2세 때인 1666년에 만들고 1678년에 고친 이 법("Burial in Woolen Act")은 죽은 사람을 묻을 때 양털(모직) 옷을 입히도록 규제함으로써 비싼 아마포(린넨) 옷을 입히지 못하게 막은 사치규제법인데, 그 목적을 사치규제보다는 양털 산업 육성에서 찾기도 한다. (그러나 양털 산업에서 생겨나는 일자리만큼 다른 곳에서, 예컨대 아마포 산업에서, 일자리가 줄어들 수 있다.) 19세기에 들어서서 자유무역 주장자들은 말도 안 되는 규제라고 비웃는 대표적인 사례로 이 법을 즐겨 꼽기도 했다. 다른 곳에서 사치가 경제에 좋은 것이라고 내세운 맨더빌이 이처럼 사치규제법을 찬성하고 나선 점에 대해서는 예컨대 Rashid(1985: 317) 참조.

105 1666년에 법을 만들었고 1723년에 이 글을 냈으니, 57년 전 일을 기억할 만큼 나이 든 사람.

돌아가는 이익이 너무나 뚜렷이 보였기에 그 뒤로는 제 정신 가진 사람이라면 이 법을 나무랄 수가 없었다. 끔찍하게 생각했던 마음은 몇 해 안 되어 하루가 다르게 사라져갔다. 그때 내가 보니, 장례를 몇 번 치러보지 않은 젊은 사람들이 가장 먼저 변화에 따라나섰고, 법을 만들 무렵 이미 많은 친구와 친척을 장례 지냈던 사람들은 가장 오랫동안 그 법을 싫어했다. 죽는 날까지 끝내 법을 마음으로 받아들이지 못한 사람들도 많이 보았다. 오늘날에 와서는 아마포를 수의로 쓴다는 것을 거의 잊게 되었고, 양털 옷만큼, 그리고 요즘처럼 이를 수의로 쓰는 것만큼, 버젓한 것도 없다고 다들 생각하게 되었다. 이로 볼 때 무엇을 좋아하고 싫어하는 것은 주로 유행과 관습에 따르는 것임을 알 수 있다. 나아가 윗사람, 곧 우리보다 이렇게 저렇게 더 나아 보이는 사람들의 가르침과 본보기에 달린 것임을 알 수 있다.[107]

---

106 당시 영국 중·상류층 장례 풍습에 따르면, 상을 당한 집안은 아주 가까운 친지들에게는 상복mourning을 마련해주고 좀 더 많은 사람들에게는 기념반지mourning ring를 만들어 돌렸다. 기념반지를 얼마나 가지고 있느냐로 사회적 영향력을 가늠하기도 했고, 기념반지를 받지 못한 사람들은 서운해하기도 했으며, 금반지 몇백 개를 돌리면서 전 재산의 적지 않은 부분을 탕진하는 집도 있었다고 한다. 이러한 호화 장례 문화는 18~19세기에 극성을 부리다가 그 뒤 수그러졌다. 영국의 호화 장례 풍습이 1700년대 미국으로 그대로 건너간 모습은 Parsons(1920: 277) 참조.

107 이러한 부분은 전체적으로 베블런의 과시소비론을 떠올리지 않을 수 없다. 그러나 Spengler(1959)는 베블런이 과연 맨더빌에서 직접적으로 생각을 얻은 것인지에 부정적인 편이다. 오늘날 경제학에서는 소비를 지위와 상대적 박탈감으로 설명하는 것이 중요하다는 깨달음이 되살아나고 있는데, 예컨대 프랭크(2009)가 쓴 《부자 아빠의 몰락》 참조. 스미스가 소비를 사회적 지위와 관련하여 이야기한 것은 〈도IV.1.8〉 및 Ashraf et. al.(2005) 참조.

도덕에서는 분명한 것이 이보다 더욱 적다. 아내를 여럿 둔다는 8
것은 기독교도들에게는 못마땅한 일이다. 이를 옹호하던 어느 위대
한 천재[108]의 지혜와 학문은 송두리째 업신여김 속에 내쳐지게 되었
다. 그러나 이슬람교도는 다처제에 놀라지 않는다. 사람은 어려서
배운 것에 얽매이게 된다. 관습은 힘으로 자연을 비틀기도 하면서
자연을 흉내 내기도 한다. 그래서 우리가 어느 쪽에서 영향을 받는
지는 알기 어려울 때가 많다. 동쪽에서는 옛날에 오누이끼리도 결혼
했고 아들이 어머니와 결혼하는 것을 기특하게 보기도 했다.[109] 이런
결합은 구역질나는 것이다. 하지만 분명한 것은, 우리가 이런 일을
얼마나 끔찍하게 생각하든, 자연에서는 거슬릴 것이 없으며 오로지
유행과 관습에 거슬릴 뿐이라는 것이다. 술을 한 번도 입에 댄 적 없
는 신앙심 깊은 이슬람교도는 술 마시는 사람들을 보면서 술을 몹시
싫어하게 될 것이다. 우리 가운데 도덕심도 교육도 모자란 사람조차
도 오누이가 함께 눕는 것을 싫어하는 것이나 마찬가지다. 그런데
양쪽 다 그 싫어하는 마음이 자연에서 오는 것이라고 생각한다. 어

---

[108] 케이의 각주는 이 천재가 토머스 모어(1478~1535)일 것으로 보면서, 그 밖에 플라톤이나 마르틴 루터(1483~1546)일 가능성에 대해서도 이야기했다. 일찍이 플라톤은 《공화국》 5권(461e)에서 "아내들의 공동체"를 이야기했는데, 에라스뮈스(1466?~1536)는 토머스 모어가 플라톤의 이 이야기를 지지했다고 하면서 모어를 천재라고 하였다. 에라스뮈스 학교를 나온 맨더빌은 에라스뮈스에 대해 깊이 알고 있었다.

[109] 그리스-로마 시대에 이집트에서는 오누이 사이에 결혼하는 일이 특히 왕가에서 흔했으며, 남동생과 결혼한 클레오파트라가 대표적인 예다. 반면 이슬람교는, 이 글이 암시하는 것과는 달리, 기독교와 마찬가지로 근친혼을 엄격히 금지한다. 모자 사이의 결혼을 기특히 여긴다는 부분은 어디에서도 근거가 없어 보인다.

떤 종교가 가장 좋은가 하는 물음은 다른 모든 물음을 다 모은 것보다도 더 큰 말썽을 일으킨다. 베이징에서, 콘스탄티노플에서, 그리고 로마에서 물어본다면 아주 다른 세 가지 답이 돌아올 텐데, 모두 한결같이 자신 있고 단호할 것이다. 기독교도들은 이교도나 이슬람교도의 미신이 잘못된 것이라고 확신한다. 이 점에 있어서 기독교도들은 한마음 한 몸이다. 그러나 기독교 여러 분파들에게 어느 분파가 진짜 그리스도 교회인지 물어보면, 한결같이 자기 분파라 할 것이고, 이를 설득시키려고 서로 붙들고 싸울 것이다.

그러니 이 도덕적 아름다움이라는 것을 찾아 나서는 것은 부질없이 기러기 잡겠다고 쫓아다니는 것보다[110] 나을 게 없다. 그러나 이것이 내가 찾아낸 가장 큰 허점은 아니다. 사람이 금욕하지 않고서도 도덕적일 수 있다는 이 상상은 위선에 이르는 넓은 구멍이다. 이것이 버릇이 된 다음부터는, 우리는 남을 속여야 할 뿐 아니라, 마찬가지로 우리 스스로도 알 수 없게 된다. 꼼꼼히 스스로 따져보지 않는다면, 이런 일은 《특성》의 저자만큼이나 좋은 재주와 학식을 갖춘 사람에게조차도 일어날 것이다. 이는 이제부터 내가 예로 들 이야기에서 드러날 것이다. 9

편안하고 넉넉한 가운데 자란 사람이 조용하고 게으른 성격을 가졌다면, 골치 아픈 문제를 피하고 제 열정을 억누르게 된다. 이는 즐거움을 쉽게 얻으려 하거나 하고 싶은 대로 하다가는 성가시게 되기 때문이지, 즐거움이 싫어서가 아니다. 이런 사람이 위대한 철학 10

---

110 원문의 Wild-Goose-Chace는 헛된 일을 뜻한다.

자를 순하고 착하고 훌륭한 스승으로 모시게 되면,[111] 제 마음 상태를 실제보다 낫게 생각하여, 제 열정이 잠자고 있는 것을 보고 제가 도덕적이라고 할 수 있다. 그는 사회적 미덕이나 죽음에 대한 경멸과 같은 멋진 개념을 만들어, 골방에서 잘 가다듬어 쓴 다음에 사람들이 모인 자리에 나타나 웅변을 토할 수 있겠다. 그러나 나라를 위해 싸운다거나 나라가 잃은 것을 되찾으려 애쓰는 모습은 이런 사람에게서 절대로 볼 수 없을 것이다. 형이상학을 다루는 사람은 쉽게 감격에 빠져들어 죽음을 두려워하지 않는다고 진짜로 믿기 쉬운데, 이는 죽음이 눈앞에 보이지 않을 때 그렇다는 것이다. 그에게 물어보자. 타고났든 철학에서 배웠든 그렇게 용감무쌍하다면, 왜 나라가 전쟁에 빠져들었을 때 무기를 들지 않았느냐. 나라 살림을 맡은 사람들이 나날이 국고를 털어 재정문제가 시끄러워졌을 때, 왕에게 나아가, 친구들과 세력을 총동원하여 재무장관이 되어서 성실하고 현명한 경영으로 나라의 신용을 되찾을 수 있었는데, 왜 하지 않았느냐. 아마도 그는 대답할 것이다. 나는 조용히 살고 싶으며, 착한 사람이 되는 것 말고는 다른 야망이 없다. 정부에서 한자리하기를 바란 적이 아예 없다. 또는 이렇게 대답할 것이다. 아첨도 싫고 떠받드는 것도 싫고 궁정의 위선과 세상의 소란이 모두 싫다. 나는 기꺼이 그 말을 믿으려 한다. 그러나 게으른 성격으로 머리가 잘 돌아가지 않는 사람이라면, 하고 싶은 대로 하지 말았어야 하는데 그러지 못

---

[111] 맨더빌은 섀프츠베리가 존 로크를 스승으로 모신 것을 잘 알고 있었다. 또한 섀프츠베리는 여기 그려져 있듯이 내성적이었고, 궁정에 나아갔다가도 건강이 약해서 자주 은거했다.

한 [새프츠베리와 같은] 경우에, 그렇게 말하지도 않았을 것이고, 그런 말에 진지하지도 않았을 것이다. 미덕은 행동에 있는 것이다. 그처럼 사회와 모든 사람을 사랑한다면, 신분으로 보나 능력으로 보나 어떤 공직으로든 나아갈 수 있는 사람으로서, 일할 수 있을 때 가만히 앉아 있어서는 안 된다. 다른 사람들이 잘되도록 스스로를 다 바쳐야 한다. 이 고귀한 사람이 만약 전쟁을 좋아하는 천재였거나 거친 성격을 가졌더라면, 그는 인생 연극에서 다른 역할을 맡아 아주 반대되는 신조를 내놓았을 것이다. 사람은 결국 어느 쪽으로든 감정이 이끄는 쪽으로 이성을 밀고 갈 것이기 때문이다. 자기사랑self-love 은 사람마다에게 제가 좋아하는 것을 합리화시키는 논리를 만들어주어 결국에는 저마다 생각이 다른 것을 모든 사람들에게 변호해줄 것이다.

《특성》은 조용한 미덕을 가운데 길이라고 자랑스럽게 추천해준다. 그러나 이는 게으름뱅이를 길러내는 데에나 좋을 뿐이다. 사람을 수도생활이나 멍청하게 즐기도록 만들거나, 또는 기껏해야 시골 치안판사쯤으로 만들어줄 것이다. 그러나 절대로 열심히 일할 수 있게 해주지는 못한다. 위대한 일이나 위험한 사업을 하도록 부추기지도 못한다. 사람은 원래 편안하고 게으른 것을 좋아하고 관능적인 즐거움에 빠지기 쉽다. 이는 가르친다고 해서 고쳐지는 것이 아니다. 끈질긴 버릇과 취향은 오로지 더 큰 힘으로만 다스릴 수 있다. 겁쟁이에게 두려움이 터무니없는 것이라고 가르치고 보여준들 용감하게 바꿔놓을 수 없다. 사람에게 세 곱절로 커지라고 호통쳐서 키를 자라게 할 수 없는 것과 마찬가지다. 그러나 용기를 북돋는 비법

11

이라고 내가 주석 (R)에서 공개했던 것은 거의 틀림이 없다.[112]

　죽음을 두려워하는 마음이 가장 커지는 것은 우리가 가장 기운 넘치고 입맛이 살아 있을 때이다. 잘 보이고 잘 들리고, 몸의 모든 곳이 다 잘 움직일 때이다. 그 까닭은 간단하다. 바로 그때 삶이 가장 값지고 우리는 삶을 가장 잘 즐길 수 있기 때문이다. 그렇다면 명예로운 사람이 나이 서른에 튼튼한 몸으로 그토록 쉽게 죽음을 받아들이는 것은 어째서인가. 뽐내는 마음이 두려움을 이겨내기 때문이다. 뽐내는 마음을 걱정하지 않는다면 두려움은 가장 크게 나타날 것이다. 바다에 익숙하지 않은 사람이 폭풍 속에 갇히거나, 한 번도 아픈 적이 없는 사람이 목이 붓거나 열이 조금 있게 된다면, 그는 걱정을 수없이 늘어놓게 되는데, 그 속에서 그가 삶을 얼마나 값지게 여기는지 드러나게 된다. 사람이 그저 겸손하기만 하고 아첨에 덤덤하기만 했다면, 정치인[113]은 목적을 이룰 수 없었을 것이고 사람을 어찌 다루어야 할지 몰랐을 것이다. 악덕이 아니었다면 인류의 우월성은 끝내 숨은 채 묻혔을 것이니, 이 세상에서 이름을 떨치게 된 사람 하나하나가 바로 이 사랑스러워 보이는 〔섀프츠베리〕 체계가 잘못된 것이라는 뚜렷한 증거가 된다.

12

---

[112] 주석 (R)에서 맨더빌은, 그 뒤 경제학이 줄곧 그래 왔듯이, 잃는 것과 얻는 것을 비교하였는데, 말을 조금 바꿔 표현하자면, 잃는 것보다 얻는 것이 많으면 용기를 갖게 된다는 것이다. 그래서 사회 지도자들은 명예라고 하는 인위적인 감정을 만들어 내서 사람들에게 목숨보다 소중한 것이라 가르치고, 명예를 잃는 데에 두려움을 느끼도록 했다. 이로써 사람들은 목숨보다 더 큰 것을 얻으려는 욕심에 용기를 내는 것이지, 저에게 더 소중한 것을 그냥 내버리는 데서 용기를 내는 것이 아니다.
[113] 정치인은 나랏일 하는 사람을 말한다. 131쪽 각주 33 참조.

위대한 마케도니아 사람[알렉산더 대왕]이 홀로 요새 전체를 상 13
대로 싸우면서 보여줬던 용기가 미친 짓이었다면, 그 미친 정도는
스스로를 신으로 생각하거나 또는 적어도 신이 아닐까 의심하는 수
준에 뒤지지 않았다.[114] 이렇게 생각하게 되면 우리는 열정이, 그것도
지나친 열정이, 그토록 위험한 순간에 정신을 바짝 차리게 하여 그
모든 어려움과 피곤함을 이겨내도록 한 것임을 알 수 있다.

이 세상에 능력 있고 완벽한 행정장관으로 키케로Marcus Tullius 14
Cicero(기원전 106~43)보다 더 빛나는 사람은 없다. 그는 늘 걱정하고
조심하는 마음을 가졌으며, 진짜 위험한 일들을 아무렇지 않게 여겼
고, 로마의 안전을 지키느라 애를 썼다. 대담하고 교활한 음모를 지
혜롭고 총명한 머리로 찾아내 무너뜨렸으며, 그러면서도 문학과 예
술과 과학을 사랑했다. 형이상학에 뛰어났으며, 올바른 생각에, 힘
찬 웅변, 예의 바른 몸가짐, 글 속에 흐르는 품위를 모두 갖추었다.
이 모든 것을 생각할 때면 나는 놀라움에 빠져 그저 엄청난 사람이
로구나 하고 말할 수 있을 뿐이다. 그러나 그 많은 장점들을 훤히 보

---

[114] 알렉산더가 인도까지 쳐들어가서 말리(오늘날 파키스탄의 Multan)를 공격할 때 벌어진 일이다. 플루타크《영웅전》47장. 알렉산더는 용감하게 앞장서서 "말리 성벽Mallian Wall"에 사다리를 타고 올랐는데, 사다리가 부러지면서 순간 홀로 남게 되었음을 알자 오히려 적진 속으로 뛰어들었고, 이로써 아군에게는 용기를, 적군에게는 두려움을 주어 성을 빼앗을 수 있었다. 아리아누스(86~146)는《알렉산더 원정기》(6권 9장 307쪽)에서 그 결단을 다음과 같이 나타냈다. "그곳에 그대로 있으면 어떤 값진 일도 하지 못한 채 위험에 빠지게 된다. 그러나 성채 안쪽으로 뛰어내리면 인도 사람들을 겁먹게 할 수 있을지도 모르고, 겁먹게 하지 못한 채 더 위험에 빠지기만 하더라도, 어쨌든 후세 사람들이 두고두고 이야기할 만큼 대단히 용감한 일을 하는 것이니 볼품없지는 않게 죽을 수 있을 것이다." 이 사건을 현대 경제학에서 언급한 것으로는 Day(2004) 참조.

면서, 내 눈에는 그 반대쪽 또한 들어온다. 그 뛰어남보다 허영이 더 앞서지 않았더라면, 좋은 감각과 지식으로 세상일을 뛰어나게 알던 그가 역겹고 시끄러운 나팔수가 되어 제 자랑이나 하지는 않았을 것이고, 저 잘났다고 외치지 않고서는 견딜 수 없어 어린 학생조차 비웃을 "오! 행복하여라, 어쩌고저쩌고"[115] 하는 시 구절을 지어내지는 않았을 것이다.

굳센 카토Marcus Porcius Cato(기원전 95~46)는 그 도덕성이 얼마나 엄격하고 모질었으며, 로마 자유의 위대한 파수꾼으로서 보여준 그 미덕은 얼마나 흔들림 없이 마음에서 우러나오는 것이었는가! 그러나 금욕하고 절약하며 그가 보여줬던 겉모습 못지않게 이 스토아[금욕주의] 학자도 남몰래 즐겨온 것이 있었다. 마음속 여린 구석이 그를 영웅주의로 내몰았던 것이다. 그러나 그는 특유의 겸손함으로 세상에게, 그리고 어쩌면 스스로에게도, 오랫동안 이를 감춰왔다. 하지만 이는 그가 스스로 목숨을 끊으면서 명백히 드러나게 되었다. 그는 나라에 대한 사랑보다는 폭군다운 권력에 사로잡혀 있었고, 겉으로는 가장 고귀한 척했지만 그 밑에는 카이사르가 가진 영광과 진

15

---

[115] 맨더빌이 앞부분만 써도 알 사람은 다 알 만큼 악명 높은 이 구절은 키케로가 쓴 "O fortunatam natam me consule Romam"이다. 직역하자면, "오, 행복하여라, 로마여, 내가 콘술(집정관)이 되니 다시 태어나는구나". 그러나 이 구절이 진짜인지는 아직도 논란 속에 있다(Ullman, 1922; Allen, 1956). 그 하나를 소개하자면 키케로 생전에 시 구절이 말썽난 적이 몇 번 더 있고, 그때마다 키케로는 조작된 것이라며 원본을 공개하여 적극 해명에 나섰지만, 위 구절은 키케로 생전에 말썽난 적도 해명한 적도 없으니 아마도 사후에 키케로를 깎아내릴 셈으로 조작했을 수 있다. natam(태어나다)을 앞의 fortunatam에 맞춰 끼워 넣었거나, te(너)를 me(나)로 바꿔치기했을 수 있다.

실한 위대함과 공적에 대해 달랠 길 없는 미움과 더할 수 없는 시샘이 줄곧 깔려 있었던 것이다. 더할 나위 없이 신중하던 그가 이렇게 거친 마음을 품지 않았더라면, 그는 제 목숨뿐 아니라 그의 죽음 때문에 결딴난 많은 친구들까지도 살릴 수 있었을 것이다. 게다가 몸을 굽혔다면 충분히 로마의 2인자가 되고도 남았을 것이다. 그러나 그는 이긴 사람〔카이사르〕이 끝없이 깊고 너그러운 마음을 가졌음을 알았다. 그래서 카이사르의 자비가 두려워 차라리 죽기로 하였다. 카토와 같은 뿌리 깊은 정적을 용서하고 친구로 받아들여 도량이 넓음을 보여줄 수 있는 좋은 기회를 정적인 카이사르에게 주는 것은, 제 뽐내는 마음에 비춰볼 때 죽느니만 못했던 것이다. 통찰력과 야망을 갖춘 정복자라면 살겠다고 하는 상대에게 그런 〔살려줄〕 기회를 놓치지 않으리라는 것은 알 만한 사람이면 다 알고 있었다.[116]

    사람이 상냥한 마음과 참된 사랑을 처음부터 가지고 있음을 뒷받침한다며 또 이야기하는 것이 있다. 우리가 어울리기 좋아한다는 것이며, 생각 있는 사람들이라면 대체로 혼자 있기를, 다른 짐승들보다, 싫어한다는 것이다. 이 이야기는 《특성》에서[117] 빛을 내며 아주 훌륭한 말로 잘 다듬어져 있어서 읽다 보면 끌리게 된다. 이를 처음

16

---

[116] 하이켈하임(1999: 453)에 따르면, "〔카토〕의 자살은 카이사르에게 큰 타격이었고, 그의 승리의 빛을 다소 가렸다. 그는 이렇게 외쳤다. '카토여, 나는 자네의 죽음을 부러워하네. 자네는 내게 자네 목숨을 살려줄 기회를 주지 않았어.' 카토는 전설이 되었고 그의 죽음은 순교가 되었다. 제정 후기의 독재자들조차도 그 자살한 성인의 의복을 입곤 했다." 카이사르가 했다는 말은 플루타크《영웅전》 영역본 50장 〈소 카토 Cato the Younger〉 편에 다음과 같이 전한다. "Cato, I grudge you your death, as you have grudged me the preservation of your life."
[117] 《특성》의 해당 부분에 대해서는 케이의 각주 참조.

읽은 다음 날, 나는 많은 사람들이 싱싱한 청어를 사라고 외치는 소리가 잔뜩 잡힌 물고기에 메아리치며 울리는 것을 들으며 아주 즐거웠다. 그런데 그때 나는 혼자 있었다. 이런 생각에 잠겨 혼자 기분이 좋았던 나에게, 마침 나를 알아본 재수 없는 사람이 뻔뻔하게 건들거리며 다가와서는 잘 지내느냐고 묻는 것이었다. 그런데 그날 나는 살아온 그 어느 때보다도 튼튼했고 멀쩡해 보였다고 할 수 있다. 그에게 뭐라고 대꾸했는지는 잊었다. 하지만 한동안 그를 떼어놓지 못하면서, 내 친구 호라티우스가 성가시게 괴롭히는 사람을 만난 비슷한 경우에 투덜댔던 그 거북함을 느꼈던 것이 생각난다.[118]

어느 날카로운 사람이 이 짧은 이야기를 가지고 내가 사람을 싫어한다고 흠을 잡지는 말기 바란다. 그것은 잘못 안 것이다. 나는 어울리기를 참 좋아한다. 만약 이 글을 읽는 사람이 나를 지겹다고 하지 않는다면, 사람을 두고 하는 그 아첨이 허약하고 웃기는 것임을 보여주기에 앞서, 내가 더불어 이야기하고 싶은 사람이 어떤 사람인지 알려줄 것이다. 약속하건대, 처음에는 내가 말하려는 것과 동떨어져 보이겠지만 곧 어디에 쓰려고 그러는지 알게 될 것이다. 17

내가 더불어 이야기하고 싶은 사람은 어려서부터 잘 배워서 명예와 부끄러움이 무엇인지 뼛속 깊이 알고 있어야 하며, 건방지고 거칠고 사람답지 못한 구석이 조금이라도 있는 것이라면 다 싫어하는 버릇이 몸에 배어 있어야 한다. 라틴어를 잘할 줄 알고, 그리스어 18

---

[118] 이 이야기는 호라티우스, 《풍자시》, 1권 9장에 실린 비슷한 이야기를 흉내 낸 것이다.

를 모르지 않으며, 제 나라 말에다가 한두 가지 다른 현대 외국어쯤은 알아야 한다. 고대인의 유행과 풍습에 익숙하면서 제 나라 역사와 제가 살고 있는 시대의 관습은 철저하게 알아야 한다. 문학은 물론이고 쓸 만한 과학 몇 가지를 공부하고, 다른 나라 궁정과 대학에 가 보고, 여행을 제대로 할 줄 알아야 한다. 가끔씩은 춤, 칼 쓰기, 말 타기를 즐기고, 사냥과 그 밖의 운동도 조금 알되, 어느 것에도 빠져들지 말고, 그 모두를 그저 건강을 위한 운동으로, 또는 제 일에 방해되지 않을 만큼의 기분전환으로, 또는 인품을 높이는 것으로 보아야 한다. 기하학과 천문학에, 그리고 해부학과 인체 단련에 취미를 가져야 한다. 음악을 잘해서 연주할 줄도 알면 좋겠지만, 그것이 좋지 않다는 사람들도 있으니, 그 대신 나는 그림을 잘 알아서 풍경화를 그릴 만큼이 되거나 아니면 연필을 대지 않고서도 어떤 모양이나 물건이 어떤 뜻을 갖는지 설명할 수준이 되었으면 좋겠다. 정숙한 여인과 어울리는 법을 일찍부터 익히고, 두 주일에 적어도 한 번은 숙녀들과 이야기를 나누어야 한다.

    무종교, 계집질, 노름, 술, 말다툼 따위의 천한 악덕은 입에 담지 않겠다. 배움이 조금이라도 있다면 그런 짓은 하지 않을 것이다. 늘 미덕을 실천하라고 권하겠는데, 궁정이나 도시에서 벌어지는 일을, 신사로서 모른 체해서는 안 된다. 사람으로서 완벽할 수는 없겠으니, 내가 막아줄 수 없는 것이라면 몇 가지 허물은 눈감아주겠다. 나이 열아홉에서 스물셋 사이에 젊은 혈기에 순결보다 나은 것을 갖고자 한다면, 조심해서 해야 한다. 아주 특별한 일이 생긴 날 친구들이 기분 좋게 졸라대는 바람에 완전한 맨정신을 조금 벗어나게 술을

19

마신다면, 어쩌다 한 번에 그치고, 술이 건강이나 기분을 망치지 않도록 해야 한다. 올바른 주장을 펴다가 기개가 넘치고 상대가 자극하는 바람에 말다툼에 말려들었다면, 명예의 관례[119]를 글자 그대로 지키지 말고 정말로 지혜롭게 굴었다면 마다하거나 막을 수도 있었겠지만, 이미 일이 벌어졌다면, 그런 일은 두 번 다시는 하지 말아야 한다. 이런 일들을 저지른 적이 있느냐고 내가 물을 때, 허풍 떨지 않고 그 대신 아무 말도 하지 않는다면, 내가 용서해줄 것이고, 내가 말한 그 나이라면 눈감아줄 터인데, 다만 그런 짓을 그때 그만두고 그 뒤로 줄곧 조심한다는 조건에서다. 젊은이가 낭패를 보게 되면 신사는 놀라서 이제까지 해왔던 것보다 한층 더 끊임없이 참견하게 될 수 있다. 젊은이가 나쁜 일에 빠져 망신살이 뻗히지 않도록 미리 막으려면, 귀족 집안을 한둘 골라서 젊은이에게 자주 찾아가도록 시키는 것만큼 좋은 것이 없다. 이렇게 하면 그의 뽐내는 마음을 지켜줄 수 있고, 그는 줄곧 부끄럽게 될까봐 두려워하게 된다.

  내가 바라는 수준에 가까울 만큼 재산을 가진 사람으로서 서른이 될 때까지 자기 수양을 하며 세계를 내다본다면, 나로서는 더불어 이야기하기에 거북할 것이 없을 것인데, 그래도 줄곧 건강과 재산을 유지하고 성격을 망칠 일을 하지 않는다는 조건에서이다. 그런 사람이 우연으로든 약속으로든 그와 비슷한 사람 서넛을 만나 몇 시

20

---

[119] 여기서 quarrel은 단순한 말다툼이 아니라, 결투로 이어지는 말다툼을 암시한다. 명예가 더럽혀졌다고 생각하는 사람이 사과를 요구하며 "말다툼"을 시작하면, "명예의 관례"에 따라, 사과하든지 아니면 결투를 받아들인다. 19세기 초반까지 영국에서는 귀족들 사이에 결투가 흔했으며, 현직 수상들까지도 결투를 벌이곤 했다.

간을 함께 지내기로 한다면, 그들을 가리켜 나는 좋은 무리라 하겠다. 그 안에서는 지식인에게 건네는 교훈적인 이야기나 재미나는 이야기가 아닌 것은 말하지 않는다. 그들 사이에 늘 생각이 같지는 않을 것이지만, 경쟁이 있다면 오로지 누가 누구에게 먼저 의견을 양보하느냐 하는 것뿐이다. 한 번에 한 사람씩 차례로 말을 하고, 목소리는 가장 멀리 앉은 사람이 편하게 들을 수 있는 정도를 넘는 법이 없다. 그들 하나하나가 가장 즐겁게 여기는 것은 남들을 즐겁게 하는 기쁨을 맛보는 것인데, 그들도 다 잘 알다시피 그것은, 우리 스스로가 아주 좋은 말을 했을 때나 다름없이, 남의 말에 귀를 기울이면서 그 뜻을 받아들이는 표정을 짓는 것이다.

이러한 대화라면 취향이 어떤 사람일지라도, 시간을 어떻게 보내야 할지 모를 때, 혼자 있기보다는 더불어 이야기 나누기를 좋아할 것이다. 그러나 이보다 기쁨을 더 확실하게 또는 더 오래 얻을 수 있는 일이 생긴다면, 그들은 이런 즐거움을 버리고 더 좋은 일을 할 것이다. 그런데 두 주일 동안 아무도 만나지 못한 사람이, 서로 꼬투리 잡기 좋아하고 말싸움 거는 데에서 기쁨을 누리는 그런 시끄러운 무리 속에 어울리게 되었다면, 차라리 두 주일을 더 홀로 있으려 하지 않을까? 다른 사람들은 묵묵히 이 땅에서 벌어먹고 살아가는데, 이 나라가 아무짝에도 쓸모없다고 떠들어대는 당원을 밤마다 만나야 한다면, 차라리 책을 읽거나 이런저런 주제를 놓고 글을 쓰려 하지 않을까? 하루 내내 얻는 것 없이 목이 부러지도록 쏘다닌 여우 사냥꾼들이[120] 밤에 또 목숨 걸고 술을 마셔대면서 즐거운 마음에 알아듣지도 못하게 떠드는 소리가 방 안에 가득하여, 문밖에서 짖어대는

21

덜 귀찮은 동반자들〔개들〕보다도 시끄러운데, 그 속에 끼어야 한다면 차라리 한 달 내내 홀로 지내며 일곱 시가 되기도 전에 잠자리에 드는 것이 낫지 않을까? 뱃사람들이 돈 받은 날에 그들 열 명과 함께 여섯 시간을 지내기보다는, 차라리 걷다가 지치는 게 낫겠다고 하지 않는 사람이나, 갇혀 있다면 차라리 방 안 가득 핀을 흩어놓고 다시 줍는 편이 낫겠다고 하지 않는 사람이라면, 나는 그런 사람을 높게 보지 않는다.

그렇지만 나도 인정할 것은, 대부분의 사람들은 혼자 오래 지내기보다는 내가 말한 그런 일들을 하려고 한다는 것이다. 하지만 내가 이해하지 못할 것은, 이런 식으로 어울리기 좋아한다는 것이, 이런 식으로 사회에 끼기를 몹시 바란다는 것이, 어째서 우리를 좋게 만드는 것이며, 어째서 다른 짐승에서는 찾아볼 수 없는, 사람만이 지닌 가치라고 들먹이는가 하는 것이다. 착한 본성과 너그러운 사랑이 한 사람을 넘어 인류 모두에 퍼져 나가서 그 덕에 사람이 사회적 동물이 되는 것임을 증명해내려면, 함께 어울리기 좋아하고 홀로 있기 싫어하는 마음은 가장 뛰어난 사람들에게서, 가장 천재적이고 재주 있고 업적이 큰 사람들과 가장 악덕에 물들지 않은 사람들에게서, 가장 뚜렷하고 가장 세게 나타나야 할 것이다. 그러나 사실은 그 반대다. 제 감정을 다스리지 못하는 마음 약한 사람, 반성을 싫어하

22

---

120 원문의 break one's neck은 위험하고 어리석은 일을 하여 스스로 몸을 망친다는 뜻이며, 이를 받아 뒤에서는 목숨 걸고 술을 마신다고 하였다. 농민들이 여우 사냥을 하는 수도 있지만 영국에서 여우 사냥은 전통적으로 대지주들이 놀이 삼아 하던 것으로 여겨진다.

는 죄진 사람, 제 손으로는 쓸 만한 것을 만들어낼 줄 모르는 하잘것 없는 사람, 그런 사람들이 혼자 있는 것을 가장 두려워하며, 혼자 있기보다는 아무하고라도 어울리려 할 것이다. 반면에 분별 있고 지식 있는 사람으로서 깊이 생각할 줄 알고 감정에 잘 흔들리지 않는 사람이라면, 혼자 있는 것을 군소리 없이 가장 오래 참아낼 수 있을 것이고, 시끄럽고 멍청하고 뻔뻔한 것들을 안 볼 수 있다면 스무 번도 더 달아날 것이며, 제 입맛에 맞지 않는 것과 맞닥뜨리느니, 골방이나 정원, 아니면 공원이나 사막을, 사람들이 모인 사회보다 더 찾아나설 것이다.

그러나 이제, 어울리기 좋아하는 마음이 사람에게 반드시 있어서, 아무도 혼자서는 한시도 있을 수 없다고 해본다면, 여기서 어떤 결론을 얻게 될까? 어울리기 좋아하는 것은 다른 어떤 것을 좋아하는 것과 마찬가지로 제가 좋아서 그러는 것이 아닐까? 우정과 예절은 서로 주고받지 않으면 오래갈 수가 없다. 기분전환 삼아 날마다 또는 주마다 만나는 모임이나, 해마다 열리는 잔치, 가장 격식을 차린 행사에 이르기까지, 이런 데 찾아오는 사람들은 저마다 목적이 있는데, 어떤 사람은 제가 첫째가 될 수 있는 모임만 골라 다닌다. 내가 아는 어떤 사람은 한 모임에서 왕 노릇을 하면서, 아주 열성이어서 정각에 나타나지 못할 일이라도 생기면 안절부절못했는데, 그에 맞먹는 사람이 나타나 누가 높은지를 두고 말이 나오자, 곧바로 모임을 떠나버렸다. 또 어떤 사람들은 제 나름의 생각도 없으면서, 다른 사람들이 입씨름하는 것은 재미있게 듣는 고약한 버릇이 있어서, 논쟁에는 한 번도 끼어들지 않은 채, 그런 소일거리가 없는 모임

23

은 싱겁다고 생각하기도 한다. 좋은 집, 비싼 가구, 멋진 정원, 말, 개, 조상, 관계, 아름다움, 힘, 미덕이든 악덕이든 그 무엇이든 그저 뛰어난 것, 이 모든 것이 사람들을 모임에 오게 만드는 장식물이어서, 찾아오는 사람들은 제가 좋아하는 것이 이번이든 다음번이든 이야기 주제로 떠오르지 않을까 희망을 품고, 마음속으로 즐거워한다. 내가 앞서 말했던, 세상에서 가장 예의바른 사람들조차도, 그들의 자기사랑에 호응하여 그들 이야기 속으로 들어와 그들이 구부리든 돌리든 마음대로 하게 내버려두지 않는 사람에게는 즐거움을 주지 않는다. 그러나 대화를 나누는 모든 모임에서 다들 제 생각을 가장 많이 한다는 가장 뚜렷한 증거는, 말싸움하기보다는 맞장구나 쳐주는 무관심한 사람, 쏘아대지도 않고 남이 뭐래도 기분 상하지 않는 성격 좋은 사람, 논쟁을 싫어하여 말로 이기려 들지 않는 속 편하고 게으른 사람, 이런 사람들이 어느 모임에서나 인기 있다는 것이다. 반면 남의 말을 받아들이지도 않고 제 생각과 맞지 않으면 말도 하지 않으려는, 분별과 지식이 있는 사람, 천재성과 총기가 있어서 날카롭고 재치 있는 말을 잘하면서 꾸짖을 것은 꼭 꾸짖는 사람, 명예를 존중하여 모욕은 주지도 받지도 않는 사람, 그런 사람들은 존경받을지는 몰라도 그보다 교양이 뒤지는 허술한 사람보다 더 사랑받는 법이 거의 없다.

    위의 경우들에서는 친해지겠다는 마음이, 제 기쁨을 끊임없이 찾는 데서 나왔지만, 다른 경우에서는 타고난 소심함에서, 그리고 저를 걱정하는 마음에서 나온다. 직업상 서로 거래할 일이 없는 런던 사람 둘은 날마다 거래소에서[121] 지나치면서, 서로 보고 알더라도 아

24

런던의 왕립거래소 (Thomas Bowles, 1751)

마도 소보다 더한 예절은 차리지 않을 것이다. 이 둘이 브리스틀[122]에서 만난다면 모자를 벗고 억지로라도 이야기를 나누며 서로 함께 있게 된 것을 기뻐할 것이다. 프랑스 사람과 영국 사람과 네덜란드 사

---

[121] 원문의 Exchange는 1723년에 쓴 이 글에서는 왕립거래소Royal Exchange를 가리킨다. 엘리자베스 1세가 1571년에 세운 최초의 거래소는 1666년 런던 대화재 때 불타 없어지고, 그 자리에 1669년 새 건물이 들어서서 1838년 다시 불타 없어질 때까지 있었다. 상품을 거래했으되, 남대문시장 같은 곳이 아니라, 물건은 예컨대 암스테르담의 창고에 보관한 채 보관증을 사고파는 곳이었다. 그 뒤 1688년 런던에 증권거래소Stock Exchange가 생겼는데, 이들은 신용을 얻지 못하여 왕립거래소에 들어가지 못하고, 1748년까지는 왕립거래소 근처의 교환소 거리Change Alley에 있는 커피숍에서 증권거래를 했다. 1720년에 터진 유명한 "남해거품사건 South-sea bubble"은 이 커피숍에서 일어난 일이다. 참고로, 오늘날에는 1902년에 생긴 직업안정소Labour Exchange나 또는 그 뒤의 전화국Telephone Exchange도 교환소Exchange로 불린다.

[122] 브리스틀은 당시 영국에서 런던 다음가는 대도시였다. 런던은 동쪽 네덜란드와 프랑스에 가깝고, 브리스틀은 서쪽 대서양으로 가는 항구로 우리나라 부산에 해당하는 도시다.

람이 중국이나 그 어떤 이국땅에서 만난다면, 다 같은 유럽 사람이기에, 그들은 한 동네 사람들처럼 서로를 바라보고, 특별히 화낼 일이 없다면, 서로 사랑하는 마음을 저절로 갖게 될 것이다. 서로 사이가 좋지 않은 두 사람이, 만약 꼭 함께 여행을 해야 할 처지라면, 미움을 접어두고 상냥하게 이야기를 나누게 되기 쉬운데, 길이 위험하다거나 가는 곳이 둘 다 낯선 데라면 더욱 그렇다. 이러한 것들은 얼핏 보면 사람이 원래부터 잘 사귀고 붙임성 있고 어울리기 좋아해서 그런다고 하기 쉽지만, 사람을 더 좁게 들여다보고 제대로 살핀다면, 이 모든 경우에 우리는 그저 우리 이익을 더하려고 애쓰면서 앞서 말한 동기에 따라 움직일 뿐이라는 것을 누구라도 알 수 있다.

    내가 이제까지 애써 보여준 것은 도덕적 아름다움, 뛰어남, 참된 가치 같은 것들이 불안정한 것이고 유행과 관습을 좇아 바뀐다는 것이다. 따라서 이들이 확실한 것이라 전제하고 거기서 이끌어낸 이야기는 별것이 아니며, 사람이 원래부터 착하다는 너그러운 생각은 그릇된 판단을 하도록 해를 끼치는, 한마디로 터무니없는 생각이다. 이것을 나는 역사에서 가장 뚜렷한 사례들을 들어 보여주었다. 나는 어울리기 좋아하고 홀로 있기 싫어한다는 마음에 대해 이야기했고, 그 바닥에 깔린 속마음을 샅샅이 살폈으며, 이들이 모두 자기사랑에서 비롯된 것임을 보여주었다. 이제부터 나는 사회의 본질을 살피려 한다. 사회가 처음 생겨나게 된 때로 돌아가 내가 보여주고자 하는 것은, 사람이 낙원을 잃고 나서 다른 짐승들과 달리 사회를 만들게 된 첫째 원인은, 사람 성품이 좋고 사랑스러워서가 아니라 오히려 나쁘고 밉살스러워서이며, 다른 짐승들만큼 뛰어나지 못하고 불완

25

전하기 때문이라는 것이다. 그리고 만약 사람이 원시적인 순수함을 그대로 지닌 채 그 축복을 줄곧 누려왔다면, 사람이 오늘날처럼 사회를 만들었을 가능성은 조금도 없음을 보여주려고 한다.

우리가 가진 욕구와 열정이 상공업이 잘되는 데에 반드시 있어야 한다는 것은 이 책에서 내내 충분히 보여주었다. 욕구와 열정이 나쁜 품성이며, 아니면 적어도 나쁜 품성을 만들어낸다는 것은 아무도 부인하지 않을 것이다.[123] 이제 나는 사람이 늘 매달리는 일을 방해하고 곤란하게 하는 여러 가지 걸림돌들을 설명할 것이다. 사람이 늘 매달리는 일이란, 바라는 것을 갖는 일이고, 다른 말로 하면 스스로를 보전하는 일이다. 그러면서 나는 사람의 사회성이 오직 두 가지에서 비롯된 것임을 보일 것인데, 그 둘이란 사람 욕망이 여러 가지라는 것과 욕망을 채우려 할 때 끊임없이 방해받는다는 것이다.

내가 말하는 걸림돌은 우리 몸이나 또는 세상과 관련된 것이다. 여기서 세상이란 우리가 사는 지구의 조건을 말하는데, 그 조건은 참 고약하다. 몸과 세상을 따로 생각하려고 애써 보기도 했는데, 나는 둘을 떼어놓을 수가 없었다. 둘은 늘 서로 맞부딪치고 섞이며, 그러다가 결국 나쁜 것들로 가득한 끔찍한 혼돈에 이른다. 세상 모든 요소가 우리에게는 적이기에, 어설프게 다가갔다가는 물에 빠지고 불에 타버리게 된다. 지구는 곳곳에서 사람에게 해로운 나무와 풀을 길러내고, 사람을 해치는 갖가지 동물들을 먹여주고 품어주며, 온갖

---

[123] 이는 맨더빌이 그렇게 생각한다는 것이 아니라, 남들의 도덕적 엄격주의 논리를 바탕으로 이야기하는 것이다.

독이 있더라도 내버려둔다. 그런데 그 가운데 가장 고약한 요소는 우리가 그것 없이는 한 순간도 살 수 없는 것(air)[124]이다. 바람과 날씨에서 받는 피해는 다 옮기기 어려울 만큼 많다. 그나마 좋지 않은 날씨에서 살아남는 일에는 많은 사람들이 힘쓰고 있지만, 운석이 마구 쏟아지는 것을 막아내는 기술은 아직 없다.

물론 태풍은 어쩌다 일어나고, 지진에 묻히거나 사자에 잡아먹히는 사람도 얼마 되지는 않지만, 이러한 큰일을 피한다고 하더라도 작은 일들이 또 못살게 군다. 얼마나 많은 종류의 벌레가 우리를 괴롭히며, 얼마나 많은 수가 우리를 해치며 놀리고도 아무 탈이 없는가! 그 가장 못된 놈이라도 가축이 들풀을 짓밟고 뜯어먹듯 우리를 짓밟고 뜯어먹지는 않는다. 가축이 그렇게 한다고 하더라도 살살 하기만 한다면 참을 만은 할 것이다. 그러나 여기에서도 다시 한번 온순함은 악덕이 되는 것이니, 그(벌레)들은 우리의 동정심을 갉아먹으며 무자비하게 우리를 깔보고 덤비기 때문에, 날마다 눈을 부릅뜨고 그들을 찾아내 없애지 않는다면 우리 머리는 쓰레기 더미가 되고 우리 어린 것들은 죽어갈 것이다.

28

실수나 모르는 것을 줄이고 줄여 아무리 잘해보려고 해도 이 세상에는 제대로 되는 것이 없다. 살다 보면 부딪치게 되는 몇천 가지 말썽거리는 사람이 순수하다고 또는 성실하다고 해서 막을 수 있는 것이 아니다. 그와 반대로, 좋게 바꿔놓을 기술과 경험이 없다면 모

29

---

[124] 여기서 가장 고약한 요소는 air를 가리키는데, 우리말로는 공기, 대기, 하늘, 날씨, 기후를 모두 포함하는 말이다. 아래 나오는 이야기들은 모두 air에 관한 것이지만, 우리말로 옮기고 나면 여러 가지 다른 이야기처럼 보인다.

든 것이 다 해롭다. 그러므로 부지런한 사람은 추수기에 곡식을 거두어 비에 젖지 않도록 하느라고 얼마나 바쁜가! 그런데 비가 없었다면 추수를 할 수도 없었을 것이다. 기후에 따라 사철이 다르기에, 우리는 이를 어떻게 이용하는지 배우게 되어서, 지구 한쪽에서 씨를 뿌릴 때 다른 쪽에서는 수확을 한다. 이 모든 것을 볼 때, 첫 조상으로부터 떨어져 나온 뒤로 이 땅이 얼마나 많이 달라졌는지 우리는 배울 수 있다. 태초에 사람은 신을 닮아 아름다웠고, 높은 가르침이나 지루한 경험으로 얻은 지혜를 뽐내는 대신, 생겨날 때부터 완전한 앎을 받아 가지고 있었다. 그때로 거슬러 올라간다면, 그 순수한 시대에는 땅 위의 짐승이나 풀, 또는 땅속의 광물이 어느 것 하나 사람에게 나쁜 것이 없었고, 그 어느 것도 사람을 다치게 하지 않았으며, 애쓰지 않아도 사람 사는 데 필요한 것들을 이 세상이 내어주어 그것으로 만족했다. 아직 죄를 알지 못하던 그때, 사람은 어디를 가나 만물이 복종해주는 주인이었고, 제가 위대하다는 것에는 마음 두지 않은 채 온전히 창조주의 무한함을 거룩하게 명상하는 데에만 빠져 있었으며, 창조주는 날마다 알기 쉬운 말로 말을 건네주시고 못살게 구는 일 없이 찾아주셨다.

　　이러한 황금시대에는 사람이 어째서 오늘날과 같은 큰 사회를 이루어야 하는지 아무리 설명하려고 해도 어떤 필연도 우연도 갖다 댈 수가 없다. 바라는 모든 것을 갖추어, 애타게 하는 것도 어지럽게 하는 것도 다 없는 곳에서는, 사람의 행복에 더 보탤 것이 없다. 그래서 교역, 예술, 과학, 작위, 일거리, 그 어떤 것도 이 축복받은 상태에서는 있으나마나 하지 않은 것을 찾아볼 수가 없다. 이러한 생각을 해가다 보면 쉽게 깨달을 수 있는 것은 어떤 사회도 사랑스러 운 미덕이나 사랑하는 마음에서 비롯된 것이 아니라는 것이다. 오히 려 모든 사회는 사람이 아쉽고 불완전하면서 하고 싶은 것은 많다는 데에서 그 기원을 찾아야 한다. 또한 마찬가지로, 더 뽐내고 더 꾸미 며 욕망을 더 키울수록, 인구가 많은 큰 사회로 더 잘 만들어갈 수 있음을 알 수 있다.

공기가 언제까지나 우리 알몸에 거슬리지 않고, 좋은 날에 새가 31 느끼는 만큼이나 기분 좋게 느껴진다면, 그리고 사람이 체면, 사치, 위선, 그리고 육욕 따위에 얽매이지 않는다면, 나는 대체 무엇이 우 리에게 옷과 집을 만들어내게 했을지 모르겠다. 보석, 접시, 그림, 조각품, 고급 가구, 그리고 없어도 될 군더더기라고 도덕주의자들이 부르는 그 많은 것들에 대해서는 말하지 않겠다. 우리가 걷는 일에 쉬이 지치지 않고 다른 어떤 짐승들만큼 재빠르다면, 사람이 원래 부지런하여 편안함을 지나치게 찾거나 즐기는 일이 아예 없고 다른 악덕에도 빠지는 일이 없다면, 게다가 땅은 어디서나 고르고 단단하 고 깨끗하다면, 누가 마차를 생각해내고 누가 말 잔등에 올라탔을 까? 돌고래는 배를 어디에 쓸 것이며, 독수리는 무슨 마차를 타고 돌 아다닐까?

내가 사회라고 하는 것은 곧 나라body politick임을 독자가 알아주 32 기 바란다. 나라라고 하는 것은 제 몫을 얻으려면 남을 위해 일해야 할 줄은 알 만큼 힘이나 설득으로 깨우치게 된 사람들이 모여 사는 집단이며, 한 사람 밑에서 또는 다른 형태의 정부 밑에서 각자는 전 체를 따르고 전체는 능숙한 통제로 하나처럼 움직이는 집단이다. 왜냐하면 만약 사회가 그저 많은 사람들이 아무런 규칙이나 정부 없이 소떼나 양떼처럼 같은 족속에 끌리는 마음으로 또는 어울리기 좋아하는 마음으로 모여 사는 집단이라고 한다면, 사람만큼 사회를 이루기에 어울리지 않는 짐승도 이 세상에 또 없기 때문이다. 평등한 백 사람이, 위에서 다스리는 사람도, 이 세상에 두려워할 어떤 것도 없이 모이게 된다면, 잠잘 때를 빼면 싸우지 않고서는 두 시간도 같이 살지 못할 것이며, 그들에게 지식과 힘과 재치와 용기와 결단력이 많으면 많을수록 더 나빠지기만 할 것이다.

    야만 상태를 상상해보자. 적어도 힘이 있는 동안은 어버이가 아이들을 다스릴 것이다. 그 뒤에라도 아이들은 다들 겪었던 일을 떠올리며 사랑과 두려움이 뒤섞인, 이른바 존중이라고 하는 것을 서로 내보일 수 있겠다. 마찬가지로 다음 세대에는 첫 세대를 본받아, 좀 나은 사람이 나서서, 살아 있는 동안 그리고 분별이 있는 동안, 수가 많이 불어났을 자손들 모두에 대해 지배력을 휘두를 수 있겠다. 그러나 옛 세대가 모두 죽고 나면 그 자식들은 말다툼을 할 것이며, 평화는 오래가지 못하고 곧 전쟁으로 깨질 것이다. 형제 사이에 손위라는 것은 대단한 힘을 가진 것이 아니며, 손위가 받는 대접은 평화로울 때에나 먹히는 임시방편에 지나지 않는다. 사람은 남을 잡아먹는 짐승이라기보다는 겁이 많은 짐승이어서 평화와 평온을 좋아하며, 누가 싸움을 걸지 않으면, 그리고 싸움 없이도 갖고 싶은 것을 가질 수 있다면, 싸우려 들지 않는다. 이처럼 두려워하는 마음과 방해받기 싫어하는 마음이 있기에 정부에 대해 온갖 제안이 나오고 온갖 정부 형태가 나타나는 것이다. 그 으뜸은 말할 것도 없이 군주제

33

다. 그 불편함을 고치자고 나온 두 가지가 귀족정치와 민주정치이며, 이들 셋을 섞는 것은 이들보다 낫게 만들기 위해서다.

 그러나 야만인이든 정치인이든, 사람은, 그저 타락하게 된다면, 몸이 말을 듣는 한, 저를 즐겁게 하는 일 말고는 다른 일을 할 수가 없으며, 다른 곳에는 사랑이나 절망을 흠뻑 쏟아부을 수가 없다. 하고 싶다는 것과 즐겁다는 것은 같은 뜻이 되어버리며, 여기에 반대되는 어떤 움직임도 부자연스럽고 삐걱거리게 되어 있다. 이와 같이 행동이 한정되어, 우리가 좋아하는 것만 늘 하도록 되어 있고, 게다가 우리 생각이 자유로워 제 마음대로라면, 우리는 위선이 아니고서는 사회적 동물이 될 수가 없다. 이는 간단히 증명할 수 있다. 마음속에서 끊임없이 솟아나는 생각을 막을 수 없기 때문에, 재주를 부려 이를 숨기고 막지 못한다면, 사람들 사이의 거래는 다 사라질 것이다. 제가 하는 속생각이 남에게도 고스란히 다 드러나게 되어 있다면, 말을 할 줄 아는 이상, 남에게 상처받고 가만히 있을 수는 없다. 이제 독자들은 다들 내 말이 진실임을 알았으리라고 본다. 그래서, 나를 반대하는 사람이 그 입으로 반박할 준비를 하는 동안, 그가 말하는 양심이라는 것은 그가 보는 앞에서 날아가버렸다. 모든 문명사회에서 사람은 태어나면서부터 알게 모르게 위선자가 되기를 배우기 때문에, 어느 누구도 제가 공공 재난으로 먹고산다거나 또는 사람이 죽는 것으로 먹고산다는 말을 감히 내놓고 하지는 못한다. 교구민들이 죽었으면 좋겠다는 말을 교회 머슴이 드러내놓고 한다면, 그 일[장례] 말고는 그가 먹고살 길이 없음을 다들 알면서도, 아마 다들 돌을 던질 것이다.

34

사람 사는 일을 바라보다 보면, 이득 얻을 궁리나 돈 벌 생각이 직업이나 처지에 따라 사람을 어찌나 다양하게, 때로는 이상하게 반대 방향으로, 바꾸어놓는지, 이를 지켜보는 것이 내게는 큰 기쁨이다. 질서정연한 무도회에서는 어찌 다들 그렇게 즐겁고 들뜬 얼굴을 하고 있다가, 장례 행렬에서는 또 어찌 다들 엄숙하게 슬픈 얼굴을 하는지! 그러나 장의사는 돈 생각을 하면 무도회를 연 사람 못지않게 기분이 좋다. 양쪽 다 똑같이 직업에 맞춰주고 있는 것이어서, 한쪽에서 슬픔을 꾸며 보여주는 것만큼이나 다른 쪽에서는 억지로 웃어 보여주는 것이다. 말쑥한 옷감장수와 그 집에 손님으로 찾아온 젊은 아가씨 사이에 오가는 이야기를 귀 기울여 들어본 적이 없다면, 아주 재미나는 삶의 한 장면을 놓치고 있는 것이다. 진지한 독자들은 잠시 심각함을 접고, 나와 함께 이들이 각자 마음속에 어떻게 다른 생각을 하고 있는지 살펴봐줬으면 한다.

옷감장수의 속마음은 관례적인 이윤에 비추어 알맞다고 내세우는 값에 비단을 되도록 많이 팔았으면 하는 것이다. 손님으로서는, 마음에 드는 것을 다른 데 값보다 한 자에 네 푼이나 여섯 푼씩 싸게 사는 것이다. 남자들이 떠받들며 늘어놓는 말로 미루어, 이 여자는 (아주 못생기지는 않았다면) 제가 겉보기에 괜찮고 몸가짐은 얌전하며 목소리는 달콤하다고 마음에 그려본다. 얼굴도 예쁘긴 한데, 그렇게 아름다운 것까지는 아니더라도 적어도 제가 아는 젊은 아가씨들 대부분보다는 낫지 않을까 싶다. 품성도 좋으니만큼, 같은 물건을 다른 사람들보다 싸게 사겠다고 대놓고 나서고 싶지는 않고, 그래서 잔꾀와 신중함을 다하여 잘해보기로 하였다. 사랑 타령은 여기서 꺼낼 일이 아니었고, 그러다 보니 한쪽으로 생각하면 화내고 투정 부리는 시늉을 하며 폭군처럼 굴어서는 안 될 것 같았고, 다른 한쪽으로 생각하면 상냥하게 말하며 애교 부리는 것은 다른 때보다 더 괜찮을 듯싶었다. 그런데 생각해보니 이 가게에 찾아오는 집안 좋은 손님들은 대개 미덕과 예절이 허락하는 최대한으로 사랑스럽게 보이려고 애쓸 것 같았다. 마음을 이렇게 먹고 보니 제 성질대로 할 수 있는 것은 아무것도 없었다.

여자가 탄 마차가 채 멈추기도 전에, 신사로 보이는 남자가 유행에 맞는 말쑥한 차림으로 다가와서 공손하게 인사를 올리더니, 여자가 들어가고 싶다는 뜻을 밝히자, 손을 잡고 가게로 이끌었는데, 들어서자마자 슬그머니 손을 놓고는 잘 보이지 않는 샛길로 들어가 능숙하게 계산대 뒤에 자리를 잡았다. 여기서 여자를 마주하고, 깊은 존경심과 최신 유행어로 남자는 무엇을 바라시는지 알았으면 좋겠다고 하였다. 마음대로 말하고 마음대로 싫다고 하시라면서, 여자가 무슨 말을 하든지 대놓고 그게 아니라는 법은 없었다. 여자가 상대하고 있는 남자는 더할 나위 없는 참을성을 영업 비밀로 가진 사람으로서, 여자가 어떤 트집을 잡든, 가장 공손한 말투로 대꾸하며 즐거운 낯빛을 보이니, 기쁨과 존경이 싹싹함과 어우러져 만들어내는 인위적인 평온함은 그 어떤 자연 상태보다도 더 마음을 잡아끌었다. 37

두 사람이 이렇게 잘 만났으니 오가는 이야기는, 비록 하찮은 이야기들이었지만, 지극히 예의바르고 마음에 드는 것일 수밖에 없다. 여자가 무엇을 고를지 망설이고 있는 동안 권하는 남자도 마찬가지로 보였다. 고르는 것을 어떻게 이끌어갈지 아주 조심스러웠는 38

데, 여자가 골라서 결정하고 나자, 남자는 곧바로 자신감을 가지고, 그것이 가장 좋은 것이라며 여자의 고르는 눈을 한껏 칭찬하고는, 이 가게에 있는 어느 무엇보다 이것이 가장 눈에 띈다는 것을 왜 그때까지 몰랐었는지 보면 볼수록 신기하다고 했다. 눈에 띄지 않게 손님 머릿속 가장 깊은 곳에 들어가 손님의 능력 한계를 알아내고 손님 자신도 모르는 맹점을 찾아내는 길을 그 남자는 가르침과 사례와 맹훈련으로 배워 알고 있으니, 이 모든 것을 가지고 남자는 쉰 가지 책략을 갖추어 손님으로 하여금 그 판단뿐 아니라 사 가는 물건도 과대평가하게 만든다. 그 남자가 손님에 앞서는 가장 큰 강점은 그들 사이에 벌어지는 거래 가운데 가장 물질적인 부분이어서, 값을 흥정하는 데 있어서 그는 일 원 일 전까지 알고 있지만, 손님은 완전히 깜깜하다. 그렇기에 그는 값을 뺀 나머지 부분에 대해서는 손님이 알고 있는 것에다가 제 의견을 억지로 갖다 붙이지 않는 것이다. 물건을 얼마에 사왔고 얼마 이상이면 팔려는지에 대해 거짓말을 마음대로 지어낼 수 있지만, 그는 거기에만 기대지는 않는다. 손님의 허영심을 건드려 이 세상에서 가장 믿을 수 없는 것을, 곧 제 약점과 손님의 뛰어난 능력을, 손님으로 하여금 믿게 만든다. 그는 물건을 그 값 아래로는 절대 팔지 않기로 결심했었노라고 말하면서, 손님께서는 그 물건을 팔도록 만드는 힘이 그 어떤 사람보다도 낫다고 한다. 그 비단을 팔면서 손해를 보게 생겼다고 항변을 하고, 그러나 손님께서 그 물건을 워낙 좋아하시고 더 주지 못하신다니까, 이렇게 보기 드물게 훌륭하신 아가씨를 거스르지 못하여 드리기는 하겠는데, 제발 다음번에는 이렇게 힘들게 하지 마시라고 간청한다. 사는 사람은 제가 바보가 아니고 말을 잘한다고 믿고 있는지라, 제가 장사꾼을 말로 이겼다고 쉽게 받아들이면서, 좋은 집안 출신으로서 제 장점을 장점이 아니라고 해야 마땅하다는 데 생각이 미쳐, 칭찬을 재치 있는 말대꾸로 반박하는데, 그러는 동안에 장사꾼은 제가 손님에게 해준 모든 말의 골자를 손님이 아주 느긋하게 삼킬 수 있도록 도와준다. 결론은 무엇인가 하면, 한 자에 아홉 푼씩 싸게 샀다고 기분이 좋은 손님은 사실은 누구나 사는 똑같은 값에 비단을 사는 것이며, 때로는 장사꾼이 안 팔기는커녕 원래 팔려던 값보다 여섯 푼씩 더 내기도 한다.

이 여자 손님이 옷감장수의 몸가짐이나 아니면 넥타이 맨 것에서 흉을 기어이 찾아내거나, 또는 다른 어떤 것이 마음에 안 들어서 대접을 충분히 받지 못했다고 생각한 나머지 발길을 돌려 다른 어느 가게로 찾아 갔을지도 모르겠다. 그렇지만 많은 가게들이 모여 있는 곳이라면, 어느 가게를 골라 들어가야 할지 정하기가 늘 쉬운 것은 아니며, 어떤 여성분들에게 그 결정은 때로는 아주 변덕스럽고 비밀스럽기까지 하다. 속내를 들키지만 않는다면 우리는 제멋대로 하고 싶은 대로 하는 것이니, 왜 다른 곳으로 갔는지 다른 사람들이 함부로 억측해봐야 맞을 것이 없다. 미덕을 지닌 어느 여자는 한 가게를 특별히 좋아했는데, 그 가게에 있는 한 친구는 잘생겼고, 다른 친구는 나쁘지 않은 성격에, 지난번 별로 살 생각 없이 바오로 성당 가는 길에 들렀을 때 만났던 다른 가게 친구보다는 친절하게 대해주었기 때문이다. 잘 나가는 옷감가게에서는 잘생긴 판매원을 문 앞에 세워두고, 지나는 손님을 끄는 데에는 그저 잘 보이려는 웃음을 지을 뿐

39

손님을 두고 다투는 뱃사공들
(Thomas Rowlandson, 1816)

잡아끌거나 하지는 않고, 잘 차려입은 숙녀가 가게를 쳐다볼 때마다 순종하는 자세를 보이거나 또는 어쩌면 절을 하게 마련이다.

말을 꺼내고 보니, 앞 경우와는 아주 동떨어진 딴 세상에서 손님을 끄는 또 다른 방법이 생각난다. 몸가짐과 옷차림을 보면 농부인지 척 알 수 있는 손님을 뱃사공들이 잡아끌 때의 일인데, 거북해 보이지는 않는다.[125] 생전 처음 보는 사람을 여섯이 둘러싸고서는, 가장 가까이 있는 둘은 각각 팔을 그의 목에 척 걸쳐놓고, 동인도 항해에서 막 돌아온 친형제를 만난 듯 사랑이 담긴 익숙한 몸짓으로

40

---

125 오늘날의 택시 기사에 해당되는 런던의 뱃사공 waterman은 일찍부터 면허로 그 수가 관리되었는데, 해전이 잦았던 영국에서 뱃사공은 전쟁이 나면 해군에 징발되는 자원이었기에 정부에서는 평소에도 필요 이상으로 많은 수를 유지했고, 그 때문에 뱃사공의 손님 끌기 경쟁은 악명이 높았다. 몇 안 되는 독점 대기업은 점잖게 큰돈을 벌 수 있지만, 끝없이 쏟아져 나오는 영세 자영업자들은 과잉경쟁 속에서 푼돈을 두고 늘 치사하게 다툴 수밖에 없다

껴안고, 셋째 사람은 그의 손을 잡고, 또 다른 사람은 소매며 옷이며 옷에 달린 단추며 또는 아무거나 손닿는 대로 붙잡고, 다섯째나 여섯째 사람은 벌써 두 바퀴나 맴돌면서도 아직 그를 붙들지 못하고 있다가, 농부 바로 앞에 떡 버티고 서서, 코앞 한 뼘 거리에서 경쟁자들 말을 큰소리로 반박하며 입을 벌리는데, 무섭게 생긴 큰 이뿐만 아니라 손님이 나타나는 바람에 삼키지 못한 씹다 만 빵이나 치즈 조각이 다 보인다.

여기에 어떤 공격적인 것은 없으며, 이 농부는 이들이 저를 대단하게 여긴다고 당연히 생각한다. 그래서 이들을 물리치기는커녕 둘러싼 힘이 어느 쪽이 센지에 따라 이리 밀리고 저리 당겨지고 하면서 끈기 있게 참는다. 그리 민감할 게 없는 그는 방금 파이프를 피운 사람이 내뿜는 입김이나 제 뺨에 대고 문지르는 기름 번들번들한 머리도 탓하지 않는다. 먼지나 땀이라고 해봐야 그가 날 때부터 익숙하던 것이고, 여섯이 달려들어 한꺼번에 말을 하는데, 어떤 이는 귀에 대고, 가장 멀어봐야 대여섯 자 떨어져 있는 이는 삼백 자는 떨어져 있는 것처럼, 제각각 고함을 쳐대지만 시끄럽게 여기지도 않는다. 저도 즐거울 때면 그보다 소리가 작지 않음을 아는지라, 그 떠들썩한 대우가 마음에 든다. 저를 이리저리 끌고 당기고 하는 것을 보며 왜 그러는지 다 읽어낸다. 그런 구애 행동은 느낄 수 있고 알 수 있는 것이어서, 저에게 존경심을 보여주는 그들이 고맙지 않을 수 없다. 저를 알아주는 것이 반갑고, 런던 사람들이 서 푼도 안 되는 돈에 저에게 잘해주겠다고 이렇게 졸라댄다는 것에 놀란다. 시골의 자기 동네 가게에 가면 제가 먼저 뭘 사겠다고 이야기 꺼내기 전에

41

는 아는 체도 안 해주며, 먼저 묻지 않을 수 없어서 던진 물음에 마지못해 답하는 것이 아니라면 한꺼번에 서너 푼을 내밀어도 거의 한 마디도 들을 수 없다. 여기서 이렇게 시원시원하게 대해주니 고마운 마음이 드는데, 누구 말도 안 들을 수 없어서 누구를 골라야 할지 마음을 정하지 못한다. 나는 이런 생각, 또는 이와 비슷한 생각을 하는 사람을 본 적이 있는데, 그 마음을 얼굴에 달린 코만큼이나 뚜렷이 볼 수 있었다. 그는 한 떼의 뱃사공들에게 행복하게 떠밀려가면서, 웃는 모습으로 제 몸무게보다 칠팔십 근[126]은 더 되는 것을 들고 물가로 갔다.

    밑바닥 삶에 비친 모습을 그려내면서 내가 웃음을 보인 것이 내게 어울리지 않는 것이라면 미안하게 되었으며, 그런 잘못은 다시는 저지르지 않을 것이고, 앞으로는 시간을 아껴 할 말을 꾸밈없이 무뚝뚝하고 단순하게 할 것이다. 어떤 사람들은 훌륭한 사회적 미덕과 사랑스러운 품성이 본인뿐 아니라 전체에게도 똑같이 이롭다고 믿는다. 또한 마찬가지로, 한 집안의 참된 행복과 생활수준을 높여주는 모든 것들이 사회 전체에도 같은 효과를 갖는다고 믿는다. 이제부터 나는 이들이 커다란 잘못을 저지르고 있음을 보여주려고 한다. 이 이야기는 앞에서도 줄곧 해왔는데[127] 그리 잘못하지는 않았다고 자찬한다. 그러나 같은 문제에서 진실을 찾아내는 방법이 하나가 아니라 여럿이어서 더 나쁘다고 할 사람은 없기 바란다.

---

[126] 원문의 stone은 옛날 무게 단위로서 14파운드, 또는 6.35킬로그램에 해당한다.
[127] 특히 주석 (L)과 (Q)를 가리킨다.

한 사람만 놓고 본다면 덜 바라고 덜 샘내는 것이 더 편하다. 제가 아쉬운 것은 제 손으로 열심히 찾아 챙기고, 남더러 해달라는 것은 적을수록, 한 집안에서 더 사랑받을 것이고 걱정을 덜 끼칠 것이다. 평화와 화합을 사랑할수록, 이웃에 자비를 베풀수록, 그리고 참된 미덕으로 빛날수록, 그에 비례하여 신과 사람 마음에 들 수 있다는 것은 의심할 바 없다. 그러나 이제 제대로 보자. 이러한 것들이 어떤 이득이 되는가, 다시 말하면 한 나라의 부와 영광과 세속적인 위대함을 높이는 데에 이러한 것들이 어떤 세속적인 도움이 되는가? 사랑에 빠져 사치에 끝을 두지 않는 사람, 변덕스럽게 매주 새로운 유행을 만들어내는 거리의 여자, 마차와 오락과 그 모든 몸가짐에서 공주와 똑같이 하려는 콧대 높은 공작부인, 유산으로 물려받은 돈이 남아돌아 생각도 판단도 없이 돈을 흩뿌리고 다니며 눈에 보이는 것이면 모두 사들이고 그것을 다음 날이면 부숴버리거나 남에게 줘버리는 헤픈 난봉꾼, 과부와 고아의 눈물에서 막대한 재산을 쥐어짜내 방탕한 아들에게 돈 쓰라고 남기고 간 탐욕스러운 거짓말쟁이, 이들 모두가 커질 대로 커진 리바이어던[128]에게는 먹이가 되고 맛난 밥이 되는 것이다. 달리 말하자면 이것이 사람 사는 비참한 상황이어서, 질병들과 내가 말한 괴물들이 있기에 갖가지 노동을 하게 되며, 사람의 기술은 그 갖가지 노동을 만들어내어 많은 가난한 노동자들이 정직하게 먹고살도록 해준다. 이것이[129] 큰 사회를 이루는 데 필요한

---

[128] 리바이어던은 원래 《성서》 〈욥기〉에 나오는 바다괴물인데, 토머스 홉스(1598~1679)가 《리바이어던》(1651)에서 나라 권력의 상징으로 썼다. 책 표지 그림에서 갑옷처럼 보이는 리바이어던의 몸은 300명이 넘는 작은 사람들로 이루어져 있다.

것이다. 그렇지 않고서도 위대하고 부유한 나라가 살아남아 힘세고 품위 있게 되리라 상상한다면 잘못이다.

　나는 루터와 칼뱅이 또는 엘리자베스 여왕이 그랬던 것처럼 가 44
톨릭에는 반대하지만, 이 왕국과 그에 속한 나라들을 다른 나라들보다 번창하게 하는 역할로 본다면 종교개혁은 테를 넣어 누빈 치마를 발명해낸 멍청하고 변덕스러운 일보다 거의 나을 게 없다고 나는 마음 깊숙이 믿고 있다. 그러나 사제 권력의 적들〔개신교 세력〕이 그게 아니라고 나에게 반박하더라도, 적어도 내가 확신하는 것이 있다. 정직하고 근면한 사람들에게 일거리를 만들어주는 일에 있어서만큼은, 종교개혁은 그 첫날에서 오늘에 이르기까지, 평신도를 어떻게 볼 것이냐를 두고 찬성 또는 반대한 위인들에게 일거리를 준 것을 빼놓는다면, 여자 옷을 우스꽝스럽게 바꿔놓은 것에 미치지 못한다는 것이다. 종교와 산업은 별개다. 몇천의 이웃들에 적이 되더라도, 좋은 일자리를 만들어내는 사람은, 옳든 그르든, 사회의 가장 큰 친구다.

　고급 주홍색 또는 심홍색 옷을 만드느라 세계 곳곳에서 얼마나 45
소란이 벌어지고 얼마나 많은 거래와 기술자가 동원되는가! 양털 빗

---

129 큰 사회를 이루는 조건이 무엇인지는 원문에서 that이 무엇을 받느냐고 보는 데 따라 두 가지 해석이 다 가능하다. 첫째는 본문에서처럼, 앞부분 전체, 즉 노동해서 먹고살도록 해주어야 한다는 것으로 볼 수도 있고, 둘째는 좁게 보자면 가난한 노동자들이 많아야 한다는 것으로 볼 수도 있다. 두 번째 해석이 가능한 것은 〈자선〉에서 맨더빌이 비슷한 이야기를 했기 때문이다. "좋지 않은 환경에서 사회를 행복하게 하고 사람들을 편안하게 하려면, 반드시 대부분이 가난할 뿐 아니라 무식해야 한다."

기는 사람, 실 잣는 사람, 천 짜는 사람, 옷 만드는 사람, 빨래하는 사람, 물들이는 사람, 기계 설치하는 사람, 어음 발행하는 사람, 짐 꾸리는 사람 등 뻔한 사람들뿐만이 아니다. 더 멀리 있고 관계가 없어 보이는 사람들도 있다. 물방아 만드는 사람, 백랍 만드는 사람, 약품 다루는 사람이 필요할 뿐 아니라 이런 일들에 들어가는 연장과 기구와 다른 장비들을 만드는 아주 많은 기술자들이 필요하다. 그러나 이 모든 것들은 나라 안에서 일어나는 일로서, 특별히 애쓰거나 위험을 무릅쓰지 않아도 된다. 가장 끔찍한 일은 아직도 남아 있으니, 외국에서 고생과 모험을 겪고, 드넓은 바다를 건너고, 갖가지 기후를 견뎌내고, 그리고 여러 민족들에 도움을 청해야 할 것을 생각해보라. 가장 좋은 옷감을 만들 양털은 스페인에서 나는 것만으로도 될 것이다. 그러나 그 아름다운 색으로 물들이는 데 들어가는 기술과 노고, 경험과 재주가 얼마나 많은가! 한 솥에 들어갈 약품과 원료들은 이 세상에 얼마나 널리 제각기 흩어져 있는가! 명반이야 우리 나라에 있지만, 조주석은 라인에서, 황산염은 헝가리에서 온다. 그나마 이들은 유럽 안에 있다. 염초를 많이 얻으려면 동인도까지 가야 한다. 코치닐은 옛날 사람들은 모르던 것으로서 우리 가까이에는 없고 지구 다른 곳에나 있다. 우리가 스페인 사람들에게서 사기는 하지만, 스페인에서 나는 것이 아니니 그들도 그걸 가지러 신세계에서도 가장 먼 구석인 서인도 제도까지 가야 한다. 그렇게 많은 뱃사람들이 동쪽과 서쪽에서 햇볕에 그을리고 무더위에 지치는 동안, 또 다른 무리는 러시아에 잿물을 가지러 가 북쪽에서 덜덜 떤다.[130]

    목적〔물감 들이는 일〕을 다 이루려면 갖가지 고생과 노동을 해야   46

하고, 어려움과 재난을 견뎌내야 한다. 그리고 그렇게 돌아다니는 데는 수많은 위험과 모험이 따르고, 게다가 건강과 좋은 삶과 때로는 적지 않은 목숨들까지 내버리면서도 끝내 성공하는 것은 얼마 되지도 않는다. 이러한 것들을 다 알고 깊이 생각하고 나면, 폭군이 아무리 잔인하고 파렴치할지라도 순진한 노예들에게 이 끔찍한 일을 시킬 수 있다고 생각하는 것은 거의 불가능하다. 게다가 그렇게 시키는 까닭이 그저 주홍색이나 심홍색 옷을 입는 기쁨 때문이지 다른 이유는 없음을 털어놓으면서 그런 일을 시키리라고 생각하는 것은 거의 불가능하다. 그러나 임금의 신하뿐 아니라 호위병과 나아가 보통 병사들까지[131] 그렇게 염치없는 욕망을 가지려면 대체 한 나라의 사치가 어디까지 높아져야 한다는 것인가!

그러나 눈길을 돌려 그 모든 노동을 자발적인 행동으로 보자. 사람들은 먹고살려고 여러 가지 직업과 일거리에 뛰어드는 것이며, 겉으로는 다른 사람을 위해 일하는 것으로 보여도 사실은 저를 위해 일하는 자발적인 행동이다.[132] 뱃사람은 그렇게 고생하고 나서도 항

---

130 이 문단에 나오는 각종 염색 재료에 대해서는 이 책 265~267쪽 참조. 이 문단과 비슷한 내용은 〈주석 (P): 2〉에도 나온다. 케이의 각주에 나오듯, 맨더빌에 앞서서는 맨더빌이 잘 아는 잡지 《스펙테이터》 69호(1711년 5월 19일)에 비슷한 이야기가 나온다(Mackie, 1998: 203~206). 아담 스미스 《국부론》 앞부분 (I.i.11.)에 나오는 유명한 문단은 맨더빌의 이 문단을 거의 그대로 베낀 것이다. 그러나 마르크스가 《자본론》(1권 14장 각주 33)에서 지적하였듯이, 그리고 그에 앞서 스미스의 제자 스튜어트Stewart가 이미 밝혔듯이(Hundert, 1994: 220), 스미스는 맨더빌에서 가져온 것임을 전혀 밝히지 않았다.
131 1600년대 말에 이르러 영국 군복은 코치닐로 물들인 붉은 빛으로 통일되었으며, 20세기에 들어와서 비용 문제 때문에 붉은 빛은 근위병이나 예복 등에만 쓰이게 되었다.

해가 끝나자마자, 때로는 난파되고 나서도, 같은 일자리를 또 찾아 나선다. 이러한 것들을 새로운 눈으로 보게 되면, 가난한 이의 노동은 그들이 짊어져야 할 짐도 벌도 아님을 알게 될 것이다. 일자리를 갖는다는 것은 그들이 하늘에 기도하며 바라는 축복인 것이며, 많은 이에게 일자리를 얻어주는 것이 모든 의회가 가장 애써야 할 것임을 알게 될 것이다.

어린이가, 그리고 아기들조차도, 남을 따라 하듯이, 모든 젊은 이는 어른이 되고 싶은 불타는 욕망에 빠져서 때로는 누구라도 그렇게 봐주지 않는 모습으로까지도 되고 싶은 조급한 짓거리를 하여 웃음거리가 되기도 한다. 그런데 큰 사회에서 상거래가 오래 지속되는 것은 이러한 바보짓에 적지 않게 달려 있다. 판단과 경험이 모자라는 젊은이들은 나이 든 사람들이 가진 사소한, 때로는 나무랄 만한, 것들까지도 가질 수만 있다면 어떤 고통도 어떤 험한 짓도 마다하지 않는다! 이렇게 흉내 내기를 좋아하면서 처음에는, 참을 수 없을 만큼은 아닐지라도, 넌더리나는 것들에 조금씩 익숙해지게 되는데, 나중에는 어떻게 그만두어야 할지 모르게 되고, 필요도 없는 필수품을 헤아림 없이 많이 갖게 된 것을 때로는 뉘우치기도 한다. 얼마나 많은 땅이 차와 커피에 들어가는가! 코담배와 담배는 혐오스럽지 않다면 멍청하다고 할 습관으로서, 두 가지 다 여기에 빠진 사람들은 얻는 것보다 잃는 것이 한없이 많다는 것이 분명하다. 그런데 이 습관

48

---

132 우리가 저녁밥을 먹는 것은 빵집 주인의 자비심 때문이 아니라 그의 돈 벌 욕심 때문이라는 스미스 이야기(국I.ii.2)를 떠올리게 하는 부분이다.

에 물든 몇천의 가족들을 지탱하는 데 얼마나 많은 발걸음과 노동이 들어가는가! 나는 한 걸음 더 나아가, 개인의 손실과 공공의 재난이 도움이 된다는 것을 보여줄 것이고, 우리가 가장 슬기롭고 진지한 척하면서 바라는 것들이 어리석은 것임을 보여주려고 한다. 런던 대화재는 엄청난 재난이었지만, 만약 목수, 벽돌공, 대장장이, 그리고 집 짓는 사람뿐 아니라, 불타버린 물건을 만들고 다루는 사람들, 그들이 일할 때 그들 덕에 먹고사는 사람들, 이 모든 사람들이 화재로 잃게 된 사람들과 표 대결을 해본다면, 환호하는 소리가 불평하는 소리보다 크지는 않다고 하더라도 아마도 비슷할 것이다.[133] 화재, 폭풍, 해전, 포위공격, 전투 등으로 잃어버리고 부서진 것들을 다시 채우는 데에 꽤 많은 상거래가 이루어지게 된다. 이것이 옳다는 것과 내가 이제껏 사회의 본질에 대해 이야기한 것이 무엇인지는 이제 아래를 보면 분명해질 것이다.

배를 타고 돌아다니는 일이 한 나라에게 가져다주는 갖가지 이점을 일일이 들기는 어려울 것이다. 그러니 배만 살피기로 하고, 가장 작은 거룻배에서 최상급 전함까지, 물 위로 실어 나르는 크고 작은 모든 배를 생각해보자. 배를 만드는 데는 나무와 사람 손이 필요하다. 피치, 타르, 로진, 그리스.[134] 돛대, 활대, 돛, 밧줄. 갖가지 대

49

---

[133] 케이의 각주에 나오듯, 일찍이 페티(1662, Ch. 6)는 "몇천 사람이 일자리가 없어서 일을 못하기보다는 몇천 사람이 만든 것을 한꺼번에 불태우는 것이 낫다"고 하였다. 이런 주장에 어떤 문제점이 있는지 잘 떠오르지 않는 독자라면, 일찍이 바스티아(1850)가 아주 재미나게 쓴 "깨어진 창"을 읽어보는 것이 좋겠다. 불태우는 게 낫다는 생각은 일부에는 맞을지언정 사회 전체로서는 착각일 뿐이다.

장장이 도구, 닻줄, 노, 그리고 이들에 딸린 다른 모든 것들. 이들을 생각해보면 우리 나라 같은 나라만 하더라도 필요한 이 모든 것들을 대는 것이 유럽 무역의 상당 부분을 차지할 것임을 알게 된다. 여기에다 무역에 필요한 창고와 보급품, 뱃사람과 뱃사공, 그 밖에도 이들 때문에 먹고사는 사람들과 그에 딸린 식구들이 있다.

반면에 배를 타고 낯선 사람들과 교역하다가 사람들에게 일어나는 자연적인, 그리고 도덕적인, 여러 가지 말썽과 나쁜 일들로 눈을 돌린다면, 사태는 무서워 보일 것이다. 사람이 많이 사는 큰 나라가 있는데 배와 바다 일은 아무것도 모르지만 그것 빼고는 슬기롭고 순한 백성들이 있다고 하자. 천사나 그들 가운데 천재가 나타나 그들에게 글로든 그림으로든 미래를 내보이며, 배를 타고 다니면서 천 년 동안 얻을 수 있는 모든 부와 이익을 한편으로 보여주고, 다른 편으로는 그 때문에 같은 기간에 부와 목숨들을 잃고 다른 모든 재난을 겪지 않을 수 없음을 보여준다면, 나는 확신하건대, 그들은 배를 무서워하고 싫어할 것이며, 그들의 조심스러운 지도자들은 바다에 타고 나갈 수 있는 건조물이나 기계라면, 그것이 어떻게 생겼고 이름이 무엇이든 간에, 만들지 못하도록, 사형으로까지는 아닐지라도, 엄하게 막을 것이다.

다른 나라와 무역하다 보면 풍습이 타락하고, 돌림병, 발진병, 그 밖에 여러 가지 질병들이 배와 함께 들어오게 된다. 또한 바다는

50

51

---

134 피치와 타르는 배에 물이 들어오지 못하게 바르는 것이고, 로진과 그리스는 미끄럽게 하도록 바르는 기름이다.

사납고, 북쪽에는 얼음이, 남쪽에는 해충이 있으며, 밤은 어둡고 기후는 몸에 좋지 않은 것처럼 바람과 날씨 탓인 것들도 있다. 아니면 준비가 덜 되어 일어나는 일도 있으며, 뱃사람 가운데는 서툰 이도 있고 게으르고 술 취한 이도 있을 것인즉, 이처럼 사람 잘못으로 일어나는 일도 있다. 또한 깊은 바다가 삼켜버리는 사람과 재물, 가난에 빠져 눈물 흘리는 과부와 고아, 파산하는 상인과 그에 따른 결과, 자식과 남편의 안전을 생각하며 끊임없이 걱정하는 부모와 아내, 그리고 빼놓을 수 없는 것으로는, 바람 한 번 불 때마다 가슴이 철렁하여 마음이 괴로운 배 주인과 보험업자, 이러한 것들에 눈길을 돌려서 충분히 신중하고 무겁게 생각한다면, 생각 있는 사람들이 사는 나라가, 어떻게 해서 배와 항해를 특별한 축복인 것처럼 이야기하고, 어떻게 해서 넓은 세상에 배가 끝없이 퍼져 있는 것을 보고 각별한 희열을 느끼며, 어떻게 해서 세상 구석구석에서 늘 어떤 이는 가고 다른 이는 오는 그런 일이 벌어지는지 놀랍지 않은가?

이제 또 잠시 나머지 것들은 제쳐두고 배에 생길 손해만 생각해 보자. 싣고 다니는 짐이나 거기서 일하는 사람들은 빼고, 밧줄과 장비가 주렁주렁 달린 배만 보더라도, 거기서 생기는 손해만 해도 상당하여 한두 해 안에 큰 액수에 이를 것이다. 침몰하는 배들도 있을 것인즉, 거센 폭풍에, 또는 게다가 키잡이가 경험이 모자라고 해안을 잘 모르다 보니, 바위에 부딪혀 갈라지고 모래에 파묻혀 침몰하기도 할 것이며, 돛대는 바람에 날아가거나 어쩔 수 없이 잘라 배 밖으로 던져버리기도 하고, 활대와 돛과 길고 짧은 밧줄은 폭풍에 망가지고, 닻은 잃어버리기도 할 것이다. 바람이 거세고 파도가 거칠

52

어 배가 깨지고 물이 스며들면 이를 또 고쳐야 할 것이고, 뱃사람만큼 술 좋아하는 사람들이 없으니 독한 술을 마신 김에 또는 조심하지 않다가 불에 타버린 배도 꽤 생길 것이며, 때로는 기후가 사나워, 또 때로는 보급품이 형편없다 보니, 배에 탄 사람들이 무더기로 죽을병에 휩쓸린 끝에, 사람이 모자라 잃게 되는 배들도 적지 않다.

이 모든 재난은 배를 타고 다니다 보면 안 일어날 수 없는 일들이어서, 외국 무역이라는 바퀴를 멈추게도 하는 커다란 걸림돌이 된다. 날씨가 언제나 좋기만 하고, 바람이 바라던 대로만 불어준다면, 그리고 꼭대기에서 바닥까지 모든 뱃사람들이 아는 것도 많고 경험도 많고 조심하고 술 안 마시고 착한 사람들뿐이라면, 상인은 얼마나 행복할 것인가! 그러한 기쁨을 기도로 얻을 수만 있다면, 그 기도로 다른 이가 어떤 손해를 입든 아랑곳하지 않고, 저에게 축복을 내려달라고 하루 내내 하늘에게 졸라대지 않을 그 어떤 배 주인이, 또는 그 어떤 상인이, 온 세계까지는 아니더라도, 유럽에 있겠는가? 그렇게 탄원하는 것이 양심에 걸리기도 하겠지만, 그럴 권리가 있다고 생각하지 않을 사람이 어디에 있겠는가? 다들 하늘의 혜택을 똑같이 받을 수 있을 것처럼 구니, 이제 그리될 수 없다는 것은 생각하지 말고, 그 모든 기도와 소원이 그대로 이루어졌다고 하고, 그런 행복의 결과로 그 뒤에 어떤 일이 벌어질지 살펴보자.

이제 배는 나무 집만큼 튼튼하게 지어 그만큼 오래갈 것인데, 나무 집은 센 바람과 폭풍에 부서질지언정 배는 그리되는 일이 없다고 해보자. 그리되면 배를 새로 만들 일이 생기기에 앞서, 지금 있는 편수〔만드는 이들의 우두머리〕와 그 아래 있는 사람들은 일거리를 기다리다가, 굶어 죽거나 갑자기 죽지 않는다면, 다 나이 들어 세상을 뜰 것이다. 첫째, 모든 배는 순풍을 만나 바람 기다릴 일이 없을 것이니, 드나드는 모든 뱃길이 다 빠를 것이고, 둘째, 상품은 바다에서 망가지지도 않고 날씨를 견디다 못해 배 밖으로 내버리지도 않을 것이니, 한 번 실은 것은 모두 언제나 아무 탈 없이 뭍에 이를 것이고, 그러다 보니 지금 있는 상인들 넷 가운데 셋은 있으나마나 하게 되고, 지금 세계에 떠다니는 배만 가지고서도 앞으로 많은 해를 넘길 수 있을 것이다. 돛대와 활대는 배 못지않게 오래가니, 그 때문에 노르웨이에 갈 고생은 한참 동안 하지 않아도 된다. 몇몇 배에서 돛과 밧줄이 닳기는 할 것이지만, 닳는 것은 지금의 넷에 하나도 되지 않을 것이니, 날씨 좋은 열흘보다는 폭풍 속의 한 시간이 더 닳게 하기 때문이다.

닻과 닻줄은 하나하나가 다 배보다도 까마득히 더 오래갈 것이어서 이제 거의 찾을 일이 없게 되고, 이로써 닻 만드는 대장간과 밧줄 꼬는 집은 노는 날이 지긋지긋하게 길어진다. 이처럼 소비가 두루 줄어들게 되면서 나무장수라든가 쇠, 돛 만들 천, 밧줄 만들 삼, 피치, 타르 따위를 수입하는 상인들이 영향을 받게 되는데, 앞서 바다에서 일어나는 일을 처음 꺼내면서 이야기했듯이 이 물건들을 사고파는 것이 유럽 무역에서 상당한 몫을 차지하건만 이제 다섯 가운데 넷은 사라지게 되었기 때문이다. 55

축복이 어떤 결과를 가져오는지 지금까지는 배에 대해서만 이야기했는데, 나라 안에서 길러내고 만들어낸 물건을 수출하는 나라라면, 나머지 모든 산업이 피해를 입을 것이고 가난한 이들이 타격 56

을 받을 것이다. 많은 상품들이 해마다 바다로 실려 나가서, 짠물과 더위와 해충에 망가지고, 불 속에 타버리고, 폭풍과 지루한 뱃길 때문에, 또는 뱃사람이 게으르거나 욕심을 내다가, 가지가지 말썽이 생겨서 없어지게 되는데, 이런 물건들은 해마다 전 세계에서 수출되는 것의 상당한 부분을 차지하며, 배에 싣게 되기까지 이것들을 만드느라 많은 가난한 이들이 일자리를 얻었을 것이다. 지중해에서 옷꾸러미 몇백이 불에 타거나 물에 빠지더라도, 이는 스미르나〔터키의 옛 도시〕나 알레포〔시리아의 도시〕에 탈 없이 닿아 그쪽 영주의 땅〔술탄의 땅; 터키〕에서 남김없이 팔려나갈 때나 조금도 다름없이, 영국의 가난한 이들에게는 보탬이 된다.

상인은 깨질 수 있고, 그에 따라 옷감장수, 물감장수, 짐꾼, 그리고 주릅〔거간꾼〕은 손해를 볼 것이다. 그러나 이들에게 일을 해주는 가난한 이들은 손해 볼 것이 없다. 날품팔이들은 흔히 한 주에 한 차례 돈을 받고, 다른 일꾼들은, 양털을 깎는 데서부터 마지막으로 배에 싣기까지, 물건 만드는 사람이나 뭍으로 또는 물로 물건 나르는 사람이나, 다들 받을 돈은 물건이 배에 오르기에 앞서 거의 모두 받게 된다. 내 이야기를 끝없이 끌고 나가, 물건이 물에 빠지거나 불에 타더라도 제대로 팔려 나가 제대로 쓰일 때나 마찬가지로 가난한 이들에게 도움이 된다는 말이라고 결론짓는 독자가 있다면, 나는 그를 대꾸할 가치가 없는 트집쟁이[135]로 볼 것이다. 언제나 비만 내리고 햇빛이 나지 않는다면 땅 위의 열매들은 곧 썩어 문드러질 것이다. 하지만 풀이나 옥수수가 자라려면 햇빛 못지않게 비도 있어야 한다는 것은 앞뒤가 안 맞는 주장이 아니다.

57

제대로 부는 바람과 좋은 날씨가 내려주는 축복이 뱃사람들과 그에 딸린 식구들 모두에 어떤 영향을 줄 것인지는 이미 이야기한 것에서 쉽게 짐작할 수 있다. 배는 넷 가운데 하나도 쓰이기 어렵게 되고, 배들은 폭풍 맞을 일도 없어진다. 일할 사람이 그렇게 필요하지도 않게 되니, 뱃사람 여섯에 다섯은 할 일이 없게 되어, 가난한 이들의 일자리를 다 채우고도 남아돌게 되면서 이는 이제 골치 아픈 문제로 떠오르게 되었다. 남아도는 뱃사람이 다 사라지고 나면, 지금처럼 큰 선단은 사람을 다 채우기 힘들 것이다. 그러나 나는 이 때문에 큰일이 났다거나 조금도 불편해졌다고는 생각하지 않는다. 뱃사람이 적어지면 그 결과는 전쟁이 일어날 때 이제 적은 배로 싸워야 한다는 것이니 이는 나쁜 일이 아니라 행복한 일이다. 이 행복을 끝까지 끌어올린다면, 한 가지 바람직한 축복을 더하는 것이니, 바로 전쟁하는 나라가 없어지리라는 것이다. 이 축복은 착한 기독교도라면 다들 마땅히 기도해야 하는 것인즉, 모든 군주와 나라는 맹세와 약속을 지켜야 할 것이며, 백성에게뿐 아니라 서로에게도 공명정대하게 대해야 할 것이고, 또한 정치 술수와 속된 잔꾀보다는 양심과 종교가 이끄는 대로 따라야 할 것이며, 다른 이들의 정신적인 행복을 제 추한 욕망보다 앞세우고, 정직과 안전과 제가 다스리는 나

---

135 이 문장을 앞 문단 마지막 줄에 한 이야기와 나란히 놓고 볼 때, 조금 혼란스럽게 느낄 수도 있겠다. 맨더빌이 하고 싶은 이야기는, 사고가 한두 번 터지는 정도라면 이미 받을 돈을 다 받은 가난한 이들에게는 나쁠 것이 없지만, 그렇다고 해서 늘 사고가 터진다면, 늘 비만 내릴 때 열매가 망가지듯, 당연히 나쁘다는 것이다. 맨더빌의 이러한 논리는 오늘날 볼 때 많이 엉성하다.

라의 평화와 평온을 제 명예욕이나 복수심, 탐욕, 야망과 같은 것들
보다 앞세워야 할 것이다.[136]

　　마지막 문단을 내 목적에 맞지 않는 군더더기라 생각하는 사람 59
들이 있을 것이다. 그러나 거기서 보여주려고 했던 것은 한 나라의
통치자와 지배자가 착하고 성실하고 평화를 사랑하더라도 그것은
나라를 위대하게 만들고 인구를 불리는 데에 알맞은 성질이 되지 못
한다는 것이다. 그것은 끊임없이 잘되기만 하는 개인의 성공이 사회
를 오히려 해치고 망가뜨리는 것과 마찬가지라는 것이다. 큰 사회가
되려면 세속적인 위대함과 이웃나라의 시새움에서 얻는 기쁨을 중
시해야 하고, 명예와 힘을 가졌음을 스스로 높이 평가해야 한다. [그
러나 개인의 성공은 그렇게 되지 못하게 만든다.]

　　축복은 막을 필요가 없지만, 재난은 막으려면 손길이 필요하다. 60
사람에게 있는 사랑스러운 성품은 어느 누구도 불안하게 만들지 않
는다. 정직하고, 어울리기 좋아하고, 착하고, 만족하고, 그리고 검소
하다면 그런 성품은 조용한 사회에 크나큰 위안이 된다. 그 성품들
이 진지하고 꾸밈없을수록 모든 것은 더욱 편안하고 평화로울 것이
며, 말썽과 동요를 잘 막아낼 것이다. 하늘이 아낌없이 내리는 선물
과, 자연이 베푸는 풍요와 혜택에 대해서도 거의 같은 말을 할 수 있
다. 이러한 것을 더 널리 그리고 더 많이 갖게 될수록 우리는 노동을
그만큼 덜해도 좋을 것임은 분명하다. 그러나 사람이 쪼들리고 악덕

---

[136] 전쟁이 없어지면 모든 나라가 약속을 지키게 될 것이라는 이 이야기는 맨더빌의
　　　핵심 논리에도 현대 경제학 논리에도 맞지 않는다. 약속을 지키지 않으면 전쟁이
　　　든 거래 단절이든 앙갚음을 당할 것이라는 두려움이 있어야 약속을 지키게 된다.

을 지니고 있고 불완전한 데다가, 기후나 이런저런 것들이 좋지 않다는 그 가운데에 모든 예술과 산업과 노동의 씨앗이 들어 있다. 추위와 더위는 극한으로 치닫고, 사철은 변덕스럽고 나쁘며, 바람과 물은 거세고 불규칙하며, 불은 사나워 다루기 어렵고, 땅은 메말라 좀처럼 가꿀 수 없는데, 이 때문에 우리는 손실을 막을 생각을 하는 것이고, 만물이 가진 나쁜 성질을 고쳐 오히려 그들의 힘을 우리가 이용하는 천 가지 길을 생각해내는 것이다. 그러는 가운데 우리는 우리가 갖고 싶은 수많은 것들을 만들어내는 일에 매달리는데, 우리 지식이 많아지고 우리 욕심이 커지는 만큼, 우리가 갖고 싶은 것들은 더욱더 많아져간다. 배고픔과 목마름과 헐벗음은 우리를 움직이게 만드는 첫째가는 폭군이며, 그 뒤를 이어, 자존심, 게으름, 관능, 변덕스러움 같은 것들이 모든 예술, 과학, 상거래, 공예, 직업을 북돋는 위대한 후원자가 된다. 아울러 이 모든 것을 관장하는 것으로, 궁핍, 탐욕, 시기심, 그리고 야망은 이 사회에 사는 사람들 각자가 자기 계급 안에서 걸맞은 노동을 하도록 만들며 모두 다 제 처지에서 나름대로, 대부분은 기꺼이, 고된 일을 하도록 만드는 것이니, 임금이나 왕자라도 예외가 아니다.

  상공업이 더욱 다양해지고 더욱 바빠지고 더욱 세분화될수록, 더 많은 사람들이 서로를 방해하지 않으면서 한 사회에 함께 살게 되고, 더욱 쉽게 부유하고 능력 있고 번성하게 될 것이다. 미덕이 일자리를 만들어내는 일은 거의 없으니, 미덕은 작은 나라에는 좋겠지만, 큰 나라로 만들어가지는 못한다. 힘세고 일 잘하고, 어려움을 잘 견뎌내고, 모든 일에 부지런한 것은 기특한 성품이다. 그러나 이 성품들은 제 할 일을 하는 것이고, 그것으로서 보답이 되는 것이니, 여기에서 예술이나 산업이 보답으로 나오지는 않는다. 반면에 사람이 생각해내고 고안해내는 것으로 가장 두드러진 것은 일꾼과 기술자가 쓸 도구와 기구, 그리고 여러 가지 기계들인데, 이들은 모두 사람의 약점을 도와 불완전한 부분을 채워주며 게으름을 피울 수 있게 해주거나, 아니면 조급함을 없애주느라고 만들어내는 것들이다.

자연에 있어서나 도덕에 있어서나, 사회의 누구에게도 해될 것이 없을 만큼 완벽하게 좋은 것도 없으며, 또한 어디에도 도움이 되지 않을 만큼 완벽하게 나쁜 것도 없다. 그러므로 어떤 것이 좋고 나쁘다는 것은 그것이 놓인 자리를 어느 다른 것에 견주어 그렇다는 것이다. 이런 점에서 우리를 즐겁게 하는 것은 좋은 것이며, 이 규칙에 따르자면, 모든 사람은 이웃을 아랑곳하지 않고 되도록이면 제가 잘될 것을 바란다는 것이다.[137] 가뭄이 들어 다들 비가 오게 해달라고 기도를 하는 가운데, 다른 나라로 떠나는 사람은 떠나는 날만이라도 날씨가 맑게 해달라고 빈다. 옥수수가 봄을 맞아 잘 영글어 나라 전체가 기뻐하는 가운데, 시장이 나아지면 내다 팔려고 지난해에 옥수수를 쌓아둔 잘사는 농부는 그 모습을 한탄하며 속으로 풍년 들까봐 마음 아파하는 것이다. 할 일 없는 사람들이 가끔 다른 사람 것이 갖고 싶다고 드러내놓고 말하는 것을 들을 수 있는데, 그러면서도 진짜로 해가 되지는 않도록 덧붙이기를, 가진 사람에게 나쁜 일이 일

---

[137] 이로써 맨더빌은 제 이익을 각자의 가치 판단의 가장 확실한 근거로 삼았다. 그런데 아래에서 보듯 그것은 사람들 사이에서 서로 충돌하게 되어 있다. 이 충돌이 사회 전체적으로 어떻게 해결되는지 맨더빌은 다루지 않았다.

어나서는 안 된다고들 하는데, 그들이 마음속으로는 그런 단서를 빼는 것이 아닌지 걱정될 때가 많다.

기도하고 바라는 것이 거의 모두 하찮고 쓸데없다는 것은 행복한 일이다. 그렇지 않다면 사람들이 사회를 이루고 살면서 세상이 혼란에 빠지지 않도록 하는 길은 오로지 하늘을 우러러 바치는 탄원 모두를 한꺼번에 들어줘야 한다는 불가능한 일뿐일 것이다. 성실하고 멋진 젊은 신사가 여행을 마치고 브릴(동쪽 네덜란드의 항구)에 앉아 그를 영국으로 실어 나를 동풍이 불기를 조급하게 기다리는데, 그의 아비는 다 죽어가면서 죽기에 앞서 아들을 끌어안고 축복을 내려주고 싶어서 슬픔과 사랑으로 녹아내린 채 아들을 애타게 기다리고 있고, 그러는 가운데 영국의 어느 성직자는 독일 개신교도들을 도우려고 해리지(영국의 항구)로 서둘러 가면서 라티스본(서쪽 독일의 도시)에 의회가 해산되기 전에 닿으려고 허둥대고 있다. 같은 시간에 큰 함대는 (남쪽) 지중해로 나갈 채비를 하고 있고, 작은 함대는 (북쪽) 발트 해로 갈 참이다. 이 모든 것이 한꺼번에 일어날 수 있는 것이니, 적어도 그리된다고 생각하는 것이 어려울 것은 없다. 이 사람들 모두가 무신론자도, 신에게 버림받은 악한도 아니라고 한다면, 이들 모두 좋은 생각이 떠오를 것이니, 그 결과 잠자리에 들면서 다들 바람이 잘 불어 항해가 순조롭기를 제각기 달리 기도드릴 것이다. 그들이 다들 반드시 기도한다는 것은 아니지만 그 기도소리가 다 하늘에 들리더라도 내가 확신하는 것은 그들 모두 한꺼번에 기도대로 될 수는 없다는 것이다.

이야기를 마치며 스스로 돌이켜보자면 내가 보여준 것은, 사람

63

64

에게 자연스럽게 있는 우호적인 성품과 따뜻한 사랑도, 이성과 금욕으로 얻을 수 있는 진정한 미덕도, 다 사회의 밑바탕이 될 수는 없다는 것이다. 오히려 우리가 자연적인, 그리고 도덕적인, 악덕이라고 부르는 것이야말로 우리를 사회적 동물로 만들어주는 대원칙이며, 든든한 바탕이고, 예외 없이 모든 산업과 일자리를 살리고 지탱하는 것이다. 그리하여 우리는 여기에서 모든 예술과 과학의 참된 기원을 찾아야 하는 것이며, 악덕이 사라지는 순간 사회는, 다 무너지지는 않더라도, 망가질 수밖에 없다.

 나는 이 진실을 굳히는 데에 기꺼이 천 가지 예도 더 들 수 있다. 그러나 귀찮게 되지 않도록 이만 마무리 지으려 하는데, 털어놓자면, 이 즐거운 일을 하면서 나 스스로 즐거웠던 것에 견주면, 남의 동의를 얻으려는 마음은 그 절반도 안 되었다. 그러나 내 이야기가 지성적인 독자에게 무엇인가를 주었다는 말을 들을 수만 있다면, 내가 이 일을 하면서 내가 받았던 만족감이 더해질 것이다. 내 허영심이 만들어내는 희망을 안고, 이제 아쉽지만 떠나면서, 제목에 그 골자를 적어놓은, 역설로 보이는 말을 되풀이하는 것으로 마무리 짓는다. 개인의 악덕은, 솜씨 좋은 정치인이 잘 다룬다면, 사회의 이득이 될 수 있다.

65

300년 전의 세계 무역

〈사회의 본질을 찾아서〉의 본문 45절(이 책 249~250쪽)에서 우리는 300년 전, 또는 그 이전에 이미 노동 분업, 산업 특화 및 세계화가 얼마나 진행되고 있었는지 볼 수 있다. 여기 나오는 상품들은 한때 떼돈을 벌어주던 것들로서, 오늘날 자동차나 반도체에 맞먹는다고 하겠다.

- 옷감을 물들일 때 백랍, 황산염, 염초, 잿물 가운데 어느 것을 얼마나 섞어 넣느냐에 따라 갖가지 다른 빛깔이 나타난다(Kerridge, 1985: 167~168). 우리나라에서는 주로 흰옷을 즐겨 입던 시절에 유럽에서는 발달한 염색산업 모습을 볼 수 있다.
- 코치닐은 선인장에 기생하는 작은 깍지벌레에서 만들어내는 붉은 물감인데, 유럽 사람들이 건너오기 전부터도 멕시코 지역에서 물감으로 만들어 썼다. 이 고급 물감은 당시 왕, 귀족, 사제의 옷에, 그리고 그림과 태피스트리에도 쓰였으며, 오늘날에는 예컨대 영국 버킹엄궁 근위병 제복이 바로 코치닐로 물들인 것이며 음식에 넣는 천연물감으로도 쓰인다. 한동안 코치닐은 아메리카에서 수출하는 물품 중에서, 은을 제외하면, 단일 품목으로 가장 큰 액수를 차지하는 상품으로서, 스페인의 중요한 돈줄이 되었다(주경철, 2009; Donkin, 1977). 원문의 cochenille은 프랑스 말이고, 영어로는 cochineal이다.
- 명반alum은 오래전부터 옷감 물들이는 데 꼭 들어가는 것으로, 터키에서 생산기술이 전해졌을 때 유럽에서는 교황이 독점 공급권을 가지면서 교황의 주요 수입원 가운데 하나가 되었다. 헨리 8세 때 교황과의 관계가 끊기면서 영국에서는 명반 수입도 함께 막히게 되었다. 이에 토머스 찰로너Thomas Chaloner(1559~1615)가 교황령에서 명반 기술자를 몰래 데리고 귀국하면서 영국에서도 독자 생산이 시작되었고, 교황의 독점 공급권은 금이 가기 시작했다(Beckmann, 1846: 1권, 180~197).
- 조주석粗酒石이라고 사전에 풀이된 아르골argol은 이를테면 술 찌꺼기 돌인데, 포도가 발효되면서 포도주 통 곁에 생기는 찌꺼기에서 얻는 것으로, 포도

주 병 바닥에 침전물로도 생기며, 음식 재료로 쓰이기도 한다.*
- 백랍pewter은 주석에 구리, 앤티모니, 비스무스, 납 등을 넣은 합금으로, 영국에서는 1474년 한 회사(Worshipful Company of Pewterers)가 독점권을 가진 뒤로 길드를 통해 품질관리를 철저히 하여 고급 백랍을 만드는 것으로 이름났다.
- 황산염vitriol은 여러 가지인데, 그 가운데 구리와 철이 들어 있어 푸른빛이 도는 헝가리 황산염vitriol of Hungary은 당시 잘츠부르크 (헝가리: 오늘날에는 오스트리아) 광산에서 캐는 것으로서 몹시 비쌌다.

선인장에서 코치닐을 얻는 모습을 그린 1700년 무렵의 그림

- 염초Saltpetre(또는 초석)는 소금salt 돌peter에서 온 말로,** 질산칼륨인데, 전통적으로 가축 분뇨에서 얻었고, 비료와 화약 원료로 쓰였다. 화약을 발명

---

* 화학지식이 모자란 옛날에 쓰이던 아르골이라는 이름은 오늘날까지도 다른 물질과 혼동되기도 한다. Bolton(1960), Brady et. al.(1929), Goffer(2007) 등은 이끼에서 나오는 물감재료 아르칠archil의 또 다른 이름이 곧 아르골이라고 설명하였는데, Kerridge(1985), Partridge(1834), Mortimer(1810) 등은 이 둘을 다른 것으로 설명하였다. 아르칠은 스페인과 카나리아 제도에서 나는 것이고 아르골은 주로 이탈리아에서 나는 것이라는 Kerridge(1985: 168) 설명을 볼 때, 라인에서 가져온다는 맨더빌의 아르골은 조주석이 맞을 것이다.
** 이는 오늘날에도 영어 어원 사전 등에 흔히 나오는 설명인데, Forchheimer (1952)에는 다른 설명이 나온다. 로마시대에 nitrum이라 부르다가 짠맛 때문에 sal(소금)을 붙여 sal nitrum이 되었고, 이것이 salniter, saliter, salbeter, salpeter로 변하면서 나중에 salt+peter라는 민간어원설이 나왔다는 것이다.

한 중국에서는 염초를 비료생산에 더 많이 썼고, 화약용 고급 염초는 인도에서 주로 생산되었다. 인도로 진출한 영국은 수많은 시골집 가축에서 얻은 염초 재료를 가공하여 들여왔는데 이는 동인도회사의 주요 수출품목 가운데 하나였으며, 영국 군사력 강화에 크게 기여했다. Frey(2009), Buchanan(2006) 참조. 칠레 초석Chile saltpetre은 칠레에서 광물로 캐내는 질산나트륨이며, 1800년대에 유럽에 들어왔다. 우리나라에서는 고려 때 최무선이 중국식 염초 제조법을 들여온 뒤 염초를 부엌 아궁이, 뒷간, 마루 밑 등의 흙에서 얻어 전통 화약을 만들었는데, 늘 재료가 크게 모자랐다. 예컨대《조선왕조실록》(〈광해군일기〉중초본, 1615년 8월 17일)에는 자기 집에서 함토(염초 재료가 되는 짠맛 나는 흙)를 파가지 못하게 막았다고 임금이 정육품 관리를 치죄하는 이야기가 나온다. 염초의 성분을 몰랐던 조선에서는 임진왜란 때 짠맛을 찾아 바다 흙에서 염초를 얻으려고까지 하였다(〈선조실록〉, 1594년 5월 25일). 반면 유럽에서는 그림에서처럼 일찍이 밭bed에 가축 분뇨 등을 부어 염초를 대량 생산했다.

일찍이 밭에서 염초를 생산하던 16세기 유럽

- 나무 태운 재ash를 물로 걸러서 우려낸 물이 우리나라의 전통 잿물이고, 이를 통pot에 넣고 끓여 얻는 찌꺼기가 포타시potash인데 본문에서는 그냥 잿물이라 옮겼다. 잿물에 비해 포타시는 저장과 운반이 훨씬 쉽다. 이렇게 얻은 탄산칼륨 외에도 수산화칼륨, 염화칼륨과 같은 칼륨potassium 화합물이 넓은 뜻의 포타시로 불리며, 양잿물은 수산화나트륨이다. 잿물은 아주 오래전부터 유리, 비누, 비료, 도자기 유약 등을 만드는 데 쓰였으며, 맨더빌 시대 유럽에서는 러시아, 캐나다 등 숲이 많은 곳에서 이를 얻어 들여왔다.

더 읽을거리

맥주의 우화

잉어

거룩한 목요일

〈투덜대는 벌집: 또는, 정직해진 악당들〉 원문

맥주의 우화[1]

내려오는 말에 따르면 옛날 이교도 시절에 별난 나라가 있었는데 그곳 사람들은 종교 이야기를 많이 하였다. 겉으로 보건대 사람들은 대체로 정말 독실해 보였다. 그들에게 으뜸가는 악덕은 목마름이었으며 이를 달래는 것은 저주받을 죄악이었다. 그러나 그들은 누구나 태어날 때부터 많건 적건 목마름을 가지고 있다는 것에 하나같이 동의하였다. 독하지 않은 작은 맥주는 누구나 마실 수 있었다. 그것 없이 살 수 있는 것처럼 말하는 사람은 위선자, 냉소자, 또는 미치광이라고들 하였다. 그러나 그것을 사랑한다고 털어놓으며 많이 마시는 사람은 사악하다고들 하였다. 그러는 내내 맥주 그 자체는 하늘이 내리는 축복으로 받아들였고 맥주 마시는 것이 해롭지는 않았다. 죄가 되는 것은 남용이었으니, 마시게 만드는 마음의 동기가 문제였

---

[1] 영어로는 〈Fable of the Bees〉에서 한 글자만 달라진 〈Fable of the Beer〉이다. 1723년에 새로 들어간 두 개 주석 가운데 하나인 〈주석 (T)〉에 들어 있던 것으로서 마지막 작품《디온에게 보내는 편지》(1732)에도 실려 있다. 짤막한 글이지만 금욕과 절제를 위선으로 보는 맨더빌의 생각을 한눈에 엿볼 수 있다.

다. 목마름을 달랠 생각으로는 조금만 마셔도 엄청난 죄를 짓는 반면, 다른 사람들은 많이 마셔도 죄가 되지 않았고, 그래서 그들은 무심하게, 다른 이유가 아닌 낯빛을 바꾸려는 이유로, 마시게 되었다.

그들은 맥주를 제 나라뿐 아니라 다른 나라에도 팔았다. 작은 맥주를 외국에 보내고 그 대가로 그들은 웨스트팔리 햄, 소 혀, 말린 쇠고기, 볼로냐 소시지, 붉은 청어, 절인 철갑상어, 철갑상어 알, 멸치, 그리고 술이 기분 좋게 넘어가도록 해주는 여러 가지를 많이 받았다. 사람들은 작은 맥주를 마시지 않고 많이 쌓아둔 사람들을 부러워하면서도 또한 아주 싫어하였다. 그리고 충분히 갖고 있지 않은 사람은 아무도 마음이 편하지 않았다. 그들이 보기에 닥칠 수 있는 가장 큰 재난은 호프와 보리를 팔아치우지 못하는 것이었다. 해마다 더 많이 소비할수록 그들은 나라가 더 잘살게 된다고 생각하였다.

정부는 수출하는 대가로 들여오는 것에 대해 아주 슬기로운 규제를 만들었으니, 소금과 후추 수입을 크게 장려하면서, 간을 하지 않은 것은 호프와 보리가 팔리지 못하게 막는다고 해서 무거운 관세를 물렸다. 지도층은 사람들 앞에서는 아예 목마름에서 벗어나 목마름이 없는 듯 행세하면서, 목마름을 부추기지 못하게 몇 가지 법을 만들었고, 감히 대놓고 목마름을 달래는 사악한 사람들을 처벌하였다. 그들이 끼리끼리 있을 때 그들의 삶을 엿보며 오가는 이야기를 엿듣게 된다면, 그들은 다른 사람들보다 맥주를 더 좋아하는 듯 보이거나, 적어도 더 많이 마시는 것을 보게 되는데, 그럼에도 언제나 그들은 낯빛을 바꾸려면 백성들보다 자기들에게 더 많은 맥주가 필요하다는 식으로 넘어갔다. 그리고 자신들은 아무래도 좋으니 백성들이 작은 맥주를 많이 갖도록 하여 호프와 보리가 많이 팔리는 것이 그들이 마음에 주로 두고 있는 것이라고 하였다.

아무에게도 작은 맥주가 금지되어 있지는 않아서 평신도뿐 아니라 성직자들도 마셨으며 몇몇은 아주 많이 마셨다. 그러나 그들 모두 다른 사람들보다 목마름이 덜하다고 보이기를 바랐으며, 마셨다고 털어놓는 법은 없고 그저 낯빛을 바꾸려고 했을 뿐이라 하였다. 종교 모임에서 그들은 더 진지했으니, 그곳에 모이면 그들은, 평신도뿐 아니라 성직자도, 높은 사람에서 낮은 사람에 이르기까지, 모두 목마르다고 드러내놓고 털어놓았으며, 낯빛을 바꾸는 일은 그들이 가장 마음에 두지 않는 일이며, 아무리 아닌 척해도 그들 마음은 온통 작은 맥주와 목마름을 달래는 일에 쏠려 있다고 털어놓았다. 놀라운 것은 누구에게나 상처가 될 이 진실을 손에 넣고 나중에 성전을 벗어나서 이 고백을 이용하는 짓은 아주 뻔뻔한 것으로 생각된다는 것이었다. 작은 맥주를 몇 갤런씩 마시는 것을 남이 보게 되더라도, 목마른 사람이라 불린다면 누구나 가증스런 모욕으로 받아들였다. 설교자들은 목마름이라는 커다란 죄악과 이를 달래려는 바보짓을 두고 설교하곤 하였다. 그들은 청중에게 유혹을 이겨내라고 타이르며 작은 맥주를 꾸짖었고, 만약 맥주를 즐거움 때문에 마시거나 낯빛을 바꾸는 것 말고 다른 목적으로 마신다면 맥주가 독이 된다고 때로는 그들에게 말해주었다.

신께 감사드릴 때가 되면, 받을 자격이 없는데도 신께서 내려주신 기분 좋은 작은 맥주가 많이 있다고 고마워하였으며, 그 맥주로 계속 목마름을 달랬다. 그러면서 맥주가 더 나은 용도로 주어진 것에 아주 만족해했다. 저지른 잘못을 용서해달라고 한 다음, 그들은 신에게 목마름을 줄여주고 유혹을 이겨낼 힘을 달라고 빌었다. 그러나 이 쓰라린 참회와 겸허한 애원을 바치는 가운데서도 그들은 절대로 작은 맥주를 잊지 않았으며, 이제까지 아무리 잘못을 저질러왔더라도 앞으로는 낯빛을 바꾸는 목적이 아니라면 한 방울도 마시지 않을 것이라고 엄숙히 약속하면서 맥주를 계속 많이 갖게 해달라고 기도드렸다.

이 변치 않는 탄원들은 함께 언제까지나 계속될 것이었다. 수백 년 동안 조금도 고침 없이 계속되다 보니, 어떤 사람들은 생각하기를, 앞날을 내다보는 신들은 유월에 들은 약속을 다음 정월에도 또 듣게 되리라는 것을 알기에, 우리가 오늘은 돈을 받지만 내일은 공짜로 물건을 주겠다고 장난삼아 쓴 글을 믿지 않는 것만큼이나 신들도 우리 맹세를 믿지 않을 것이라 하였다. 그들은 기도를 아주 신비스럽게 시작하면서 영적인 뜻으로 많은 것들을 이야기하였다. 그러나 그들은 그들 속에 들어 있는 세계를 아주 벗어나지는 못하여, 모든 곳에서 맥주 산업이 번창하도록 축복해달라면서 모두를 위해 호프와 보리 소비가 더욱더 늘어나게 해달라고 신께 빌지 않고서는 기도를 끝맺지 못했다.

잉어[1]

잘생긴 잉어 한 마리가 좋은 집안에서 자라나
흐르는 맑은 민물에서 먹고 지내다가
자만과 허영으로 부풀어 올라
템스 강을 버리고 바다로 갔다.
작은 새우와 참새우 떼를 뚫고 나가
장난치며 뛰노는 대구와 명태를 만났다.
몇 가지 물어보았는데 대답이 없었으니
다들 큰 동네 말을 하고 있었다.
아무도 알아듣지 못해 짜증이 났는데
바다 끝에 이르러 보니
청어[2] 두 마리가 알아들을 말로

---

[1] 맨더빌은 이 시를 《라퐁텐 씨의 쉽고 낯익은 방법에 따른 우화들》(1703) 및 《손질한 이솝: 또는 낯익은 운문으로 쓴 우화 모음》(1704)에 냈다가 《피메일 태틀러》 97호(1710)에 실은 글에도 끼워 넣었다. 원문은 Goldsmith(1999: 206~208)에서도 찾을 수 있다.

장사 이야기를 하고 있었다.
잉어가 듣다가 헤엄쳐 나가서
제 강에서 쓰는 말을 하며
멈춰 서니, 그들도 멈췄다.
청어 한 마리가 이름을 물으며
어디서 왔냐니까, 나그네가
대답하기를, 저는 다른 곳에서
즐거움을 찾아 이리로 왔는데
당신네 풍습과 예술을 배우려 하오.
청어가 묻기를, 새 소식이 뭐요?
누가 당신 나라 신하요?
그게 말이지요, 잉어는 말했지만, 더는 못했다.
상관없다는 거겠지요, 청어가 잘 받아넘겼다.
법은 어떠하며, 정부 구조는 어떤지요?
세금 올릴 땐 의회 동의를 받나요?
어느 쪽 의회지요? 쳇,
다른 것이 말했다, 나는 점잖은 물고기요
그런 것은 알지 못하오.
청어가 말하길, 나는 아첨 못하는 물고기요
당신은 본 것도 읽은 것도 없구려
도대체 왜 머리 싸매고

---

2 청어는 네덜란드의 대표적인 음식으로 네덜란드 사람을 상징한다.

남의 나라 일을 알려 한단 말이오
제 나라 일은 하나도 모르면서.
이 말에 콧대 높은 멍청이는 낌새를 알아채고
몹시 발끈하며 돌아섰다.
그곳을 벗어나 잘 지내다가
제 나라 시골 물고기를 만났는데
바다에 익숙한, 교활한 멋쟁이로
상어를 따라다니는 창꼬치였다.
이놈에게 이끌려 들어간 곳은
시끌벅적한 날라리 무리였는데
이 몹쓸 패거리는 잠깐 사이에
소금과 끈끈이로 잉어를 물들였다.
다 털리고 이제 천하게 되었으니
드디어 그는 바다를 떠날 수밖에 없었다.
비늘은 수십 조각씩 떨어져 내리고
몸은 온통 상처투성이라.
꼬리와 주둥이는 절반이 날아갔고
야위고 초라하고 망가진 모습으로
집에 숨어 들어왔는데, 허영과 무식은
떠날 때나 조금도 다름이 없었다.

배울 점

겉멋 든 바보들은 프랑스와 로마 구경 떠나지만
제 나라 일도 알지 못하니
여기 잉어와 다를 바 없다.
낯선 나라에 가서 배우려면
가기 전에 먼저 세상을 알아야 하는데
아는 것 없이 허영에 이끌려
떠나기부터 한다면
가지고 돌아오는 것은 다른 나라 못된 것뿐.

거룩한 목요일

— 윌리엄 블레이크, 〈순수의 노래〉에서[1]

거룩한 목요일에 천진한 얼굴들을 말끔히 씻고
빨강 파랑 초록 옷을 입은 아이들이 둘씩 줄지어
맨 앞에는 머리 허연 교회집사가 눈처럼 흰 막대기를 들고
바오로 성당 높은 지붕 아래로 템스 강물처럼 흘러 들어갔다

아, 이 많은 아이들이 다 런던의 꽃인 듯싶다
함께 모여 앉아 저마다 빛을 내니

---

1 〈순수의 노래〉(1789)와 〈경험의 노래〉(1794)는 블레이크가 산업사회를 두 가지 상반된 눈으로 바라보며 쓴 시 모음이다. 오늘날에는 영국 최고 시인 가운데 하나로 꼽히지만 그는 살았을 때 인정받지 못한 채 매우 가난했으며, 죽은 뒤에도 반세기 동안은 거의 잊혀 있었다. 시 19편이 들어 있는 〈순수의 노래〉에서는 어려운 여건도 어린이처럼 착하고 좋게 읊었으며, 시 26편이 들어 있는 〈경험의 노래〉에서는 차가운 현실을 읊었다. 우리나라에도 이미 번역이 나와 있지만 여기에서는 내 손으로 새로 옮겨보았다. '거룩한 목요일Holy Thursday'은 예수승천축일로서 부활 후 40일째 되는 목요일이다. 〈거룩한 목요일〉은 이 책 72쪽 및 194쪽과 관련이 있어서 여기 실었다.

웅성대는 이 무리가 바로 양떼로구나
사내아이 계집아이 수천이 천진한 손을 치켜든다

이제 힘찬 바람처럼 하늘에 노랫소리를 올리니
우레가 어우러지듯 하늘의 자리를 울리고
그 아래에는 나이 든 이들이 가난뱅이의 슬기로운 파수꾼이 되어
천사를 문밖으로 쫓아낼세라 가여운 마음을 품고 있다

거룩한 목요일

— 윌리엄 블레이크, 〈경험의 노래〉에서

이것이 거룩하게 보이는가
잘사는 기름진 땅에서
아기들이 비참하게 되어
돈만 아는 차디찬 손에 길러지는 것이?

저 떨리는 울부짖음이 노래란 말인가?
기쁨의 노래라 할 수 있는가?
저렇게 많은 아이들이 가난한데?
여기는 가난한 땅이다!

저들에게 해는 끝내 빛나지 않고
저들이 머무는 들판은 쓸쓸히 비어 있고
저들이 가는 길은 가시로 가득하니
여기는 언제까지나 겨울이로구나

해가 빛나는 곳이라면
비가 내리는 곳이라면
아기들이 굶주릴 리 없고
가난이 마음을 찌르지도 않았으리라

원문

THE GRUMBLING HIVE:

OR, KNAVES turn'd Honest.

A Spacious Hive well stockt with Bees,
That liv'd in Luxury and Ease;
And yet as fam'd for Laws and Arms,
As yielding large and early Swarms;
Was counted the great Nursery   5
Of Sciences and Industry.
No Bees had better Government,
More Fickleness, or less Content:
They were not Slaves to Tyranny,
Nor rul'd by wild *Democracy*;   10
But Kings, that could not wrong, because
Their Power was circumscrib'd by Laws.

THESE Insects liv'd like Men, and all

Our Actions they perform'd in small:
They did whatever's done in Town, 15
And what belongs to Sword or Gown:
Tho' th' Artful Works, by nimble Slight
Of minute Limbs, 'scap'd Human Sight;
Yet we've no Engines, Labourers,
Ships, Castles, Arms, Artificers, 20
Craft, Science, Shop, or Instrument,
But they had an Equivalent:
Which, since their Language is unknown,
Must be call'd, as we do our own.
As grant, that among other Things, 25
They wanted Dice, yet they had Kings;
And those had Guards; from whence we may
Justly conclude, they had some Play;
Unless a Regiment be shewn
Of Soldiers, that make use of none. 30

V AST Numbers throng'd the fruitful Hive;
Yet those vast Numbers made 'em thrive;
Millions endeavouring to supply
Each other's Lust and Vanity;
While other Millions were employ'd, 35

To see their Handy-works destroy'd;
They furnish'd half the Universe;
Yet had more Work than Labourers.
Some with vast Stocks, and little Pains,
Jump'd into Business of great Gains;   40
And some were damn'd to Sythes and Spades,
And all those hard laborious Trades;
Where willing Wretches daily sweat,
And wear out Strength and Limbs to eat:
(A.)[1] While others follow'd Mysteries,   45
To which few Folks bind 'Prentices;
That want no Stock, but that of Brass,
And may set up without a Cross;
As Sharpers, Parasites, Pimps, Players,
Pick-pockets, Coiners, Quacks, South-sayers,   50
And all those, that in Enmity,
With downright Working, cunningly
Convert to their own Use the Labour
Of their good-natur'd heedless Neighbour.
(B.) These were call'd Knaves, but bar the Name,   55

---

1 맨더빌이 22개 주석을 붙인 곳을 나타낸다. 이 번역서에서는 (L), (Q), (Y) 3개만 옮겼다.

The grave Industrious were the same:
All Trades and Places knew some Cheat,
No Calling was without Deceit.

THE Lawyers, of whose Art the Basis
Was raising Feuds and splitting Cases, 60
Oppos'd all Registers, that Cheats
Might make more Work with dipt Estates;
As wer't unlawful, that one's own,
Without a Law-Suit, should be known.
They kept off Hearings wilfully, 65
To finger the refreshing Fee;
And to defend a wicked Cause,
Examin'd and survey'd the Laws,
As Burglars Shops and Houses do,
To find out where they'd best break through. 70

PHYSICIANS valu'd Fame and Wealth
Above the drooping Patient's Health,
Or their own Skill: The greatest Part
Study'd, instead of Rules of Art,
Grave pensive Looks and dull Behaviour, 75
To gain th' Apothecary's Favour;

The Praise of Midwives, Priests, and all
That serv'd at Birth or Funeral.
To bear with th' ever-talking Tribe,
And hear my Lady's Aunt prescribe; 80
With formal Smile, and kind How d'ye,
To fawn on all the Family;
And, which of all the greatest Curse is,
T' endure th' Impertinence of Nurses.

AMONG the many Priests of *Jove*, 85
Hir'd to draw Blessings from Above,
Some few were Learn'd and Eloquent,
But thousands Hot and Ignorant:
Yet all pass'd Muster that could hide
Their Sloth, Lust, Avarice and Pride; 90
For which they were as fam'd as Tailors
For Cabbage, or for Brandy Sailors:
Some, meagre-look'd, and meanly clad,
Would mystically pray for Bread,
Meaning by that an ample Store, 95
Yet lit'rally received no more;
And, while these holy Drudges starv'd,
The lazy Ones, for which they serv'd,

Indulg'd their Ease, with all the Graces
Of Health and Plenty in their Faces.   100

(*C.*) THE Soldiers, that were forc'd to fight,
If they surviv'd, got Honour by't;
Tho' some, that shunn'd the bloody Fray,
Had Limbs shot off, that ran away:
Some valiant Gen'rals fought the Foe;   105
Others took Bribes to let them go:
Some ventur'd always where 'twas warm,
Lost now a Leg, and then an Arm;
Till quite disabled, and put by,
They liv'd on half their Salary;   110
While others never came in Play,
And staid at Home for double Pay.

THEIR Kings were serv'd, but Knavishly,
Cheated by their own Ministry;
Many, that for their Welfare slaved,   115
Robbing the very Crown they saved:
Pensions were small, and they liv'd high,
Yet boasted of their Honesty.
Calling, whene'er they strain'd their Right,

The slipp'ry Trick a Perquisite;   120
And when Folks understood their Cant,
They chang'd that for Emolument;
Unwilling to be short or plain,
In any thing concerning Gain;
(*D.*) For there was not a Bee but would   125
Get more, I won't say, than he should;
But than he dar'd to let them know,
(*E.*) That pay'd for't; as your Gamesters do,
That, tho' at fair Play, ne'er will own
Before the Losers what they've won.   130

 BUT who can all their Frauds repeat?
The very Stuff, which in the Street
They sold for Dirt t'enrich the Ground,
Was often by the Buyers found
Sophisticated with a quarter   135
Of good-for-nothing Stones and Mortar;
Tho' *Flail* had little Cause to mutter,
Who sold the other Salt for Butter.

 JUSTICE her self, fam'd for fair Dealing,
By Blindness had not lost her Feeling;   140

Her Left Hand, which the Scales should hold,
Had often dropt 'em, brib'd with Gold;
And, tho' she seem'd Impartial,
Where Punishment was corporal,
Pretended to a reg'lar Course, 145
In Murther, and all Crimes of Force;
Tho' some, first pillory'd for Cheating,
Were hang'd in Hemp of their own beating;
Yet, it was thought, the Sword she bore
Check'd but the Desp'rate and the Poor; 150
That, urg'd by meer Necessity,
Were ty'd up to the wretched Tree
For Crimes, which not deserv'd that Fate,
But to secure the Rich and Great.

THUS every Part was full of Vice, 155
Yet the whole Mass a Paradise;
Flatter'd in Peace, and fear'd in Wars,
They were th' Esteem of Foreigners,
And lavish of their Wealth and Lives,
The Balance of all other Hives. 160
Such were the Blessings of that State;
Their Crimes conspir'd to make them a Great:

(*F.*) And Virtue, who from Politicks
Had learn'd a Thousand Cunning Tricks,
Was, by their happy Influence, 165
Made Friends with Vice: And ever since,
(*G.*) The worst of all the Multitude
Did something for the Common Good.

THIS was the States Craft, that maintain'd
The Whole of which each Part complain'd: 170
This, as in Musick Harmony,
Made Jarrings in the main agree;
(*H.*) Parties directly opposite,
Assist each other, as 'twere for Spight;
And Temp'rance with Sobriety, 175
Serve Drunkenness and Gluttony.

(*I.*) THE Root of Evil, Avarice,
That damn'd ill-natur'd baneful Vice,
Was Slave to Prodigality,
(*K.*) That noble Sin; (*L.*) whilst Luxury 180
Employ'd a Million of the Poor,
(*M.*) And odious Pride a Million more:
(*N.*) Envy it self, and Vanity,

Were Ministers of Industry;
Their darling Folly, Fickleness,   85
In Diet, Furniture and Dress,
That strange ridic'lous Vice, was made
The very Wheel that turn'd the Trade.
Their Laws and Clothes were equally
Objects of Mutability;   190
For, what was well done for a time,
In half a Year became a Crime;
Yet while they alter'd thus their Laws,
Still finding and correcting Flaws,
They mended by Inconstancy   195
Faults, which no Prudence could foresee.

   THUS Vice nurs'd Ingenuity,
Which join'd with Time and Industry,
Had carry'd Life's Conveniencies,
(O.) It's real Pleasures, Comforts, Ease,   200
(P.) To such a Height, the very Poor
Liv'd better than the Rich before,
And nothing could be added more.

   HOW Vain is Mortal Happiness!

Had they but known the Bounds of Bliss; 205
And that Perfection here below
Is more than Gods can well bestow;
The Grumbling Brutes had been content
With Ministers and Government.
But they, at every ill Success, 210
Like Creatures lost without Redress,
Curs'd Politicians, Armies, Fleets;
While every one cry'd, *Damn the Cheats*,
And would, tho' conscious of his own,
In others barb'rously bear none. 215

ONE, that had got a Princely Store,
By cheating Master, King and Poor,
Dar'd cry aloud, *The Land must sink*
For all its Fraud; And whom d'ye think
The Sermonizing Rascal chid? 220
A Glover that sold Lamb for Kid.

The least thing was not done amiss,
Or cross'd the Publick Business;
But all the Rogues cry'd brazenly,
Good Gods, Had we but Honesty! 225

Merc'ry smil'd at th' Impudence,
And others call'd it want of Sense,
Always to rail at what they lov'd:
But *Jove* with Indignation mov'd,
At last in Anger swore, *He'd rid* 230
The bawling Hive of Fraud; and did.
The very Moment it departs,
And Honesty fills all their Hearts;
There shews 'em, like th' Instructive Tree,
Those Crimes which they're asham'd to see; 235
Which now in Silence they confess,
By blushing at their Ugliness:
Like Children, that would hide their Faults,
And by their Colour own their Thoughts:
Imag'ning, when they're look'd upon, 240
That others see what they have done.

   BUT, Oh ye Gods! What Consternation,
How vast and sudden was th' Alteration!
In half an Hour, the Nation round,
Meat fell a Peny in the Pound. 245
The Mask Hypocrisy's flung down,
From the great Statesman to the Clown:

And some in borrow'd Looks well known,

Appear'd like Strangers in their own.

The Bar was silent from that Day; 250

For now the willing Debtors pay,

Ev'n what's by Creditors forgot;

Who quitted them that had it not.

Those, that were in the Wrong, stood mute,

And dropt the patch'd vexatious Suit: 255

On which since nothing less can thrive,

Than Lawyers in an honest Hive,

All, except those that got enough,

With Inkhorns by their sides troop'd off.

JUSTICE hang'd some, set others free; 260

And after Goal delivery,

Her Presence being no more requir'd,

With all her Train and Pomp retir'd.

First march'd some Smiths with Locks and Grates,

Fetters, and Doors with Iron Plates: 265

Next Goalers, Turnkeys and Assistants:

Before the Goddess, at some distance,

Her chief and faithful Minister,

'Squire CATCH, the Law's great Finisher,

Bore not th' imaginary Sword, 270
But his own Tools, an Ax and Cord:
Then on a Cloud the Hood-wink'd Fair,
JUSTICE her self was push'd by Air:
About her Chariot, and behind,
Were Serjeants, Bums of every kind, 275
Tip-staffs, and all those Officers,
That squeeze a Living out of Tears.

THO' Physick liv'd, while Folks were ill,
None would prescribe, but Bees of skill,
Which through the Hive dispers'd so wide, 280
That none of them had need to ride;
Wav'd vain Disputes, and strove to free
The Patients of their Misery;
Left Drugs in cheating Countries grown,
And us'd the Product of their own; 285
Knowing the Gods sent no Disease
To Nations without Remedies.

THEIR Clergy rous'd from Laziness,
Laid not their Charge on Journey-Bees;
But serv'd themselves, exempt from Vice, 290

The Gods with Pray'r and Sacrifice;
All those, that were unfit, or knew
Their Service might be spar'd, withdrew:
Nor was there Business for so many,
(If th' Honest stand in need of any,) 295
Few only with the High-Priest staid,
To whom the rest Obedience paid:
Himself employ'd in Holy Cares,
Resign'd to others State-Affairs.
He chas'd no Starv'ling from his Door, 300
Nor pinch'd the Wages of the Poor;
But at his House the Hungry's fed,
The Hireling finds unmeasur'd Bread,
The needy Trav'ler Board and Bed.

AMONG the King's great Ministers, 305
And all th' inferior Officers
The Change was great; (*Q.*) for frugally
They now liv'd on their Salary:
That a poor Bee should ten times come
To ask his Due, a trifling Sum, 310
And by some well-hir'd Clerk be made
To give a Crown, or ne'er be paid,

Would now be call'd a downright Cheat,

Tho' formerly a Perquisite.

All Places manag'd first by Three,   315

Who watch'd each other's Knavery,

And often for a Fellow-feeling,

Promoted one another's stealing,

Are happily supply'd by One,

By which some thousands more are gone.   320

(*R.*) N o Honour now could be content,

To live and owe for what was spent;

Liv'ries in Brokers Shops are hung,

They part with Coaches for a Song;

Sell stately Horses by whole Sets;   325

And Country-Houses, to pay Debts.

V AIN Cost is shunn'd as much as Fraud;

They have no Forces kept Abroad;

Laugh at th' Esteem of Foreigners,

And empty Glory got by Wars;   330

They fight, but for their Country's sake,

When Right or Liberty's at Stake.

NOW mind the glorious Hive, and see
How Honesty and Trade agree.
The Shew is gone, it thins apace;   335
And looks with quite another Face.
For 'twas not only that They went,
By whom vast Sums were Yearly spent;
But Multitudes that liv'd on them,
Were daily forc'd to do the same.   340
In vain to other Trades they'd fly;
All were o'er-stock'd accordingly.

THE Price of Land and Houses falls;
Mirac'lous Palaces, whose Walls,
Like those of *Thebes*, were rais'd by Play,   345
Are to be let; while the once gay,
Well-seated Houshold Gods would be
More pleas'd to expire in Flames, than see
The mean Inscription on the Door
Smile at the lofty ones they bore.   350
The building Trade is quite destroy'd,
Artificers are not employ'd;
(*S.*) No Limner for his Art is fam'd,
Stone-cutters, Carvers are not nam'd.

 THOSE, that remain'd, grown temp'rate, strive,   355
Not how to spend, but how to live,
And, when they paid their Tavern Score,
Resolv'd to enter it no more:
No Vintner's Jilt in all the Hive
Could wear now Cloth of Gold, and thrive;   360
Nor *Torcol* such vast Sums advance,
For *Burgundy* and *Ortelans*;
The Courtier's gone, that with his Miss
Supp'd at his House on *Christmas* Peas;
Spending as much in two Hours stay,   365
As keeps a Troop of Horse a Day.

 THE haughty *Chloe*, to live Great,
Had made her (*T.*) Husband rob the State:
But now she sells her Furniture,
Which th' *Indies* had been ransack'd for;   370
Contracts th' expensive Bill of Fare,
And wears her strong Suit a whole Year:
The slight and fickle Age is past;
And Clothes, as well as Fashions, last.
Weavers, that join'd rich Silk with Plate,   375
And all the Trades subordinate,

Are gone. Still Peace and Plenty reign,
And every Thing is cheap, tho' plain:
Kind Nature, free from Gard'ners Force,
Allows all Fruits in her own Course;   380
But Rarities cannot be had,
Where Pains to get them are not paid.

A S Pride and Luxury decrease,
So by degrees they leave the Seas.
Not Merchants now, but Companies   385
Remove whole Manufactories.
All Arts and Crafts neglected lie;
(V.) Content, the Bane of Industry,
Makes 'em admire their homely Store,
And neither seek nor covet more.   390

S O few in the vast Hive remain,
The hundredth Part they can't maintain
Against th' Insults of numerous Foes;
Whom yet they valiantly oppose:
'Till some well-fenc'd Retreat is found,   395
And here they die or stand their Ground.
No Hireling in their Army's known;

But bravely fighting for their own,

Their Courage and Integrity

At last were crown'd with Victory. 400

   They triumph'd not without their Cost,

For many Thousand Bees were lost.

Hard'ned with Toils and Exercise,

They counted Ease it self a Vice;

Which so improv'd their Temperance; 405

That, to avoid Extravagance,

They flew into a hollow Tree,

Blest with Content and Honesty.

THE MORAL

   THEN leave Complaints: Fools only strive

(X.) To make a Great an Honest Hive 410

(Y.) T' enjoy the World's Conveniencies,

Be fam'd in War, yet live in Ease,

Without great Vices, is a vain

EUTOPIA seated in the Brain.

Fraud, Luxury and Pride must live, 415

While we the Benefits receive:

Hunger's a dreadful Plague, no doubt,

Yet who digests or thrives without?
Do we not owe the Growth of Wine
To the dry shabby crooked Vine? 420
Which, while its Shoots neglected stood,
Chok'd other Plants, and ran to Wood;
But blest us with its noble Fruit,
As soon as it was ty'd and cut:
So Vice is beneficial found, 425
When it's by Justice lopt and bound;
Nay, where the People would be great,
As necessary to the State,
As Hunger is to make 'em eat.
Bare Virtue can't make Nations live 430
In Splendor; they, that would revive
A Golden Age, must be as free,
For Acorns, as for Honesty.

FINIS.

다른 이들이 본 맨더빌

아담 스미스, 1755[1]

루소의 《인간 불평등 기원론》을 꼼꼼히 읽은 사람이라면 누구나 《꿀벌의 우화》 2권에서 루소 체계가 나왔음을 알아챌 것이다.

사무엘 존슨, 1778[2]

나는 40년인가 50년 전에 맨더빌을 읽었다. …… 그는 내가 삶을 제대로 보도록 눈을 아주 활짝 뜨게 해주었다.

Samuel Johnson(1709~1784) 작가.

James Boswell, 1833, *The Life of Samuel Johnson*, p. 169;
http://books.google.co.kr.

---

1 참고문헌에 나오는 책은 따로 출처를 쓰지 않았다.
2 첫줄의 연도는 맨처음 또는 원전에서 말한 연도이며, 아랫줄의 연도는 그 말이 실린 책 또는 번역서의 출판연도이다.

벤저민 프랭클린, 1771~1788 무렵

(1724년부터 런던에 살던 때) 나를 침사이드 거리에 있는 맥주집 혼스로 데려가 맨더빌 박사를 소개해주었다. 《꿀벌의 우화》의 저자인 그는 그곳에 클럽을 두고 있었으며, 그 클럽에서 좌중을 즐겁게 해주는 가장 익살스러운 중심인물이었다.

Benjamin Franklin(1706~1790) 작가, 정치가, 과학자.
The Autobiography of Benjamin Franklin, Applewood Books, 2008, p. 64; http://books.google.co.kr.

크랩 로빈슨, 1812

영어로 쓴 책 가운데 가장 사악하고 가장 재치 있는 책.

Henry Crabb Robinson(1775?~1867) 기자, 변호사 및 일기 작가.
Diary, Reminiscences, and Correspondence, 1869, p. 392 (1권, Ch.15, 1812년 6월 29일 일기); http://books.google.co.kr.

토마스 B. 맥콜리, 1825

셰익스피어가 사람 행동의 동기에 관해 책을 썼더라도, 이 주제에 대해 《꿀벌의 우화》가 보여주는 생각을 절반이나마 담아냈을 가능성은 거의 없다.

Thomas Babington Macaulay, Baron(1800~1859) 시인, 역사가, 정치가.
Essay on Milton, 1866, p. 62; http://books.google.co.kr.

칼 마르크스, 1867

일찍이 1696년에 존 벨러가 말하기를 "땅 십만 에이커와 돈 십만 파운드와 가축 십만 마리를 가졌더라도, 노동자가 없다면 부자는 무엇이란 말인가? 노동자들이 사람들을 부자로 만들어주는 것이니 노동자가 많아질수록 부자는 더 갖게 되고 …… 가난한 사람의 노동은 부자의 금맥이 된다." 마찬가지 말을 18세기 초에 버나드 맨더빌도 하였다. "재산이 잘 보전되는 곳이라면, 가난한 사람 없이 사는 것보다 돈 없이 사는 것이 더 쉬울 것이다. 누가 일하려 들겠는가 말이다.……" 정직하고 머리 좋은 맨더빌이 알지 못했던 것은 축적 과정 체제 자체가 자본과 아울러 "일하는 가난뱅이" 무리를 늘려간다는 것이다.

사이몬 패튼, 1899

[영국 사상사 세 단계 가운데 둘째 단계에서] 맨더빌이 문제를 냈고, 이로써 흄은 경제를 공부하다가 철학자가 되었으며, 스미스는 철학을 공부하다가 경제학자가 되었다.
Simon Patten(1852~1922) 경제학자, 펜실베이니아 대학 교수.

F. B. 케이, 1924

아담 스미스가 《도덕감정론》에서 맨더빌을 찬찬히 다룬 것을 보면 그가 맨더빌의 생각을 배운 데 그치지 않고 《우화》에 나오는 말들을 그대로 외우고 있음을 볼 수 있다. 노동의 분업에 대한 맨더빌의 설명은 스미스에게 특별한 인상을 남긴 것이 틀림없는데, 이 문제에 대한 《국부론》의 가장 유명한 구절 가운데 하나는 대체로 《우화》의 해당 부분을 다른 말로 바꿔 나타낸 것이기 때문이다. …… 맨더빌보다 한참 뒤에, 예를 들면, 《꿀벌의 우화》에서와 같은 엄격한 태도는 칸트로 이어졌는데, 그는 맨더빌과 마찬가지로 "도덕"이라는 이름을 개인 취향에 따르는 행동에는 붙이지 않고, 그 이름을 개인을 떠나 추상적인 원칙에 충실히 따르는 행동에만 썼다. …… 맨더빌을 특별히 그리고 가끔씩 길게 다룬 유명한 사람들을 몇몇만 꼽더라도, 〔케이는 25명을 들었는데 더 줄이자면〕 흄, 버클리, 허치슨, 디드로, 루소, 맬서스, 제임스 밀, 칸트, 아담 스미스, 몽테스키외, 벤담 등이다.

제이콥 바이너, 1953
맨더빌이 그 시대에 주류였던 중상주의의 확고한 신봉자였다는 증거는 그가 쓴 글에서 많이 찾아볼 수 있다.
Jacob Viner(1892~1970) 경제학자, 시카고 학파의 선구자 중 한 명.

프리드리히 하이에크, 1966
케인즈 경 같은 권위자가 맨더빌 경제학의 일부를 높이 평가했지만, 여기에서 그의 뛰어남을 찾자는 것이 아니다. …… 나는 맨더빌을 정말 위대한 심리학자로 칭찬하고 싶지만, 이것도 내 주된 목적은 아니다. …… 맨더빌은 사회 및 경제 이론의 특정한 물음에 해답을 준 공헌은 별로 없을지라도, 그는 올바른 물음을 던짐으로써 이 분야 이론에 연구 대상이 있음을 보여주었다. …… 내가 맨더빌에서 주목하는 것은 그 명작에서 나오는 생각이 진화와 자발적인 질서 형성이라는 쌍둥이 같은 생각을 현대 사상으로 바꾸는 데 결정적인 돌파구를 마련했다는 것이다. …… 흄에게 그의 핵심 개념 몇 가지를 주었다는 것만으로도 나는 맨더빌이 위대한 사상가 자격을 충분히 갖추었다고 생각한다. …… 맨더빌에서 비롯된 전통에는 [보수주의의 시조] 에드먼드 버크와, 주로 버크를 통해서, 그 모든 역사학파들이 들어 있다. 주로 대륙에 있던 그 역사학파들은 다윈에 훨씬 앞서 진화에 대한 생각을 19세기 사회과학에 널리 퍼트렸다. '다윈에 앞선 다윈주의자'들은 더 나은 습관과 관례가 살아남는다고 오랫동안 생각해오면서 사회를 진화의 관점에서 연구해왔는데, 바로 이 분위기 속에서 찰스 다윈이 마침내 이 생각을 생명체에 체계적으로 적용한 것이다.

Friedrich Hayek(1899~1992) 오스트리아 학파의 대표자, 1974년 노벨 경제학상 수상.

루이 듀몬트, 1977

아담 스미스가 말하지는 않았지만, 《국부론》 전체는 경제 현상에서 자기사랑이 차지하는 자리에 대해 맨더빌이 옳았다는 것에 대한 대답이다.

에드워드 헌더트, 1994

케이는 《우화》가 중상주의와 자유방임주의 사이의 대립을 이해하는 데 중요한 책이라는 것을 보여주었다. 이리하여 케이는 맨더빌을 경제사상사에 자리매김하여 《우화》를 자본주의 본질에 대한 동시대 논쟁 테두리 안에 끼워 넣을 수 있었다. …… 당대 가장 뛰어난 사상사 연구자였던 아서 러브조이는 케이에게 보낸 편지에서 "소스타인 베블런 씨의 《유한계급론》에 담긴 기본적인 생각은 거의 전부 — 처음 나왔을 때에는 경제 이론과 사회 심리학에 아주 중요하고 독창적인 공헌이라고 여겨졌었는데 — 맨더빌의 "주석 (M)"과 《우화》의 산문 부록 다른 곳에서 찾아볼 수 있다"고 하였다. …… 《일반이론》에서 케인즈는 놀랍게도 맨더빌을 고삐 풀린 자유방임주의 논리에 저항하며 자신의 과소소비 이론의 초기 형태를 만들어낸 "용감한 이단자 무리"의 하나로 그려냈다. …… 이제 맨더빌은 현대 사회학의 선구자로 볼 수 있게 되었다. …… 오늘날 맨더빌의 업적을 연구하는 학문세계 테두리 밖에서 — 때로는 그 안에서도 — 선진사회의 풍요가 타락한 도덕적 유산으로 더럽혀지고 상업적인 성공만큼 도덕을 확실하게 망치는 것이 없다고 보는 사람들은 자본주의를 비판하면서 사악한 이기심, 노골적인 탐욕, 그리고 교활한 속임수를 이야기하는데, 이것들은 바로 그 이름을 아마도 들어본 적 없는 저자가 그들이 읽지 않았을 책에서 현대 상업 사회를 처음으로 철저하게 옹호하면서 18세기 사람들 의식 한복판에 던졌던 것들이다.

롤프 하우블, 2001
시기심을 자기애의 한 형태로 소개하는 위의 문장은, 18세기 초 영국 출신의 의사이자 철학자인 버나드 맨더빌의 《꿀벌의 우화》에서 인용한 것이다. 그가 제시하는 주제는 시대를 초월하는 문제이므로 이 책은 지금도 읽을 만한 가치가 있다.

《시기심: 나는 시기하지 않는다》, 이미옥 옮김, 에코리브르, 2009, 11쪽. 〔이 심리학자는 〈주석 (N)〉에 주목하였다.〕

마이클 프랭클린, 2003

이제까지 맨더빌에게 붙여주었던 이름들을 늘어놓자면, 경건한 칼뱅파 네덜란드 사람, 냉소적이고 방탕한 자유사상가, 여성을 혐오하는 자본주의자, 최초의 여성주의자, 행동주의적 심리학자, 중상주의자, 공리주의자, 경제학을 해방시킨 사람, 홉스를 되살린 사람, 칸트에 앞서 윤리사상과 사회사상을 합한 사람, 북쪽의 〔이탈리아 철학자〕 비코, 아담 스미스, 찰스 다윈, 칼 마르크스 및 존 메이나드 케인즈의 똑똑한 선구자 등이다.

Michael J. Franklin, "Review: Mandeville and Augustan Ideas," *The Modern Language Review*, v. 98 n. 1, January 2003, pp. 186~188.

와카다메 마사즈미, 2003

맨더빌이 경제학사에서 중요한 위치를 차지하는 이유는 이기심이나 사치 같은 '악덕'을 강조한 것이 아니라 '악덕'이 있기 때문에 사회에는 일정한 '질서'가 생긴다는 것을 발견했기 때문이다.

《불황에서 나라를 건진 경제학자들의 투쟁》, 홍성민 옮김, 국일증권경제연구소, 2005.

조지 브라그, 2005

요즘 터져 나오는 기업 추문은 부도덕이 자본주의와 뗄 수 없는 관계인가 하는 물음을 불러일으키는데, 이 물음은 거의 3백 년 전에 버나드 맨더빌이 처음 꺼냈던 것이다. …… 기업 윤리를 연구하는 사람은 생각해볼 가치가 있을 것이다.
George Bragues, "Business is One Thing, Ethics is Another: Revisiting Bernard Mandeville's *The Fable of the Bees*," *Business Ethics Quarterly*, v. 15 n. 2, 2005, pp. 179~203.

웨이드 로우랜드, 2006

새로이 등장하고 있던 근대 자본주의 경제가 가진 이러한 도덕적 모순은 네덜란드 출신의 의사 버나드 맨더빌에 의해 다소 자극적으로 폭로되었다. 《꿀벌의 우화》는 사물의 궁극적인 목적보다는 사물의 실제 상태를 파악하는 데 관심을 갖는 합리주의 사상가의 단호한 집념을 명확히 보여주었다. …… 맨더빌의 시는 진지한 시사평론이었고, 근대 초기 철학자들 중 가장 영향력 있는 학자로 꼽히는 또 다른 네덜란드인으로부터 크게 영향을 받은 것이었다. 그의 이름은 바로 바뤼흐 스피노자로서, 그는 절대로 시시한 철학자가 아니었다.
《탐욕 주식회사》, 이현주 옮김, 팩컴북스, 2009, 47 및 51쪽.

라구람 라잔, 2010

이로써 맨더빌은 알뜰히 저축하는 사람들로 가득 찬 경제는 아무도 돈을 쓰지 않으면 아무도 돈을 벌 수 없기 때문에 오래 번성할 수 없다는 점을 쉽게 보여주었다. 우리는 절약을 칭찬하고 빚지는 것을 나무라지만 살아 움직이는 경제에서 이것 없이는 저것도 가질 수 없다. 지난 몇 해 동안 세계 경제는 점점 맨더빌의 벌집을 닮아가고 있었다.

Raghuram Rajan, *Fault Lines: How Hidden Fractures Still Threaten the World Economy*, 2010, 마지막 장 〈되풀이되는《꿀벌의 우화》〉에서.

참고문헌

맨더빌 원전

《꿀벌의 우화》: *The Fable of the Bees: Or, Private Vices, Publick Benefits*, F. B. Kaye ed., 1924; http://oll.libertyfund.org.

《명예의 기원》: *An Enquiry into the Origin of Honour, and the Usefulness of Christianity in War*, 2005; http://www.gutenberg.org.

《디온에게 보내는 편지》: *A Letter to Dion*, The Augustan Reprint Society, 1953; http://www.gutenberg.org.

《손질한 이솝: 또는 낯익은 운문으로 쓴 우화 모음》: *AESOP DRESS'D Or a Collection of Fables Writ in Familiar Verse*, The Augustan Reprint Society, 1966.

번역에 참고한 다른 편집본 및 번역판

The Fable of the Bees, Penguin Classics, 1970.

The Fable of the Bees and Other Writings, E. J. Hundert ed., Hackett, 1997.

Mackie, Erin ed., *The Commerce of Everyday Life: Selections from The Tatler and The Spectator*, St. Martin's, 1998.

La Fable des Abeilles, translated by Jean Bertrand, 1740 ; http://Books.Google.fr. (옮긴이 이름이 책에는 없으나 케이의 각주 및 웹사이트는 옮긴이가 Jean Bertrand이라 함.)

La Fable des Abeilles, translated by Lucien et Paulette Carrive, Vrin, Paris, 1998.

《蜂の寓話》, 上田辰之助譯, 新紀元社, 1950.

《蜂の寓話》, 泉谷治譯, 法政大學, 1985.

고전

러글, 1614, 《이그노라무스》 : George Ruggle, *Ignoramus*, 영역판은 http://www.philological.bham.ac.uk/ruggle.

베일, 《백과사전》 : Pierre Bayle, *Dictionnaire historique et critique*, 1697, 1702; 1740년 판은 http://artfl-project.uchicago.edu.

사베드라 파하르도, 1640, 《기독교 정치 군주의 이상》 : Diego de Saavedra Fajardo, *The Royal Politician Represented in One Hundred Emblems*(영역판), 1700; http://www.archive.org.

섀프츠베리, 1713, 《특성》 : 1732년 판을 바탕으로 한 전자책으로는 Anthony Ashley Cooper, 3rd Earl of Shaftesbury, *Characteristicks of Men, Manners, Opinions, Times*, edited by Douglas Den

Uyl, Liberty Fund, 2001; http://oll.libertyfund.org.

아리아누스,《알렉산더 원정기》: Arrian, *Anabasis of Alexander and Indica*, translated by Edward James Chinnock, London, 1893; http://en.calameo.com.

페티, 1662 : William Petty, *A Treatise of Taxes and Contributions, in The Economic Writings of Sir William Petty*, vol.1, e-book based on 1899 version, Liberty Fund; http://oll.libertyfund.org.

플라톤,《공화국》: Plato, *Republic*; http://www.perseus.tufts.edu.

플루타크,《영웅전》: Plutarch, *Lives of the Noble Grecians and Romans*, translated by John Dryden, edited by A. H. Clough, 2009; http://ebooks.adelaide.edu.au.

플리니우스,《자연의 역사》: Pliny the elder, *Natural History*, translated by John Bostock, 1855; http://old.perseus.tufts.edu.

호라티우스,《송가》: Horace, *Odes of Horace*; http://www.authorama.com.

____,《풍자시》: *Satires*; http://www.authorama.com.

홉스, 1651,《리바이어던》: Thomas Hobbes, *Leviathan*; http://oll.libertyfund.org.

논문 및 책

다이아몬드, 재레드, 2005,《총 균 쇠》, 김진준 옮김, 문학사상(Jared Diamond, *Guns, Germs, and Steel*, Norton, 1999).

랜즈버그, 스티븐, 1997,《안락의자의 경제학자》, 노성태, 옥동석, 황

진우 옮김, 한화경제연구원(Steven E. Landsburg, *The Armchair Economist*, Free Press, 1993).

바스티아, 끌로드 프레데릭, 1997,《법》, 김정호 옮김, 자유기업센터 (Frédéric Bastiat, *Selected Essays on Political Economy*, translated by Seymour Cain, Foundation for Economic Education, 1995, http://oll.libertyfund.org; *Ce qu'on voit et ce qu'on ne voit pas*, 1850, http://bastiat.org).

바타유, 조르주, 2000,《저주의 몫》, 조한경 옮김, 문학동네(Georges Bataille, *La part maudite*, 1949).

베블런, 토르스타인, 2005,《유한계급론》, 김성균 옮김, 우물이 있는 집(Thorstein Veblen, *The Theory of the Leisure Class*, 1899).

브로델, 페르낭, 1995,《물질문명과 자본주의》, 주경철 옮김, 까치글 방(Fernand Braudel, *Civilisation Matérielle, Économie et Capitalisme*, 1986).

부크홀츠, 토드, 1994,《죽은 경제학자의 살아있는 아이디어》, 이승 환 옮김, 김영사(Todd Buchholz, *New Ideas from Dead Economists*, 1989).

샌델, 마이클, 2010,《정의란 무엇인가》, 이창신 옮김, 김영사. (Michael J. Sandel, *Justice: What's the Right Thing to Do?*, 2009).

센, 아마티아, 1999,《윤리학과 경제학》, 박순성·강신욱 옮김, 한울 (Amartya Sen, *On Ethics and Economics*, 1987).

와이트, 조나단 B., 2003,《애덤 스미스 구하기》, 안진환 옮김, 생각 의 나무(Jonathan B. Wight, *Saving Adam Smith*, 2002).

주경철, 2009, 《문명과 바다: 바다에서 만들어진 근대》, 산처럼.

최윤재, 2000, 《한비자가 나라를 살린다》, 청년사; http://books. google.co.kr.

＿＿＿, 2002, 《큰손과 좀도둑의 정치경제학》, 나무와숲; http:// books. google.co.kr.

코니프, 리처드, 2003, 《부자》, 이상근 옮김, 까치(Richard Conniff, *The Natural History of the Rich: A Field Guide*, 2002).

프랭크, 로버트 H., 2009, 《부자 아빠의 몰락》, 황해선 옮김, 창비 (Robert H. Frank, *Falling Behind*, 2007).

하이켈하임, 프리츠, 1999, 《로마사》, 김덕수 옮김, 현대지성사(Fritz M. Heichelheim, *A History of the Roman People*, 2nd ed, 1984).

Adolph, Robert, 1975, "'What Pierces or Strikes': Prose Style in *the Fable of the Bees*," in Primer(1975), pp. 157~167.

Aldridge, A. Owen, 1975, "Mandeville and Voltaire," in Primer(1975), pp. 142~156.

Allen, Walter Jr., 1956, "O Fortunatam Natam……," *Transactions and Proceedings of the American Philological Association*, v. 87: pp. 130~146.

Ashraf, Nava, Colin F. Camerer, and George Loewenstein, 2005, "Adam Smith, Behavioral Economist," *Journal of Economic Perspectives*, v. 19 n. 3, pp. 131~145.

Beckmann, John, 1846, *A History of Inventions, Discoveries, and Origins*, translated by William Johnson, H. G. Bohn.

Beemon, F. E., 1992, "Poisonous Honey or Pure Manna: The Eucharist and the Word in the 'Beehive' of Marnix of Saint Aldegonde," *Church History*, v. 61 n. 4, pp. 382~393.

Bolton, Eileen M., 1960, *Lichens for Vegetable Dyeing*, Studio Books.

Brady, George S., Henry R. Clauser and John A. Vaccari, 1929, *Materials Handbook*, McGraw-Hill.

Buchanan, Brenda J., 2006, *Gunpowder, Explosives and the State: A Technological History*, Burlington.

Bullard, Paddy, 2005, "The Meaning of the 'Sublime and Beautiful': Shaftesburian Contexts and Rhetorical Issues in Edmund Burke's *Philosophical Enquiry*," *Review of English Studies*, v. 56 n. 224, pp. 169~191.

Calvo, Guillermo A., Leonardo Leiderman and Carmen M. Reinhart, 1996, "Inflows of Capital to Developing Countries in the 1990s," *Journal of Economic Perspectives*, v. 10 n. 2, pp. 123~139.

Choi, Jung-Kyoo and Samuel Bowles, 2007, "The Coevolution of Parochial Altruism and War," *Science*, v. 318 n. 5850, pp. 636~640.

Cook, Richard, 1974, *Bernard Mandeville*, Twayne Publishers.

Cunningham, William, 1882, *The Growth of English Industry and Commerce*, Cambridge University Press.

Day, Richard H., 2004, "Physics and the Foundations of Economic Science: Comments in Memory of Ilya Prigogine," *Discrete Dynamics in Nature and Society*, 2004. 1. pp. 91~99 ; http://www.hindawi.com/journals/ddns.

Dekker, Rudolf, 1992, "'Private Vices, Public Virtues' Revisited: The Dutch Background of Bernard Mandeville," *History of European Ideas*, v. 14 n. 4, pp. 481~498.

Dixit, Avinash, 2003, "Some Lessons from Transaction-Cost Politics for Less-Developed Countries," *Economics and Politics*, v. 15, pp. 107~133.

Donkin, R. A., 1977, "Spanish Red: An Ethnogeographical Study of Cochineal and the Opuntia Cactus," *Transactions of the American Philosophical Society*, v. 67 n. 5, pp. 1~94.

Donnelly Jr., James S., 1971, "Cork Market: Its Role in the Nineteenth Century Irish Butter Trade," *Studia Hibernica*, n. 11, pp. 130~163.

Dumont, Louis, 1977, *From Mandeville to Marx: The Genesis and Triumph of Economic Ideology*, University of Chicago Press.

Evensky, Jerry, 2005, "Adam Smith's *Theory of Moral Sentiments*: On Morals and Why They Matter to a Liberal Society of Free People and Free Markets," *Journal of Economic Perspectives*, v. 19 n. 3, pp. 109~130.

Fehr, Ernst, and Simon Gächter, 2000, "Fairness and Retaliation : The Economics of Reciprocity," *Journal of Economic Perspectives*, v. 14 n. 3, pp. 159~181.

Forchheimer, Paul, 1952, "The Etymology of Saltpeter," *Modern Language Notes*, v. 67 n. 2, pp. 103~106.

Freeman, R. D., 1969, "Adam Smith, Education and Laissez-Faire," *History of Political Economy*, v. 1 n. 1, pp. 173~186.

Frey, James, W., 2009, "The Indian Saltpeter Trade, the Military Revolution, and the Rise of Britain as a Global Superpower," *The Historian*, v. 71 n. 3, pp. 507~554.

Furniss, Edgar Stephenson, 1920, *The Position of the Laborer in a System of Nationalism: A Study in the Labor Theories of Later English Mercantilists*, Houghton Mifflin Co..

Galbraith, John Kenneth, 2004, *The Economics of Innocent Fraud: Truth for Our Time*, Houghton Mifflin Co..

Gleckner, Robert F., 1956, "Irony in Blake's 'Holy Thursday'," *Modern Language Notes*, v. 71 n. 6, pp. 412~415.

Goffer, Zvi, 2007, *Archaeological Chemistry*, Wile-Interscience.

Goldsmith, M. M., ed., 1999, *By a Society of Ladies: Essays in The Female Tatler*, University of Durham.

____, 2001, *Private Vices, Public Benefits: Bernard Mandeville's Social and Political Thought*, Cybereditions Corporation.

Grampp, William D., 1952, "The Liberal Elements in English

Mercantilism," *Quarterly Journal of Economics*, v. 66 n. 4, pp. 465~501.

Hayek, Friedrich A., 1966, "Dr. Bernard Mandeville" (Lecture on a Master Mind), *Proceedings of the British Academy*, v. 7, pp. 125~141.

Heckscher, Eli F., 1936, "Revisions in Economic History: V. Mercantilism," *Economic History Review*, v. 7 n. 1, pp. 44~54.

Hoff, Karla, and Joseph E. Stiglitz, 2001, "Modern Economic Theory and Development," Gerald M. Meier and Joseph E. Stiglitz, eds., *Frontiers of Development Economics: The Future in Perspective*, Oxford, pp. 389~459.

Hopkins, Robert H., 1975, "The Cant of Social Compromise: Some Observations on Mandeville's Satire," in Primer(1975), pp. 168~192.

Horne, Thomas A., 1978, *The Social Thought of Bernard Mandeville: Virtue and Commerce in Early Eighteenth-Century England*, MacMillan.

Hundert, E. G., 1994, *The Enlightenment's Fable: Bernard Mandeville and the Discovery of Society*, Cambridge University Press.

Irwin, Terence, 2007, *The Development of Ethics: From Socrates to the Reformation*, v. I, Oxford University Press.

Kaye, F. B., 1924, "Introduction," in *The Fable of the Bees: Or, Private Vices, Publick Benefits*, The Clarendon Press.

Kerridge, Eric, 1985, *Textile Manufactures in Early Modern England*, Manchester University Press.

Keynes, John Maynard, 1936, *The General Theory of Employment Interest and Money*, Macmillan.

Landreth, Harry, 1975, "The Economic Thought of Bernard Mandeville," *History of Political Economy*, v. 7 n. 2, pp. 193~208.

Mackie, Erin, ed., 1998, *The Commerce of Everyday Life: Selections from The Tatler and The Spectator*, St. Martin's.

Marx, Karl, 1867, *Capital: A Critique of Political Economy*, translated by Ernest Untermann(1909), Keer & Compagny; http://oll.libertyfund.org.

McKee, Francis, 1992, "Early Criticism of *The Grumbling Hive*," *Notes and Queries*, v. 35 n. 2, pp. 176~177.

Monro, Hector, 1975, *The Ambivalence of Bernard Mandeville*, Clarendon Press.

Moore, Leslie, 1986, "Instructive Trees: Swift's *Broom-Stick*, Boyle's *Reflection*, and Satiric Figuration," *Eighteenth-Century Studies*, v. 19 n. 3.

Mortimer, Thomas, 1810, *A General Dictionary of Commerce, Trade, and Manufactures*, Gillet and Son.

Nauze, J. A. La, 1937, "The Substance of Adam Smith's Attack on Mercantilism," *Economic Record*, pp. 90~93.

Olson, Mancur, 2000, *Power and Prosperity: Outgrowing Communist and Capitalist Dictatorships*, Basic Books.

Parsons, Frank Alvah, 1920, *The Psychology of Dress*, Doubleday, Page & Company; http://www.archive.org.

Partridge, William, 1834, *A Practical Treatise on Dying Woolen, Cotten, and Silk*, William Partridge.

Patten, Simon N., 1899, *The Development of English Thought: A Study in the Economic Interpretation of History*, Macmillan Co.; http://cupid.ecom.unimelb.edu.au.

Prieto, Jimena Hurtado, 2004, "Bernard Mandeville's Heir: Adam Smith or Jean Jacques Rousseau on the Possibility of Economic Analysis," *European Journal of History of Economic Thought*, v. 11 n. 1, pp. 1~31.

Primer, Irwin, 1975, *Mandeville Studies: New Explorations in the Art and Thought of Dr. Bernard Mandeville*, Martinus Nijhoff.

Rashid, Salim, 1985, "Mandeville's *Fable*: Laissez-faire or Libertinism?" *Eighteenth-Century Studies*, v. 18 n. 3, pp. 313~330.

____, 1998, *The Myth of Adam Smith*, Edward Elgar.

Rimlinger, Gaston V., 1976, "Smith and the Merits of the Poor," *Review of Social Economy*, v. 34 n. 3, pp. 333~344.

Rosenberg, Nathan, 1963, "Mandeville and Laissez-Faire," *Journal of the History of Ideas*, v. 24 n. 2, pp. 183~196.

____, 1960, "Some Institutional Aspects of *the Wealth of Nations*," *Journal of Political Economy*, v. 68 n. 6, pp. 557~570.

Runciman, David, 2008, *Political Hypocrisy: The Mask of Power, from Hobbes to Orwell and Beyond*, Princeton University Press.

Schneider, Louis, 1987, *Paradox and Society: The Work of Bernard Mandeville*, Transaction Books.

Smith, Adam, 1755, *A Letter to the Authors of the Edinburgh Review*.

____, 1759, *The Theory of Moral Sentiments*. D. D. Raphael and A. L. Macfie eds.(1976), Clarendon Press; http://oll.liberty-fund.org.

____, 1776, *An Inquiry into the Nature and Causes of the Wealth of Nations*. R. H. Campbell and A. S. Skinner eds.(1976), Clarendon Press; http://oll.liberty-fund.org.

Smith, Chloe Wigston, 2007, "'Callico Madam':Servants, Consumption, and the Calico Crisis," *Eighteenth-Century Life*, v. 31 n. 2, pp. 29~55.

Smith, Vernon L., 2004, "Human Nature: An Economic Perspective," *Daedalus*, v. 133 n. 4, pp. 67~76.

Speck, W. A., 1975, "Mandeville and the Eutopia Seated in the

Brain," in Primer(1975), pp. 66~79.

Spengler, J. J., 1959, "Veblen and Mandeville Contrasted," *Weltwirtschaftliches Archiv*, v. 82, pp. 35~67.

Ullman, B. L., 1922, "Review of *Scritti varii di letteratura latina*," *Classical Philology*, v. 17 n. 4, pp. 381~382.

Uyl, Douglas Den, 2001, "Forward," in Shaftesbury(1713).

Viner, Jacob, 1953, "Introduction," in Bernard Mandeville, *A Letter to Dion*.

____, 1927, "Adam Smith and Laissez Faire," *Journal of Political Economy*, v. 35 n. 2, pp. 198~232.

Welch, Patrick J., 1998, "Mercantilism and Fascism," *History of Economic Ideas*, v. 6 n. 2, pp. 97~122.

World Bank, 2002, *World Development Report 2002*: Building Institutions for Markets, Oxford University Press; http://econ.worldbank.org.

맨더빌 저작 및 연구에 대한 자세한 목록은 다음에서 찾을 수 있다.

Cook(1974)

Hundert(1994)

Monro(1975)

http://andromeda.rutgers.edu/~jlynch/C18/biblio/mandeville.html(Charles W. A. Prior 작성)

옮긴이의 글

개인적으로 맨더빌에 관심을 두게 된 것은 10년 전에 내가 책으로 내며 살펴본 한비자와 비슷하기 때문이다. 동양에서 유가를 공격한 법가와 서양에서 중세 도덕을 공격한 맨더빌은 닮아도 많이 닮아 있다. 나와 가까운 어떤 이는 이 번역서 초고를 읽더니 한비자를 추켜세우던 그때와 맨더빌을 비판하는 지금을 비교하면서 내가 많이 달라진 것 아니냐고도 이야기한다. 그렇게 보일 수도 있을 것이다. 그러나 내 마음속으로 나는, 다른 이들도 자신을 다들 그렇게 생각하겠지만, 그때나 지금이나 늘 가운데에 있다. 달라진 것은 아마 세상일 것이다. 모자라면 채우고 넘치면 비워야 하는 것 아닐까.

우리나라에서는 맨더빌에 대한 관심이 아주 적다. 관련 학자도 손에 꼽을 정도이고, 나라 안 도서관을 다 뒤져도 맨더빌 관련 자료는 얼마 나오지도 않는다. 이런 가운데 맨더빌 작품을 우리말로 처음 옮겨 내는 것에 기쁨과 걱정이 함께 앞선다.

맨더빌을 번역할 끔찍한 생각을 해낸 것은 내가 아니라 출판사였다. 몇 해 앞서 나는 책《꿀벌의 우화》는 내버려두고라도 풍자시 〈투덜대는 벌집〉조차도 우리나라에 제대로 번역된 것이 없음을 알고, 시 내용이 궁금한 끝에 심심풀이 삼아 시를 번역하여 사회봉사 차원에서 내 홈페이지에 올려두었었다. 그런데 그것을 보고 출판사에서 번역 해보겠느냐고 하기에 그저 겨울방학 소일거리로 생각하고 덜컥 그러자고 해버렸는데 어느덧 여름을 넘기게 되었다.

비록 발췌번역이기는 해도 나로서는 책 한 권 분량을 다 옮겨보기는 처음이다. 참으로 지독한 책을 골랐다는 생각이 떠나지 않았다. 맨더빌의 글이 훌륭하기는 하지만 그의 만연체는 혀를 내두르게 만든다. 책 한 쪽에 마침표가 두세 개밖에 없을 때가 종종 있을 정도다. 온갖 수식어가 꼬리에 꼬리를 물고, 사이사이에 조건절이 몇 개씩 끼어들고, 숨 돌릴 만하면 쌍반점(;)으로 멈추었다가 관계대명사가 나타나 새로 또 시작된다. 게다가 이따금 철자도 오늘날과 달라 아예 사전에 없기도 하고, 있더라도 오늘날과는 낱말 쓰임새가 영 다른 때도 많았다. 가끔 라틴어와 그리스어가 튀어나오기도 하고, 그 시대 영국 사람이나 알고 있을 자잘한 풍습이나 고유명사, 네덜란드 이야기 등 끝이 없었다. 풍자시는 나름대로 또 어려웠다. 우리나라에서 맨더빌 연구가 많지 않은 까닭을 알만했다. 우리말 잘한다고 옛말로 쓰인《한듕록》이 쉽게 읽히는 것이 아니듯, 아무튼 영어를 웬만큼 한다 해도 절대로 술술 읽어지는 책이 아니다.

직역할 생각은 처음부터 접었다. 용감하게 문장을 토막 냈고, 특별히 중요한 것이 아니라면 지나치게 장황한 수식어는 가끔씩 일부러 빠트리기도 했으며, 의역도 서슴지 않았다. 우선 우리말로 숨

차지 않게 읽을 만한 글이 되어야 했기 때문이다. 한 사람에게 정확한 뜻을 알리느라 아홉 사람의 흥미를 잃기보다는 한 사람에게 좀 아쉽더라도 아홉 사람에게 핵심을 쉽게 알리는 쪽이 낫다고 생각했다. 뒤에 따라오며 "아빠, 같이 가!"를 외치는 어린 딸에게 영어로 말해보라고 하니 "Wait for me, daddy!" 하더라는 친구 이야기가 떠올라 그런 마음으로 옮기려고 애썼다. 그러다 보니 예컨대 단위 자체가 그리 중요하지 않을 때는 아예 우리 옛 단위로 나타내면서 파운드는 푼으로 피트는 자로 바꾸기도 했다. 그런 것들이 아니더라도 오역이 없으리라고는 꿈에도 생각하지 않는다. 머피의 법칙에 따르면 교정을 다 본 뒤에는 반드시 오탈자가 새로 눈에 띈다는 것이니 오역은 말할 것도 없겠다. 따라서 일반 독자가 아닌 전공자는 혹시 맨더빌을 인용할 일이 생기면 반드시 원문과 대조해볼 것을 권한다. 다만 나로서는 나름대로 최선을 다했으니 오역을 찾아내더라도 너무 꾸짖지는 말기 바라며 친절히 알려주신다면 기꺼이 바로잡겠다. 덧붙인다면, 영국의 성직자를 목사라 하느냐 신부라 하느냐를 두고 우리나라 성공회 안에서도 논란이 있는 터라(http://liturgy.skhcafe.org/topic.php?id=20) 여기서는 모두 성직자라고만 하였다. 같은 영어 단어를 문맥에 따라 여러 가지 우리말로 옮기기도 했고, 여러 영어 단어를 한 가지 우리말로 옮기기도 했다. 찾아보기를 이용할 때는 이 점을 감안하기 바란다.

번역에 인터넷 도움은 절대적이었다. 인터넷 없는 세상은 말할 것도 없고, 오 년 전쯤만 하더라도 번역은 수십 배 힘들었을 것이다. 수많은 논문과 책에서부터 자잘한 글귀에 이르기까지 인터넷으로 찾아 하나하나 확인하고 배울 수 있어서 다행이었다. 요즘은 라틴어 글귀도 인터넷 검색만으로 영어 번역을 서너 가지 이상 쉽게 찾을 수 있는 세상이다. 라틴어 사전뿐 아니라 동사변화와 격변화까지도 인터넷으로 다 확인된다.

번역에는 1924년 케이가 낸 편집본을 원전으로 삼았는데, 해당 부분을 쉽게 찾도록 원전에는 없지만 시에는 행 번호를 글에는 절 번호를 붙였다. 케이의 각주는 참고만 했을 뿐 옮기지는 않았으며, 번역에 붙은 각주는 모두 옮긴이 주이다. 두 권으로 된 《꿀벌의 우화》에서 이번에 옮긴 것은 제1권의 절반가량이다. 풍자시 〈투덜대는 벌집: 또는, 정직해진 악당들 Grumbling Hive: Or, Knaves Tunr'd Honest〉과 그에 따른 〈머리말 The Preface〉, 22개 〈주석 Remark〉 가운데 특히 경제와 관련 있는 (L), (Q), (Y)의 세 개, 〈미덕은 어디서 왔는가 An Enquiry into the Origin of Moral Virtue〉와 그에 따른 〈들어가는 말 The Introduction〉, 〈사회의 본질을 찾아서 A Search into the Nature of Society〉 등은 글 전체를 다 옮겼고, 〈자선과 자선학교 An Essay on Charity and Charity-Schools〉는 글이 길어서 중요한 부분만 골라 옮겼다. 긴 글을 다 읽다가 흥미를 잃기보다는 중요한 부분만 읽으며 더 읽고 싶은 마음이 들도록 하는 것이 낫겠다는 생각에서였다. 1권 끝에 있는 〈반박문〉과 그 안에 실린 〈대배심의 고발문〉과 〈존경하는 C경에게 드리는 편지〉는 19개 〈주석〉과 함께 이번 번역에서 빼놓았다. (참고로 22개 주석 가운데 헌더트(1997)가 12개 주요 주석을 골라 실으면서 붙여놓은 주제는 다음과 같다. (C) 명예심, 수치심 및 훌륭한 품행; (F) 악덕; (G) 악덕과 공익; (I) 탐욕; (K) 방탕; (L) 사치; (M) 뽐내는 마음과 경쟁; (N) 시기심과 허영심; (O) 기쁨과 삶의 편안함; (Q) 절약; (T) 풍요로움; (Y) 편안함.)

케이의 각주와 함께 1740년과 1998년에 나온 두 가지 프랑스어 번역판이 큰 도움이 되었다. 일본어 번역판도 가끔 보기는 했는데, 내 일본어 실력이 달리기도 했지만, 아무래도 비전공자가 번역한 것이라 내가 미심쩍은 부분에서는 오히려 오역이 눈에 띄었다. 풍자시 〈투덜대는 벌집〉 경우에는 케이의 각주만으로는 모자라 처음에는 주변에 있는 문학 전공자나 외국인 교수에게 묻다가, 펭귄에서 낸 책과 맥키가 편집한 책을 찾아내 그 속에 나오는 몇 안 되는 각주들도 참고했으며, 그래도 안 될 때는 맨더빌 연구의 권위자인 캐나다의 헌더트 교수에게 이메일로 물었다. 그러면서 느낀 것은 권위 있는 연구자들조차도 정확한 뜻에 대해서는 서로 다른 생각을 하는 때가 종종 있다는 것이다. 그럴 때에는 내가 그 가운데 하나를 고를 수밖에 없었다. 글귀뿐 아니라 시대배경에 이르기까지 내가 궁금한 것을 다 찾다 보니 옮긴이 주가 매우 많아졌는데 읽는 사람들에게도 부디 도움이 되었으면 좋겠다.

외래어 표기는 대체로 국립국어원 기준을 따랐으나, 케인즈, 아담 스미스 등은 예외로 하였다. 다들 몇 십 년 옳게 써왔는데, 하루아침에 획일적인 기준에 따라 유성음(케인즈)을 무성음(케인스)으로, 영국사람 이름(아담)을 미국식 발음(애덤)으로 바꿔놓은 것에 대한 개인적인 반항에서이며 온갖 소리를 다 나타내는 훈민정음을 존경하는 마음에서이기도 하다. 다행히 출판사가 알면서 눈감아주었다.

해제는 나의 미발표 논문 〈맨더빌의 중상주의와 스미스의 경제학)을 바탕으로 하여 역사적 배경 설명을 덧붙이며 확대한 것이다. 전체적으로 이 책은 내게는 단순한 번역서라기보다는 연구서에 가깝다. 그러나 번역에 쏟는 수고를 상대적으로 낮게 평가하는 학계 풍토에서 이는 개인적으로는 손해 보는 일일 수밖에 없다. 다른 사람들을 대신해 내가 이 고생을 하며 번역했으니 잘한 것이 아니냐고 스스로 생각하고 싶기는 하지만, 맨더빌에 따르면 그런 것은 미덕이 아니라, 남이 알아주기를 바라는 허영심이거나 칭찬 받고 싶어 하는 뽐내는 마음, 또는 내가 나 좋으라고 벌인 이기심과 같은 악덕일 뿐이라니, 더 내세울 것까지는 없겠다. 《꿀벌의 우화》 두 권을 다 옮기지 못하고 추려서 옮긴 아쉬움은 있지만, 우리나라에 맨더빌을 처음 선보이는 것인 만큼 나름대로 목마름을 채웠을 것이라 스스로 달래 본다.

 그동안 자료 얻는 데서부터 내용 바로잡아주기에 이르기까지 크고 작은 도움을 주신 모든 분들께 두루 고마움을 느낀다. 교수들로서는 가까이는 우리 학교에서 (존칭 생략하고 가나다 순으로) 고세훈, 김균, 손영도, 정규언, 조성원, James Trevor Jackson, Jim Kapsalis, 학교 밖에서는 서강대 김경환, 성균관대 김광수, 동국대 박순성, 그리고 나라 밖에서는 브리티시컬럼비아 대학에서 은퇴한 Edward Hundert 교수들을 꼽을 수 있다. 문예출판사에서는 편집뿐 아니라 찾아보기 작성까지 맡아주신 안정희, 진승우, 그리고 우리나라에 맨더빌 번역서 낼 생각을 오랫동안 해왔다는 전병석 사장님이 이 책이 나오기까지 애써주신 고마운 분들이다. 그밖에 내가 건망증 때문에 빠뜨린 분이 있다면 미리 죄송하다고 말씀드리며, 그 많은 도움을 받고도 고치지 못한 잘못은 모두 내 탓임을 미리 밝힌다.

    이제 곧 시집가는 맏딸 유진이와 새로 맞이하는 맏사위 태원이, 그리고 갓 대학생이 된 막내딸 서진이가 수많은 젊은이들과 함께 살아갈 앞날의 새 세상이 오늘보다 훨씬 나아지기를 바라는 마음으로 이 책을 낸다.

2010년 10월

최윤재

찾아보기

ㄱ
가난 효용론 60
가난뱅이 68, 71, 103, 106, 107, 141, 200, 201, 280
갤브레이스 63
거래 197, 232, 240, 243, 249
〈거룩한 목요일〉 72, 272~282
게으름 100, 112, 159, 170, 174, 181, 192, 199, 262
게으름뱅이 192, 221
겸손 31, 139, 222
경세제민 131
경쟁 58, 82, 128, 229
경제 이론 40, 47, 63
계몽주의 18, 25
고교회(High Church) 29
고용 171

고용량 66
고용주 64, 66, 67, 203, 206
공감 29, 50, 82
공공 문제 56
공공이익 35, 138, 210
공공재정 169
공공정신 28, 130, 131
공공행정 166
공리주의 43, 51
공자 148
공채시장 26, 27, 28
과시소비론 217
과시적 소비 45
교역 160, 164
교역조건 144
교육 58, 63, 66, 70~80, 159, 193, 201

교회　193, 198, 215
9년 전쟁 → 대동맹 전쟁
국민소득　45
《국부론》　13, 50~62, 80, 112
국제 경쟁　60, 61, 62
국제무역　147
국제수지　143
국토회복운동　173
규제　37, 54~56, 80, 176, 203, 215, 216
그라시안, 로렌조(Lorenzo, Gratian)　137
근검절약　34
금욕　31, 138, 185, 209, 224
금융　15~18, 161
금융자본　28
금융혁명　27
기독교 지식 장려 모임　72

ㄴ·ㄷ

낙수효과(trickledown effect)　63~64, 69
날품팔이　112, 170, 258
네덜란드 독립전쟁　161
다윈　34
단순노동　35, 75
단체행동　67
대동맹 전쟁　27, 154
《대자에게 바라는 소원》　30
데카르트, 르네(Descartes, René)　18, 46
도덕(morality, morals, manners)　11, 26, 29, 31, 33, 34, 35, 44, 51, 74, 88, 130~131, 218
도덕감정(Moral sentiments)　50, 82
《도덕감정론》　48, 51, 52, 184, 186
도덕개혁모임　28, 29
도덕 운동　25~32, 38, 72
독점 대기업　55
동감　184
동인도회사　146, 266
동정심　184, 186, 187, 190, 236
디포, 대니얼(Defoe, Daniel)　24, 29

ㄹ·ㅁ·ㅂ

《라퐁텐 씨의 쉽고 낯익은 방법에 따른 우화들》　22, 275
라퐁텐(Jean de La Fontain)　22
러글(Ruggle George)　116
레이건, 로널드(Reagan, Ronald)　47
로크, 존(Locke, John)　21, 220
루소, 장 자크(Rouseau, Jean Jacques)　43
마르크스, 카를(Marx, Karl)　60
명예혁명　15, 17, 21, 22, 23, 27, 28, 166, 213
몽테뉴(Montaigne, Michel Eyquem de)　88

바타유, 조르주(Bataille, Georges) 45
방탕 31, 76, 105, 128, 139, 156, 180
〈배척 법안〉 17
버크, 에드먼드(Burke, Edmund) 46
법가 38, 43, 139, 195
베블런, 소스타인(Veblen, Thorstein) 44
베일, 피에르(Bayle, Pierre) 18, 137
벤담(Bentham, Jeremy) 43
볼테르(Voltaire) 18, 43
분업 35~38, 75, 265
블레이크, 윌리엄(William Blake) 72, 194, 279, 281
뽐내는 마음(pride) 24, 31, 44, 74, 129, 133, 134, 135, 138, 139, 159, 185, 188, 190, 222, 225, 228

ㅅ

사람 본성 35, 36, 37, 38, 40, 48, 50, 88, 134, 135, 199
사베드라, 디에고(Saavedra Fajardo, Diego de) 173
사치 금지법 181
사치규제법 181
사회 이익 13, 20, 75, 77, 108

사회제도 23, 44, 52, 56
3차 영국-네덜란드 전쟁 16, 166
살라망카 학파 173
섀프츠베리(Shaftesbury, Anthony Ashley Cooper) 33, 209, 220, 221, 222
《손질한 이솝: 또는 낯익은 운문으로 쓴 우화 모음》 22
스미스, 아담(Smith, Adam) 13~15, 35, 39, 46~68, 70~88, 176, 184, 186, 209, 217, 251, 252
스틸, 리처드(Steele, Richard) 29, 30, 33, 135
《스펙테이터》 135, 251
시민사회 35, 42, 48, 50, 74, 87
시장경쟁 58, 79
시장경제 68, 75, 81, 205
시장경제 체제 14
신자유주의 47, 54, 69, 81

ㅇ

악덕(vice) 11, 12, 20, 23, 29~32, 43, 48, 68, 125, 133, 148, 158, 197, 210, 238
알렉산더 대왕 137, 223
《애덤 스미스 구하기》 11, 14
에스파냐 왕위계승전쟁 27, 152, 154, 161
연민(pity) 31, 62, 138, 183, 185,

190
영국-네덜란드 전쟁 16
영국은행 26
예수회 137
오라녜공 빌렘 16, 17, 20, 21, 25, 166
오렌지공 윌리엄→오라녜공 빌렘
위트레흐트 동맹 161
윌리엄 3세→오라녜공 빌렘
유효수요 45
《이그노라무스》 116
이기심 48, 50~53, 76, 81, 83, 128, 188, 190, 198, 210
《이코노미스트》 57
《인간 불평등 기원론》 43
《일반이론》 45

ㅈ

자기사랑(self-love) 50, 188, 221, 232, 234
자유무역 58
자유방임 40, 54, 148
자유방임주의자 39
자유토지보유자 26
재앙의 해(Rampjaar) 16, 165
저축의 해악 170~180
정부 규제 37, 55
정의체계 50
제도 경제학 35, 36, 51, 148
제임스당 21

중상주의 39, 53, 54, 55, 81
중상주의 정책 76
중상주의자 39, 60, 72, 176, 205
중세 기독교 철학 12, 43

ㅋ · ㅌ

케네, 프랑수와(Quesnay, Francois) 21
케이(Kaye, F. B.) 25, 31, 39, 194, 209, 218
케인즈, 존 메이너드(Keynes, John Maynard) 15, 45, 69, 70
코스터만 폭동 18
크롬웰, 올리버(Cromwell, Oliver) 15
탐욕 31, 61, 74, 137, 146, 156, 160, 172, 181, 188
《태틀러》 29, 30
템플, 윌리엄(Temple, William) 166, 172
토리당 21, 23

ㅍ · ㅎ

페티, 윌리엄(Petty, William) 21
펠리페 2세 160
플라톤 210
플루타크 137, 223, 225
플리니우스(Plinius Secundus) 133
《피메일 태틀러》 30, 117, 135, 275

하위헌스, 크리스티안(Huygens, Christiaan) 18
하이에크, 프리드리히(Hayek, Friedrich) 25, 45, 46, 203
하층계급 59, 203
한비자 36, 38, 148
《한비자》 38, 139, 167
행동경제학 51
향신 26, 28, 164, 176
향신계층 28

허치슨(Hutcheson, Francis) 43
헨리 8세 26
호라티우스(Quintus Horatius Flaccus) 117
홀란드 162, 163, 164, 165
후방굴절효과 63
휘그당 21
흄, 데이비드(Hume, David) 21, 23
흐로티위스, 휘호(Grotius, Hugo) 18

옮긴이 **최윤재**

1955년 서울에서 태어나 서울대학교 무역학과를 졸업하고
미국 프린스턴 대학교에서 경제학 박사 학위를 받은 뒤
미시간 주립대학교 경제학과 교수를 거쳐
현재 고려대학교 경상대학 경제학과 교수로 재직 중이다.
국제경제와 경제발전 분야에서 공부를 시작하여
제도 경제학과 경제사상으로 관심을 옮겼으며,
저서로는 《한비자가 나라를 살린다》(2000)와
《큰손과 좀도둑의 정치경제학》(2002)이 있다.

꿀벌의 우화

1판 1쇄 발행 2011년 11월 1일
1판 6쇄 발행 2019년 5월 30일

지은이   버나드 맨더빌 | 옮긴이   최윤재
펴낸곳   (주)문예출판사 | 펴낸이   전준배
출판등록 1966. 12. 2. 제 1-134호
주소   03992 서울시 마포구 월드컵북로 6길 30
전화 393-5681 | 팩스 393-5685
홈페이지 www.moonye.com | 블로그 blog.naver.com/imoonye
페이스북 www.facebook.com/moonyepublishing | 이메일 info@moonye.com

ⓒ 최윤재, 2010

ISBN 978-89-310-0684-1 93320

이 도서의 국립중앙도서관 출판시도서목록(CIP)은 서지정보유통지원시스템
(http://seoji.nl.go.kr)과 국가자료공동목록시스템(http://www.nl.go.kr/kolisnet)에서
이용하실 수 있습니다. (CIP제어번호 CIP2010003743)